高等院校会计专业本科系列教材
GAODENG YUANXIAO KUAIJI ZHUANYE BENKE XILIE JIAOCAI

财务实训教程
——智能财务共享

CAIWU SHIXUN JIAOCHENG
—— ZHINENG CAIWU GONGXIANG

主　编　游　静
副主编　陈婉丽　李志良　刘严严
参　编　杨黎霞　马晓宇　石瑞丽
　　　　计　方　徐福年

重庆大学出版社

内容提要

本书以智能财务共享这一新型财务组织模式与核算模式为应用场景,在介绍财务共享基础理论、其诞生与发展历程基础上,以企业实践为案例,围绕财务共享服务规划设计、费用共享、采购管理—应付共享、销售管理—应收共享、资金结算共享、固定资产共享、其他业务共享,以及财务共享服务中心运营管理,介绍主要业务流程及软件操作。本书顺应财务共享服务中心这一新兴财务组织模式与财务核算形式,以企业实践案例为应用场景,将财务共享服务中心规划与财务服务模式变革相结合,将企业业务逻辑与财务管理实践相结合,将财务服务流程与软件操作相结合,能够帮助读者进一步理解财务共享服务中心这一组织模式与服务形式所带来的变革,并且能够掌握在财务共享服务中心模式下的会计处理。本书编写团队由高校教师和软件服务企业工程师共同构成,对教材目标定位、教材定位等进行共同讨论,较好体现了校企协同育人。

本书读者为会计、财务管理等财经专业本科生和专业硕士,以及对财务共享服务中心建设与服务有实践应用需求或有兴趣了解的人士。

图书在版编目(CIP)数据

财务实训教程:智能财务共享 / 游静主编. -- 重庆:重庆大学出版社,2023.12

高等院校会计专业本科系列教材

ISBN 978-7-5689-4183-9

Ⅰ.①财… Ⅱ.①游… Ⅲ.①财务会计—高等学校—教材 Ⅳ.①F234.4

中国国家版本馆 CIP 数据核字(2023)第 194278 号

财务实训教程——智能财务共享

主 编 游 静

策划编辑:尚东亮

责任编辑:李桂英　　　版式设计:尚东亮
责任校对:关德强　　　责任印制:张　策

*

重庆大学出版社出版发行

出版人:陈晓阳

社址:重庆市沙坪坝区大学城西路 21 号

邮编:401331

电话:(023) 88617190　88617185(中小学)

传真:(023) 88617186　88617166

网址:http://www.cqup.com.cn

邮箱:fxk@ cqup.com.cn(营销中心)

全国新华书店经销

重庆天旭印务有限责任公司印刷

*

开本:787mm×1092mm　1/16　印张:21.5　字数:486 千

2023 年 12 月第 1 版　　2023 年 12 月第 1 次印刷

印数:1—2 000

ISBN 978-7-5689-4183-9　定价:59.00 元

前言

财务共享服务中心是近年来快速流行起来的会计和报告业务管理方式,顺应了数字化、大数据分析、云计算等新科技对共享服务提出的新要求,建设财务共享服务中心也成为众多企业的迫切需求。财经专业人才培养需要对财务共享服务中心的建设与服务进行响应。与此同时,财经专业应用型人才培养对校企协同育人也提出了新要求。财务共享服务中心的快速发展、财经类人才培养的新要求、校企协同育人的深化推进,使本书得以诞生。

本书将帮助相关人士了解财务共享服务中心建设的关键点,在财务共享服务中心模式下费用报销、采购、销售、固定资产管理等相关业务的处理变革与创新绩效;将帮助在校财经类本科生及专业硕士熟悉掌握财务共享服务中心的建设历程、服务逻辑及操作步骤,为后续进入企业财务共享服务中心工作,或者参与企业财务共享服务中心建设奠定坚实基础。

本书以理论与实践融合、案例与操作融合、高校与企业融合为特色,以企业实践案例为基础(数据脱敏后),通过财务共享服务中心规划,以及实践业务的业务处理,让读者能够贴近企业财务共享服务中心建设实际来理解财务共享服务中心的建设关键点。

本书编写团队由重庆科技学院工商管理学院会计系部分教师和用友新道科技股份有限公司共同构成,其中第一章、第四章至第九章由重庆科技学院教师(游静、刘严严、计方、杨黎霞、石瑞丽、马晓宇、陈婉丽)编写,第二章、第三章由用友新道科技股份有限公司重庆省区服务总监(李志良)和新道科技股份有限公司重庆省区经理(徐福年)编写。

本书编写得到重庆科技学院校企合作建设立项项目的资助,得到用友新道科技股份有限公司提供软件操作环境及案例场景、共同商定教材目标及内容等方面的大力支持,得到出版单位相关领导和人员的帮助,以及得到硕士研究生在文字格式调整、文字检查方面的帮助。在此一并感谢!

编　者

2023 年 6 月

目录

第一章　认知课程及财务共享服务

学习目标

知识目标：

掌握财务共享服务的概念。

熟悉财务共享服务中心的模式。

熟悉财务共享服务中心的发展趋势。

能力目标：

能够辨别不同的财务共享服务中心模式。

能够绘制出企业实施财务共享模式前销售与收款业务的流程图。

能够阐述案例企业不同业务的业务现状，案例企业建设财务共享服务中心的诉求。

素质目标：

培养学生团结与协作的从业素质。

熟悉岗位职责，增强工作责任心。

一、财务共享基础理论

（一）什么是财务共享

根据布赖恩·伯杰伦（Bryan Bergeron）所著的《共享服务精要》，财务共享是将非核心业务集中到一个新的半自主业务单元，这个业务单元就像在外部市场竞争的企业一样提供计费服务，设有专门的管理机构，目的是提高效率、创造价值、节约成本以及提高对母公司内部客户服务的质量。

财务共享服务（Financial Shared Service，FSS）最初源于一个很简单的想法：将集团内各分公司的某些事务性的功能（如会计账务处理、员工工资福利处理等）集中处理，以达到规模效应，降低运作成本。

财务共享服务中心（Financial Shared Service Center，FSSC）是近年来快速流行起来的会计和报告业务管理方式。它将不同国家、地点的实体的会计业务拿到一个财务共享服务中心来记账和报告。这样做的好处,一是保证了会计记录和报告的规范、结构统一;二是由于不需要在每个公司和办事处都设会计,从而节省了系统和人工成本。

2013年6月29日,北京国家会计学院"财智大讲堂"——财务共享服务专题交流会上,时任财政部会计司副司长应唯指出,会计信息化建设是财务共享服务发展的基础,而财务共享服务引领会计信息化建设的发展方向,二者相辅相成;财政部鼓励具备条件的企业集团建立财务共享服务中心。北京国家会计学院教授张庆龙认为,财务共享服务是将企业分散、重复的业务进行整合,促进企业集中有限资源及精力专注于企业的核心业务;同时,以顾客需求为导向,为企业内部各单位和外部客户提供专业化的共享服务,帮助企业创建和保持长期竞争优势;并且整合企业分散、重复的业务,采用会计工厂的运营模式,做到工作标准化,为业务单位提供足够的后台支撑数据和服务,支撑企业规模扩大而不需设置新部门。财务共享服务中心的建设,在支撑转型、降低风险、提高效率、提供服务方面均能起到显著成效。2017年6月,ACCA(特许公认会计师公会)、中兴财务云发布《中国共享服务领域调研报告》,中兴通讯集团副总裁陈虎建言:"在全球化和新一轮信息化浪潮的大背景下,中国企业不断加快全球化布局,积极实施全球化战略。只有拥有世界级的财务能力,企业才能够应对全球化经营带来的风险。这一要求促使财务部门主动转型,从核算型向管理型、战略型转变:降低财务运行成本,提供深入价值链的业务支持及决策支持。共享服务正是财务转型的第一步,是一次观念再造、流程再造、组织再造、人员再造及系统再造,为财务转型提供组织基础、管理基础和数据基础。大数据、移动互联网、云计算、人工智能等信息技术的日新月异,使共享服务朝着更加自动化、智能化的方向发展。未来,共享服务也将不再仅仅局限于财务领域,非核心业务领域都可以被共享。"同时GE(通用电气公司)亚太总经理建言:"共享是当今时代的大势所趋。许多共享平台已如雨后春笋般出现在我们的生活中,例如滴滴、优步、爱彼迎(Airbnb)、共享汽车、房屋,甚至是飞机……应有尽有。其中蕴含着共享服务最重要的理念,即通过资源的共享来实现资源的最大化利用。而相比资源共享,人才共享更具价值,并将成为共享领域的下一个热点。如今的通用电气全球运营就是这样一个具备了复合型多职能的共享服务中心。不仅涵盖了不同流程的共享,更包含了人才的共享。而数字化、机器人流程自动化、大数据分析、云,这些新科技正在对共享服务做出新的定义。"

(二)财务共享的诞生与发展

1.全球化、多元化、智能化的经济催生了共享服务

未来的世界是一个万物互联、智能计算和开放共享的时代,共享服务将向全球化、智能化、创新拓展的GBS(Global Business Service)模式发展。全球的企业在财务管理领域都将面临着转型的机遇和挑战。在企业集团化、国际化、多元化的发展过程中,将价值链的辅助活动集中起来,建立全球共享服务中心(GBS),势不可挡。

2.共享服务模式是集团企业跨区域长期竞争的产物

企业市场竞争中面临成本不断增加、管控难以统一、集团知情权受到挑战、风险不断增加的问题。如果每个分子公司都需要一套财务部、人力资源部等职能机构,公司的成本将居高不下,这必然对公司发展造成影响。不同地区分子公司的财务管理、人力资源

管理、资源配置等各自为政,没有统一的标准和规范进行协调,企业集团难以实现统一管理,难以做大做强,难以实现扩张。处于不同地区分子公司的财务、绩效等如果得不到正确反映,股东就无法预测投资结果,就不愿意扩大投资,这将使企业扩张受阻。一个分子公司出现问题,可能会牵涉其他分子公司出现连锁反应,集团的经营风险将扩大。由此,为在跨区域范围内获得长期竞争优势,集团企业不断探索新的管理模式。在此背景下,共享服务应运而生。共享服务模式可保障企业在全球范围内充分运用各种能力,使整个集团的运作能力比各分散部门独立运作更加有效。

3.财务共享服务的发展

20世纪80年代初,福特公司建立了第一个财务共享服务中心。90年代,财务共享服务的推广加快了步伐。根据英国注册会计师协会的调查,至今已有超过50%的财富500强企业和超过80%的财富100强企业建立了财务共享服务中心。(图1-1)

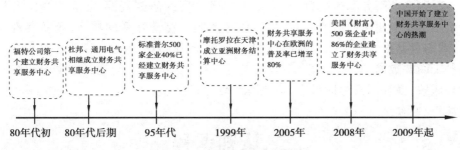

图1-1 财务共享服务的发展

(1)共享服务的发展趋势

未来共享服务将从单一功能的共享服务发展为多功能的共享服务,并最终向全球共享服务发展,组织将发展成学习型组织,更好地适应未来成长,共享服务业将能够更好地支持企业战略。(图1-2)

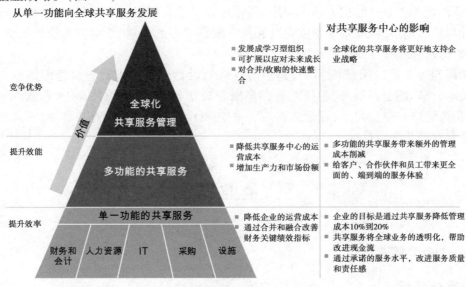

图1-2 共享服务的发展趋势

（2）新技术推动财务共享服务升级

云计算、移动互联网、大数据等技术能有效推动财务共享服务升级。在新技术支撑下,财务共享服务中心支持随时随地接入;通过虚拟化技术,服务资源可按需随时进行扩张和收缩,实现资源动态分配;通过虚拟化技术应用,可提供财务共享服务中心高可用性,从而降低维护成本。同时,大数据与云数据中心的结合,能够为数据应用与分析提供有力支持。

（3）技术革新下财务共享服务的新趋势

技术革新下,财务共享服务将呈现移动、定制、连接、智能以及数据化发展趋势。随着 App 的普及,移动报账、业务移动化成为现实需求和共享服务标配。手机端填单、拍照、审批、查询成为财务共享服务的重要应用形式。财务共享服务既需要满足标准化、规范化和一致性的统一要求,又需要适度考虑员工个性化以及企业差异化、多样化的需求。企业与互联网平台服务商连接融合,为员工提供丰富的商旅资源,互联互通的商旅平台能够让员工享受更便捷的机票预订、出行服务。通过移动互联网技术,企业实现云端商旅预订,费用自动报账,全线上的智能化报账实现 B2B 结算,免除员工资金垫付负担。企业获得员工商旅数据,实时了解员工商旅出行、费用支出等情况,通过数据分析企业优化商旅管理成效,提升商旅管理水平,实现商旅费用节约。

二、认知课程

本课程以培养学生专通结合的综合实践能力、研究思维、前瞻性与创新思维为主要目标,让学生认知财务共享服务的前沿趋势、理论与技术,深度理解"财务数字转型"的方法论与价值,掌握财务共享服务中心的规划与运营过程及电子发票、电子影像、电子档案、共享作业等云会计的相关技术应用,能够开展基于共享服务下财务信息化的分析、优化设计与价值创新,从而培养学生在财务共享服务中心的规划、业财流程设计与优化、业务处理、运营管理等方面的核心能力。

课程的每个实验项目按照"理解目标—规划设计—研讨设计—构建测试—分析说明—展示分享"的思路展开,包括财务共享服务规划与设计、费用共享、采购管理—应付共享、销售管理—应收共享、资金结算共享、固定资产共享、其他业务共享、财务共享服务中心运营管理几个项目。

三、企业案例

（一）企业简介

1.鸿途集团

鸿途集团始创于 1987 年,经过 30 余年的发展,已成为集水泥、旅游、铸造为主体的多元化股份制企业。2018 年,鸿途集团以 160 亿元的营业收入进入 2018 中国企业 500 强,位列第 380 位。

2018 年,鸿途集团水泥板块营业收入为 80 亿元,占主营业务收入的比重为 50%;旅游及餐饮板块营业收入为 32 亿元,占主营业务收入的比重为 20%;铸造板块营业收入为 24 亿元,占主营业务收入的比重为 15%;煤焦化板块营业收入为 22.4 亿元,占主营业务收入的比重为 14%;其他板块业务营业收入为 1.6 亿,占主营业务收入的比重为 1%。

鸿途集团顺应时代发展潮流,对传统产业进行数字化变革。鸿途集团管控模式为运营管控,"数字水泥与集团管控"实施以来,建设了适合企业集团战略发展需要的一体化信息平台,水泥板块已在国内率先实现了物流自动化、生产可视化、资产标准化、成本精细化、客商电商化、办公移动化、财务一体化、决策可视化的目标,大大提升了集团管控能力和工厂运营效率。

鸿途集团还将从数字水泥进一步拓展到数字铸造、数字焦化、数字旅游等多个领域,以推动打造数字鸿途,实现集团的全面转型升级。

一直以来,鸿途集团秉承"建家兴业、知恩感恩、忠诚团结、拼搏创新"的企业精神,以"勤奋、诚信、拼搏、创新、共赢"为核心价值观,在科学管理、技术研发、品牌文化、团队建设、全球营销等领域取得了辉煌成就,实现了从产业机械化到产业信息化的转变。

展望未来,鸿途集团将坚持"产业多元化、产品专业化、管理现代化、市场国际化"的总体发展战略,加快转变经济发展方式,坚持走循环经济和低碳经济的发展道路,为促进经济发展、社会进步、早日实现中国梦做出新的、更大的贡献!

2.鸿途集团水泥有限公司

鸿途集团水泥有限公司,是国家重点支持的前三家水泥企业(集团)之一,是工信部重点支持兼并重组的五大水泥企业之一。2011 年 12 月 23 日,鸿途水泥在港交所主板成功上市。截至目前,鸿途水泥总产能超 1.5 亿吨,旗下公司覆盖河南、辽宁、山东、安徽、山西、内蒙古、新疆、天津等省市。鸿途集团通过先进的技术装备、合理的区域布局、充足的资源储备、规范的管理及品牌优势,致力于环境保护及可持续发展。鸿途集团发展快速,并维持及加强河南和辽宁两省的市场领导地位。

(1)先进的技术装备。截至 2018 年 6 月 30 日,鸿途集团熟料生产线全部采用先进的 NSP 技术,且全部配备余热回收发电技术,可有效节省电力成本及减少污染。

(2)合理的区域布局。鸿途集团主要布局于河南、辽宁两地,以及在天津、安徽亦有涉及。在河南省,鸿途集团沿"两纵三横"的高速公路及环郑州大都市生活圈布局;在辽宁省,鸿途集团沿"哈大高速"及环渤海湾经济带布局。这样使鸿途集团主要生产设施布局于石灰石资源、终端市场、交通线的结合处,进而长期受益。

(3)充足的资源储备。鸿途集团于河南省和辽宁省等主营业区内拥有丰富的石灰石资源及混合材供应。各熟料生产线均配套单独的石灰石矿山,且资源储备可供生产线使用 30 年以上。

(4)规范的管理及品牌优势。鸿途集团采用规范的管理模式,为本集团产品质量和运营安全管理奠定了基础。同时,在母公司及运营子公司层面拥有 ISO 品质、环境和职业健康安全三大管理体系和产品品质认证。借管理及卓越的产品质量,鸿途集团在国内多个大型基建项目中成功中标并成为合格的主要水泥生产商,例如南水北调、哈大(哈尔滨-大连)高铁、石武(石家庄-武汉)高铁、郑徐(郑州-徐州)高铁等。

(5)致力环境保护及可持续发展。鸿途集团致力于先进环保技术的研发及废弃物再利用。先进投资建设余热回收发电设施,投资改造粉尘回收设施,投资建设矿山废石回收再利用及企业的废弃物回收再利用等。鸿途集团一如既往地提升竞争力及可持续发展能力。

(二)法人组织架构

1.法人组织架构(图 1-3)

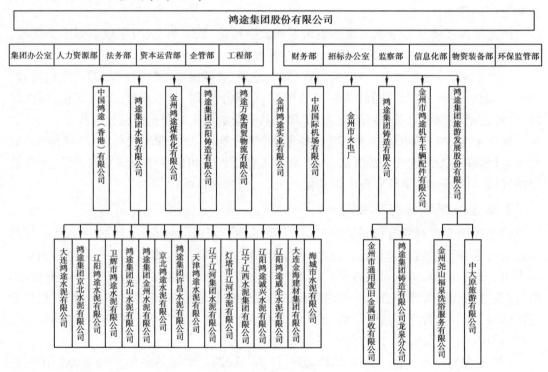

图 1-3　法人组织架构

2.法人组织信息(表 1-1)

表 1-1　法人组织信息

产业	组织范围	注册资本/万元	统一社会信用代码	公司类型	行业	经营范围	注册地址
集团	鸿途集团股份有限公司	200000	91410100416057862D	股份有限公司	专用设备制造业	建筑材料批发;铝业经营;资源开发经营	郑州

续表

产业	组织范围	注册资本/万元	统一社会信用代码	公司类型	行业	经营范围	注册地址
水泥产业	鸿途集团水泥有限公司	415836.73	91410000416067532K	股份有限公司	非金属矿物制品业	水泥、熟料生产销售	郑州
	大连鸿途水泥有限公司	47971.49	9121020042242341 9L	有限责任公司	非金属矿物制品业	水泥、熟料、商品混凝土、其他水泥制品的生产与销售	大连
	鸿途集团京北水泥有限公司	25213.62	91210200422465428N	有限责任公司	非金属矿物制品业	水泥、水泥熟料的生产与销售	大连
	辽阳鸿途水泥有限公司	23168	91211021876234901F	有限责任公司	非金属矿物制品业	水泥、水泥熟料、水泥制品生产与销售	辽阳
	卫辉市鸿途水泥有限公司	33486.82	91410700345672819D	有限责任公司	非金属矿物制品业	水泥及相关产品的制造、销售	新乡
	鸿途集团光山水泥有限公司	46830.57	91411500125643762R	有限责任公司	非金属矿物制品业	水泥、水泥熟料、水泥制品制造销售	信阳
	鸿途集团金州水泥有限公司	75638.13	91210200422489651F	有限责任公司	非金属矿物制品业	水泥及相关产品制造、销售	大连
	京北鸿途水泥有限公司	2000	91410000416024576P	有限责任公司	非金属矿物制品业	水泥、水泥制品、石膏制造与销售	郑州
	鸿途集团许昌水泥有限公司	8000	91411000652134865T	有限责任公司	非金属矿物制品业	水泥、商品混凝土及其他水泥制品的生产与销售	许昌
	天津鸿途水泥有限公司	10000	91120222653298017D	有限责任公司	非金属矿物制品业	水泥、商品混凝土及其他水泥制品的生产与销售	天津
	辽宁辽河集团水泥有限公司	20500	91211027765453942Q	有限责任公司	非金属矿物制品业	水泥制造与销售	辽阳
	灯塔市辽河水泥有限公司	6300	91211022652347890U	有限责任公司	非金属矿物制品业	水泥、水泥熟料、水泥混凝土生产与销售	辽阳

续表

产业	组织范围	注册资本/万元	统一社会信用代码	公司类型	行业	经营范围	注册地址
水泥产业	辽宁辽西水泥集团有限公司	1000	91211021654236719R	有限责任公司	非金属矿物制品业	水泥制造销售	辽阳
	辽阳鸿途诚兴水泥有限公司	2000	91211021765341890T	有限责任公司	非金属矿物制品业	水泥、矿渣粉生产与销售	辽阳
	辽阳鸿途威企水泥有限公司	3900	91211021754321897P	有限责任公司	非金属矿物制品业	水泥,新型建筑材料生产与销售	辽阳
	大连金海建材集团有限公司	4500	91210200422432890U	有限责任公司	非金属矿物制品业	水泥、水泥制品制造与销售	大连
	海城市水泥有限公司	10000	91210200423865329T	有限责任公司	非金属矿物制品业	水泥、熟料、商品混凝土、其他水泥制品的生产与销售	大连

3.战略目标

鸿途集团坚持"产业多元化、产品专业化、管理现代化、市场国际化"的总体发展战略,加快转变经济发展方式,坚持走循环经济和低碳经济的发展道路,为促进经济发展、社会进步、早日实现中国梦做出新的、更大的贡献。

鸿途集团三年规划的发展战略目标:实现"产业转型、主业聚焦、做大做强",各个板块和服务职能部门均执行落地。其中集团财务提出从"财务监督型"向"价值创造型"转变。

(三)业务概况

1.信息化建设现状

鸿途集团重视信息化建设,2013年开始全面实施信息化,先后投入使用了多个业务系统。集团、各级子公司进行了不同程度的信息化建设,所涉应用系统如图1-4所示。

图 1-4 内部应用的信息系统

鸿途集团及各级子公司信息系统没有完全实现互联互通；数据标准不一致导致信息多口录入。

2.财务管理现状

(1)财务部组织结构(图 1-5)

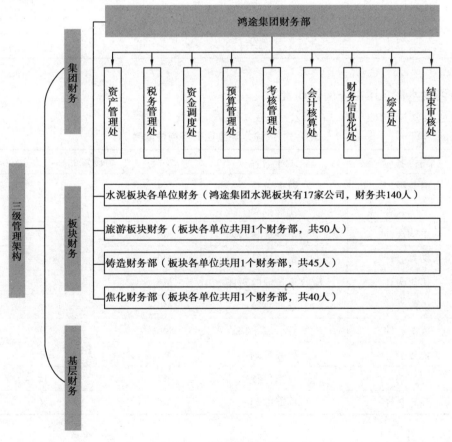

图 1-5 财务部组织结构

（2）岗位职责现状

1）鸿途集团财务部岗位职责（表1-2）

表1-2　鸿途集团财务部岗位职责

	处室	岗位名称	级别	职责
1		财务总监	M3	财务战略
2	预算与考核管理处	预算与考核管理6人	M4、M5	预算管理业绩考核
3	税务与资金管理处	税务与资金管理4人	M4、M5	纳税筹划资金运作
4	信息化与综合处	信息化与综合处7人	M4、M6	信息化与财务监督
5		处长	M4	付款复核
6	结算审核处	会计	M6	付款审核
7		出纳	M7	资金支付
8	会计核算处	处长	M4	费用复核
9		会计	M6	费用核算
10	资产管理处	处长	M4	资产管理政策
11		会计	M6	资产核算

2）鸿途水泥集团财务岗位职责

鸿途集团水泥板块有17家公司，共140人，如表1-3所示。

表1-3　鸿途水泥集团财务岗位职责

	岗位名称	工作内容	级别	设置此岗位人员公司数
1	财务经理	财务分析	M4	17
2	总账会计	总账核算	M6	17
3	采购会计	应付审核应付对账	M6	17
4	结算会计	费用核算	M6	17
5	销售会计	应收审核应收对账	M6	17
6	资产会计	资产核算	M6	15
7	成本会计	成本分析成本核算	M6	9
8	税务会计	税务筹划	M6	8
9	出纳	收款付款	M7	15
10	预算会计	预算编制	M6	8

3）岗位人员分布

鸿途集团财务部及下属公司的财务人员分布情况如表1-4所示。

表 1-4　岗位职责人员

出纳	费用会计	结算会计	销售会计	材料会计	成本会计	主管会计	报表会计	财务处长/专家	财务总监/高级专家	其他财务
13%	11%	13%	8%	11%	7%	8%	5%	6%	7%	11%
39	33	39	24	33	21	24	15	18	21	33

从表 1-4 可以看出,财务管理岗位(财务处长、财务总监)占 13%,大量财务人员从事销售对账、发票业务、采购入账、结算审核等基础性工作。

财务人员基础工作繁忙,对供应、生产、销售以及产品检验等环节不是很熟悉。财务人员对其他岗位工作不了解,为财务管理和财务分析带来很大障碍。在集团层面和下属公司,财务人员都没有很好地按职能进行专业化分工,造成基础核算工作开展很好,决策支持工作开展较差的局面。在财务分析工作方面,当前财务分析工作主要集中在传统分析、成本分析,对其他分析不多,导致财务人员分析建模能力较差,与生产经营的结合度不好,对风险预警、经营预测指导性不高。

(3)财务管理现状

财务管理系统部分处于基础应用阶段,例如核算向管理会计延伸、供应链向产业链延伸、信息化向智能化延伸等,都存在大幅提升空间,尽管应用深度在行业中处于领先地位,但从数字鸿途的战略发展方向看,有提高空间。

集团各级财务组织的定位模糊,集团财务人员整体聚焦基础核算工作,管理会计职能的发挥有所不足。

1)财务会计基础工作:

会计核算标准化、入账规则统一化、业务流程标准化、自动化有待提高;

业务、财务分工与职责边界有待进一步厘清;

业务流程需增加监控点;

成本核算需减少因成本会计能力差异造成的成本核算标准、成本分析质量差异。

2)战略财务与决策支持能力:

财务管理需要从风险控制、效率提高进一步向业务支持和决策分析转变;

培训、提升基层财务人员能力和水平,做好业务决策、财务监督、管理会计工作。

3)财务管控体系建设:

依靠人工审批控制向利用系统工具自动控制转变;

从业务源头上解决下属企业普遍存在业务处理与财务控制,界限模糊,分工不清,多环节重复的现象。

4)财务战略目标

财务管理作为企业集团管理最重要的管理活动,是影响企业战略实现的重要因素,在打造"数字鸿途"的总体信息化发展战略指引下,鸿途集团在财务管理上进行了前沿的探索。

为了支撑鸿途集团三年规划的发展战略目标:实现"产业转型、主业聚焦、做大做强",集团财务提出从"财务监督型"向"价值创造型"转变,通过"管办分离,人员分层,流程优化,统一平台,集中规模化处理",建立标准、高效、专业、低成本的以服务为导向,关注客户满意度的财务共享服务中心,建立"战略财务、业务财务和共享财务"三位一体的财务运营管理新模式,支撑集团快速发展、战略转型、聚焦主业、做大做强,实现财务业务流程化和标准化,提高财务工作质量和效率,降低财务运营风险,降低财务运营成本,实现经济效益最大化。(图 1-6)

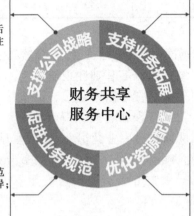

支撑公司战略
·加强公司管控能力;
·为业务单位提供了足够的后台支持,有利于业务部门专注于业务活动。

支持业务拓展
·支持公司业务规模的变化,包括并购、重组、剥离等;
·实现管理模式的快速复制,为新组织提供成熟的服务。

促进业务规范
·核心业务更加标准化和规范化,防止基层单位人为的差异;
·提高信息可靠性。

优化资源配置
·优化人力资源配备,提高公司的人员利用率。避免机构重复设置。
·释放更多的时间和资源,投入决策支持和经营分析工作。

图 1-6 财务共享服务中心建设目标

按照"总体规划、分步实施、先易后难、持续改进"的原则,先试点后推广,逐步扩大财务共享服务范围,将集团公司境内外所有具备条件的企业和财务业务纳入财务共享服务范围,建成标准、集成、高效的财务共享服务中心,促进降本增效,规范运营管理,提升公司价值,支持公司发展。

鸿途集团财务共享服务建设采取循序渐进的模式,分阶段实现最终建设目标:

平稳迁移阶段:2018 年 7 月—2019 年 7 月,通过财务共享服务试点工作,总结财务共享服务建设规律、实施方法和步骤;2019 年 7—12 月,把集团具备条件企业及业务全部平稳迁移到财务共享服务中心。

优化提升阶段:1~2 年优化提升,形成规范高效的业务流程,实现总部集中管控、内部市场化运营、规范化、低成本的财务共享服务运营模式。

价值创造阶段:2~3 年卓越运营,通过不断统一优化业务流程、深化共享以后财务大数据的分析应用,力争达到能为成员企业提供增值服务的、高效率的、国际一流水平的财务共享服务中心,实现向价值创造中心提升的目标。(图 1-7)

01 平稳迁移阶段
·专注服务功能的提升
·提供标准化的业务流程服务
·持续改进、不断优化业务流程
·绩效考核偏重于服务处理时间和质量

02 优化完善阶段
·专注财务管理的提升
·提供规范、高效的业务流程服务
·帮助集团公司规范和优化财务管控手段
·绩效考核偏重于规范化程度和管控效果

03 价值创造阶段
·通过财务共享业务流程评估,挖掘、优化企业价值的提升点
·通过对集中财务大数据的分析,提供高附加值的财务分析报告
·提高日常核算的自动化处理水平
·绩效考核偏重于价值管理

图 1-7 鸿途集团财务共享服务分阶段建设目标

3.业务管理现状

（1）业务布局

鸿途集团现已投入运营的生产设施主要分布在河南省、辽宁省及天津市、安徽省部分地区。在河南省，生产设施沿"两纵三横"的高速公路及两纵两横铁路线进行战略布点，在辽宁省和天津市，生产设施沿"哈大高铁"沿线及环渤海湾经济带进行战略布点，使生产设施战略性布局于石灰石资源、终端市场、交通线的结合处，这样的布局为集团带来的是不可复制的、长期的战略优势。

截至2017年12月31日，鸿途集团共拥有20条熟料生产线及56台水泥粉磨，熟料及水泥年产能分别为30.7百万吨及55.3百万吨。其中，河南区域（包括安徽）水泥产能36.9百万吨，熟料产能20.7百万吨；辽宁区域（包括天津）水泥产能18.4百万吨，熟料产能10.0百万吨。鸿途集团主要基于上述两个广泛的地区（即中国中部及中国东北部），中国中部包括河南省及安徽省部分地方；中国东北部包括辽宁省及天津市。

（2）业务流程（图1-8）

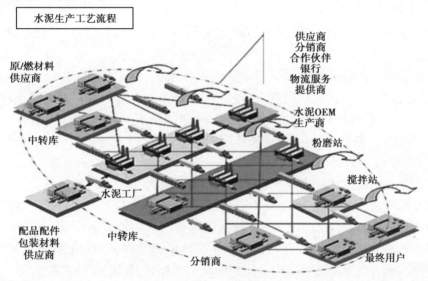

图1-8 水泥生产工艺流程

（3）业财处理的痛点

1）目前下属企业普遍存在业务处理与财务控制，界限模糊，造成分工不清，多环节重复。其表现在以下几个方面：

同一个业务信息在线下、线上重复录入，为了满足不同层面业务管理要求，电子表格台账、纸质台账大量存在，缺乏流程化管理，业务报账时间长；

业务审批与资金支付审批重复；

整个业务审批与财务处理信息共享性差；

资金支付、资金计划、预算管理、合同管理、税务管理、业务管理关联性差；

手工处理核算量大，差错频出，耗用大量精力，核算质量有待提升；

核算由人工进行处理,自动化程度低,核算标准化有待加强;

同一业务不同人员、不同时间,可能出现处理方式的不一致,无法保障会计核算规则及会计政策的有效执行。

2)在采购、生产委外、销售流程中,财务监督与业务管理职能定位相对模糊:

系统中对于应收应付功能定位不清,部分环节将业务单据管理功能定位于财务核算,导致业务管理、债权债务管理等无法很好地开展;

集团各级财务组织的定位模糊,集团财务人员整体聚焦基础核算工作,管理会计职能的发挥有所不足。

(4)费用管理业务现状

鸿途集团没有统一的费用报销制度,下属各子公司制定各自的费用报销制度。

1)员工报销业务

各子公司的员工费用报销标准、审批授权等各自为政;报销的实物流与信息流不同步。具体工作流程参见后续章节相关"案例企业业务流程图"。

2)专项费用业务

专项经费的开支范围主要包括指因工作需要发生的广告、宣传、印刷、咨询、会议、培训等费用。

鸿途集团各子公司专项费用的开支居高不下,而且各家公司的推广活动没有形成集中效益;各家公司的会议、培训频多,有些"会"浮于事。部分子公司没有事前控制,在发生后进入报销过程,遇到超预算情况,财务退单,造成员工抱怨、业务开拓遇阻,具体工作流程参见后续章节相关"案例企业业务流程图"。

(5)采购管理业务现状

采购成本是鸿途集团的主要成本支出,是集团重点关注的管理事项,鸿途集团实行重点物资集中管理,在集团层面设立物资装备部,重点管理采购业务,负责每年就大宗物资与供应商签署战略协议,集团内企业根据需求量与供应商签署合同,基本实现大宗物资材料集中管理与零星材料物资的企业自主采购的采购模式,同时部署了 NC 供应链/LE 地磅系统、无人值守系统对采购合同到结算实现控制,集团集中管控。

采购管理在供应部门分为大宗材料、备品备件、固定资产设备及办公劳保用品等,另外属于其他部门的包含委外生产、委外劳务、委外运营、中介服务等。

鸿途集团有明确的供应商管理制度,内容包括:

在招标的过程中对供应商的资质进行审查,审核标准参照准入规则和管理办法;

对供应商的考核指标包括:价格、质量、信誉度、售后服务、交货能力;

统管的供应商考核需要打分,自采的没有考核打分,只进行评价;

对供应商考核频次:一年一次整体评价。

1)集团统管采购业务

统管采购业务描述:

原煤的采购由物资装备部统一管理,由水泥公司物资部通过询价、比价进行采购;

统管物资包括天然石膏、水泥包装袋、耐火砖、火浇注料、铸钢高铬球钢锻、耐热钢件

（含锚固钉）、收尘滤袋、喷码机油墨清洗剂、破碎机锤头、输送胶带、斜槽帆布、球磨机衬板、复合耐磨板、链条、料斗、皮带机托辊、余热发电水处理药剂、润滑油脂、轴承、工作服等，由水泥公司物资部通过招标进行采购。

如果供应商不在鸿途集团的供应商档案，需要先完成供应商准入审定；就已纳入集团供应商档案的供应商进行采购到货，具体工作流程参见后续章节相关"案例企业业务流程图"。

《鸿途案例业务现状流程图》。

2）分子公司采购业务管理现状

①采购业务基本现状：

平均每个月的采购资金为4 000万元，在大修的情况下，会更高（根据每家公司的产量此金额会上下波动）；

采购一般都没经济批量，采购数量的控制比较严格，不允许超请购计划采购；

采购计划的跟踪，只关注库存数量，不关注采购计划执行后是否使用，长时间不使用的物资计划不进行考核；

存在部分物料呆滞的情况；

总部与分子公司之间无法实现采购数据、供应商、采购价格的共享。

②采购效率：

采购临时计划较多；

采购计划平衡分配到多个部门，流程烦琐，效率不高；

采购过程通过比质比价、优质优价的原则，缺乏有效系统控制手段；

采购付款周期较长，在一定程度上影响了供应商供货积极性，增加了采购成本；采购付款周期长的原因是历史形成的，任何采购付款都需要有采购发票、合同、到货验收单，三者缺一不可。

具体工作流程参见后续章节相关"案例企业业务流程图"。

（6）销售管理业务现状

鸿途集团为多元化经营的企业集团，主营业务为水泥及熟料销售，另外生产领域有铸造、焦化、发电等业务，旅游板块有旅游景点、酒店及娱乐业务。

主营销售应收业务包括以下内容：水泥销售、熟料销售、铸件销售、酒店客房销售、景点门票销售等。

1）水泥板块

目前销售管理业务的现状如下：

已实施ERP系统的企业基本已实现供应链业务的业务财务一体化；

销售业务流程基本一致，业务关键控制点略有不同；

销售价格多样化，审批、执行及监管不便捷；

手工工作量大，较易出现错误（客户余额计算、返利计算）；

工厂布局、硬件不同，发货流程无固定形式、单据格式不同、流转不统一，不便于统一化和精细化管理；

统计报表以手工为主,工作量大,及时性较差。

①主营销售业务

具体工作流程参见后续章节相关"案例企业业务流程图"。

②其他销售业务

具体工作流程参见后续章节相关"案例企业业务流程图"。

2)其他板块

旅游板块的销售收入核算采用票务软件与 NCC 系统对接,根据票务软件中的收入报表进行推单,推单生成内容不涉及供应链中的物资,即不通过供应链单据进行核算。其他板块,除水泥板块销售业务使用 ERP 系统供应链模块外,均采用手工录入应收单核算的方式进行销售核算。

具体工作流程参见后续章节相关"案例企业业务流程图"。

(7)资产管理业务现状

鸿途集团是重资产行业,主要资产集中于大型生产设施、设备,为了管理集团资产,目前已经部署了资产模块(综合办公室使用,建立资产/设备卡片)和固定资产模块,财务用来管理固定资产的新增、变动和处置、折旧核算等等。

资产管理职能分为集团财务部资产管理处的政策管理、监督,水泥板块的生产设施新建、大修的管理监控,下属企业生产机动部分直接或间接资产实物管理、卡片登记,财务部门的固定资产价值管理职能。

1)固定资产新增

具体工作流程参见后续章节相关"案例企业业务流程图"。

2)固定资产变动

具体工作流程参见后续章节相关"案例企业业务流程图"。

3)固定资产折旧

月末,资产会计确认当期所有资产新增、资产变动、评估单、减值准备等单据均录入完成后,对资产进行当月的折旧计提处理。

具体工作流程参见后续章节相关"案例企业业务流程图"。

4)固定资产减少

在公司生产运营过程中,当出现固定资产报废、处置、捐赠等情况时,需要在固定资产模块进行资产减少的业务操作。

具体工作流程参见后续章节相关"案例企业业务流程图"。

(8)合同管理业务现状

目前,合同管理业务的现状如下:

在业务系统部署了多个合同管理模块,包括销售合同、采购合同、项目合同等,在结算环节,需要整合业务表单,实现合同控制,在供应链、项目管理录入的合同,在结算时单据根据客户/供应商名称自动带出同一客户/供应商的系统合同(合同订单)供制单人选择,各级审核人员根据合同编号查询系统合同,结算时不再需要业务人员上传合同复印件;

未实行系统录入的合同,如总部管理的合同,下属公司的服务合同,由各级财务人员在收付款合同模块录入合同,自动控制结算。

1)收款合同结算业务

具体工作流程参见后续章节相关"案例企业业务流程图"。

2)付款合同结算业务

具体工作流程参见后续章节相关"案例企业业务流程图"。

(四)财务共享业务要求

1.管理目标

(1)创新财务管理模式,促进管理转型,打造智慧鸿途

通过建设财务共享服务中心,促进鸿途集团财务工作重点向管理会计转型,再次提升标准化水平,提升财务服务质量,更广泛地支持公司经营决策,更好地支撑、保障企业战略落地执行,更好地支撑公司未来迅速扩张。

(2)加强经营管控,提升风险识别能力和对下监控能力

通过财务共享平台建设和财务共享中心的设立,加强对下属公司财务工作的管控力度,利用财务共享服务平台,实现实时经营过程管控预警,将目前经营业务游离于系统外的审批从线下转向线上,从而提升集团对下属企业的风险识别和控制能力。

(3)降低管理运营成本,提升管理效益

财务共享建设中对流程进行梳理和优化,并通过标准化集中作业获取规模效益,大幅提升财务基础业务处理效率和质量,从而解决目前财务人员短缺问题。

促使财务管理人员将主要精力投入到战略财务工作中,基层财务人员专注业务财务,促进财务人员结构转型,降低财务管理成本;促使鸿途集团在竞争激烈的外部环境下保持企业核心竞争力。

(4)实现业务价值链与管理链、财务资金链的深度融合

通过共享平台建设打通业务环节与财务环节仍然隔断的业务流程,通过系统集成与流程优化建立业务信息向财务核算、结算与管理决策系统的传输渠道。

建立集团管理部门管理链条对下属公司业务前端的信息通道,建立实时管控机制。

通过细化业务数据、财务数据,积累形成鸿途集团的大数据,为各级领导提供分析决策依据。

2.业务规划

(1)总体解决方案

1)财务共享服务中心范围

①共享范围定义

根据目前条件,基于"共享范围明细表"对下属公司财务部职能进行分析,不能脱离现场的业务,如销售开票、进项发票认证、成本分析等流程保留本地财务执行,不纳入共享中心处理;

基于稳健原则,总账及报表[非响应类总账科目凭证编制、总账凭证稽核(原始票据、记账凭证、系统影像一致性稽核)]纳入共享中心;

视成本核算在共享中心管理运行效果,再决定在运营期是否纳入共享中心处理;

在无纸化办公和电子发票普及之前,总账凭证稽核与会计档案管理是相互依赖关系,如原始单据、凭证向共享中心归集,则总账稽核、会计档案一起纳入共享,否则原始单据不向共享中心归集。

②共享中心营建期与运营期间定义

共享中心营建期:试点建设及上线推广期间,一般在上线后稳定运营半年到一年,主要任务是探索集团共享中心业务与运营模式。

共享中心运营期:推广上线后稳定期,主要任务是运营平稳后的深化应用和业务拓展。

③共享业务范围明细表(表1-5)

表1-5 共享业务范围明细表

业务类别	河南及周边		其他区域	
	营建期	运营期	营建期	运营期
费用报销	√	√	√	√
销售与应收	√	√	√	√
销售发票开票	——	——	——	——
采购到应付	√	√	√	√
进项发票认证	——	——	——	——
存货与生产成本	——	——	——	——
工程项目	——	——	——	——
成本分析	——	——	——	——
资产	√	√	√	√
纳税核算	——	——	——	——
资金结算	√	√	√	√
总账与报表	√	√	√	√
会计档案				

2）共享服务中心组织设计

①组织设计原则

a.划分战略财务、共享财务与业务财务职能

财务职能分为基础业务核算职能、财务运行监控职能、决策支持职能和价值创造职能,集团财务部负责集团运营监控和决策支持,行使对下属企业的财务管理职能,包括制定和监督财务会计政策、支撑集团投资决策、对集团税务筹划、集团全面预算、成本进行统筹管理。

集团所属各产业公司总部财务部门,受集团财务领导,负责本公司及下属分支机构一般财务监督、成本费用审核、总部税务核算与纳税申报,并对各公司、机构的经营进行财务分析与数据支持。

在集团层面建立财务共享服务中心负责集团各公司及分支机构的会计基础核算、费用、成本审核监控与资金结算等工作。

b.专业化、标准化、流程化、集约化

按照专业化、标准化、流程化、集约化的标准来调整财务内部组织架构,将从事标准化工作的会计核算人员分离出来,并归属到财务共享服务中心,使得会计核算工作集中后按专业岗位进行分工作业,实现由财务共享服务中心集中处理基础性核算服务,有效控制成本与风险。

按照专业化、标准化、流程化、集约化的标准和思路,通过建立财务共享服务中心,将财务核算工作和财务管理工作分开,各公司财务部作为集团派出的财务管理职能部门,负责本公司财务业务监督、财务管理控制和高附加值的决策支撑类工作。

②财务共享服务中心组织设计(作为集团财务部下属部门)(图1-9)

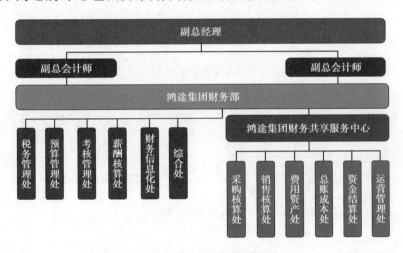

图1-9　鸿途集团总部财务部组织架构图

3)财务共享服务中心组织岗位

①财务共享服务中心组织岗位结构(图1-10)

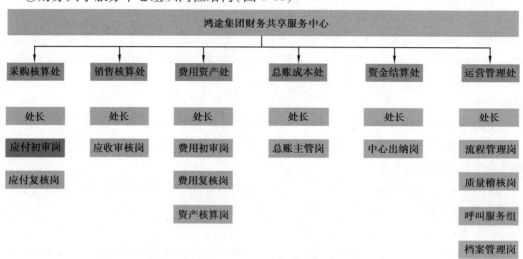

图1-10 财务共享服务中心岗位设计图

②财务共享服务中心岗位任务分析(表1-6)

表1-6 财务共享服务中心岗位任务分析

部门	岗位	响应式流程任务	非响应式任务
销售核算处	处长	应收审核	任务规则设置,兼月末成本核算、销售流程手册编制、流程优化
	应收审核岗	应收审核、销售流程服务响应	销售暂估核算、应收对账
采购核算处	处长	应付审核	任务规则设置,兼月末成本核算、采购流程手册编制、流程优化
	应付初审岗	应付审核、采购流程服务响应	采购暂估核算、应付对账
	应付复核岗	应付复核、采购流程服务响应	采购暂估核算、应付对账
费用资产处	处长	费用类报账审核	任务规则设置,工程、资产核算任务分配及整体控制
	费用初审岗	费用类报账审核,费用类报账流程服务响应	借款及备用金对账
	费用复核岗	费用类、工程类报账复核,费用资产流程服务响应	借款及备用金对账
	资产核算岗	兼工程项目类报账审核	资产业务核算(固定资产、总账)

续表

部门	岗位	响应式流程任务	非响应式任务
总账成本处	处长		总账报表任务分配及整体控制、总账核算手册/报表手册编制、成本核算手册编制、流程优化财务分析指导、内部流程优化
	总账主管岗		总账科目核算、总账凭证稽核、记账凭证装订、会计档案归档,
资金结算处	处长		资金结算处总账稽核
	中心出纳岗	支付作业	支付作业、收付款(所有成员单位的外部账户)

3.业务场景梳理

(1)费用共享

1)通用报销

①业务背景

员工因公务发生的费用,如业务招待费、差旅费、车辆费用等其他相关费用,在其取得合理合规的发票后,粘贴发票填制报销单,经审批程序进行费用报销。

②核心功能与控制点

系统单据类型编码: 单据名称:费用报销单

业务员填制费用报销单,粘贴发票,填报人可在保存后打印报销单,将报销单及原始单据一同进行影像扫描并上传;

业务员对原始单据的真伪负责,在提交单据之前要进行真伪查验;

单一差旅费的报销,使用差旅费报销单;业务员填差旅费报销单时不能修改标准,系统按照标准自动计算补助金额;

本地财务核对员工享受差旅费标准;

本地财务收单并核对电子影像;

费用受公司年度费用预算及资金收支平衡表控制;

财务共享服务中心判断是否本月支付,进行月末挂账处理;

本地财务可以在单据完成挂账或支付后打印报销单据(带有审批意见),作为凭证附件。

③相关附件

发票、费用报销单、支付回单。

2)对公结算费用

①业务背景

公司因销售、场内盘运产生的运输费用,需与第三方运输公司签订合同,第三方向销售方开具运输发票,本单位垫付运输费用。销售代垫运费一般发生于客户要求一票制。

按集团、水泥公司批准的大修计划中委外修理部分，或分子公司申请委外维修的设备等，维修完工后经使用部门验收合格，达到预定维修效果，维修单位开具增值税专用发票，按公司领导签批意见入账、同时冲销预付款的流程。

矿山生产盘运、大宗材料堆场委外盘运；分厂、车间之间盘运使用吊车等劳务，本公司批准的维修计划中委外部分，或申请委外维修的小型设备等，劳务结束后生产处、分厂出具结算单据并签字，维修完工后经使用部门验收合格，达到预定维修效果，劳务单位开具增值税专用发票，按公司领导签批意见入账、冲销预付款的流程。

委外修理、日常费用发生的劳务费、对外承包的厂区清洁费等对公结算的费用，均需要使用应付单、付款单进行核销处理，适用本流程中的应付付款流程，应付单在报账平台自制应付单。

银行手续费、工资发放、社保缴纳等自动划扣资金的业务需要事后补单，但无需对其进行应付账务处理，可使用本流程中的费用报销流程。

②核心功能与控制点

系统单据类型编码：　　　　单据名称：费用报销单

对公结算费用分为应付挂账和不挂账两个业务流程，业务在报销时需对业务进行区分，或与本地财务进行沟通后再选择业务流程；

需要应付挂账的业务仅凭发票不能直接报销付款，需要走完自制应付单流程；

业务员对开具的增值税专用发票是否符合税务要求负责，本地财务可以对其复核；

业务部门对客商银行信息进行完善，确保提供的账户信息能够完成支付；

本单据完成审批后可直接将资金支付给供应商，单据所填信息涉及支付，需本地财务复核；

外委维修计划是否属日常修理建议报账人与本地财务沟通后选择对应的收支项目；

外委维修计划等水泥公司、集团本部批准的业务、维修完工验收单验收等未在流程中涉及的审批流程，需将签字齐全的纸质资料上传影像系统；

本单据入账及支付受预算控制、资金收支计划控制。

③相关附件

入账审批单、维修计划申请单、大修计划审批表、合同、磅单、运输发票、运输费用报销单。

3）费用支付流程

①业务背景

费用支付流程是费用报销入账后的支付环节，仅涉及共享中心的操作，采用银企直联付款方式。

②核心功能与控制点

系统单据类型编码：　　　　单据名称：费用报销单

业务员需要维护或提供资料由本地财务维护个人收款账户；

付款单位账户默认为本单位支出账户，可以按实际进行修改。

③相关附件

费用报销单。

（2）采购管理-应付共享

1）备品备件结算

①业务背景

购进的经仓库验收、发放的备品备件、机物料消耗、办公用品等。备品备件需使用部门派人质检后才能验收入库，如立磨配件、铲车配件、挖掘机配件、减速机配件、轴承、电机、电极、抛丸磨光片等，供应商开具增值税专用发票，按供应处领导签批意见入账、同时冲预付款、扣除质保金的流程。

②核心功能与控制点

系统单据类型编码：　　　　　　单据名称：应付单

开具的增值税专用发票是否符合税务要求。

应付审核人员审核发票开具的货物名称、规格型号、数量，与物资送货单是否一致，采购订单采购处领导签字是否齐全。

立磨配件、铲车配件、挖掘机配件、减速机配件等物资入库单是否使用部门质检签字。

备品备件有需要过磅的，以实际过磅数量为准。

与合同价对比价格上浮时是否有调价审批表。合同约定有预付款、质保金的要扣除预付款、质保金后入账，并核销相应的付款单。

购进的物资、供应商、金额是否符合集团集采、自采的要求。

③相关附件

业务部门影像附件：送货单、发票。

2）原燃料结算

①业务背景

购进的大宗原燃料。需过磅、质检验收，以盘定耗的原材料入账，如原煤、精煤、粉煤灰、石灰石、硫酸渣、废钢、型砂等，根据质检化验结果进行扣吨、扣价，供应商最终以结算单的结算数量、结算金额开具发票，两票制结算的要同时开具运费发票，按供应处领导签批意见入账、冲销预付款的流程。

②核心功能与控制点

系统单据类型编码：　　　　　　单据名称：应付单

开具的增值税专用发票是否符合税务要求。

应付审核人员审核结算明细表实收数量与 NCC 到货单是否一致；根据质检结果扣吨后的结算数量、扣价后的结算金额与合同约定是否相符，与开具的发票是否一致；采购订单采购处领导签字是否齐全，到货单仓管员和质检员签字是否齐全；入库单仓管员签字是否齐全。

石灰石、型砂等需要由供应商承担资源税的是否有乙种证明，石灰石开采费计算单签字是否齐全。

与合同价对比价格上浮时是否有调价审批表,合同约定有预付款、质保金的要扣除预付款、质保金后入账,并核销相应的付款单。

购进的原材料、供应商是否符合集团集采、自采的要求。

③相关附件

业务部门影像附件:送货单、发票。

3)采购付款

①业务背景

业务财务根据资金计划参照应付单填写付款单,经审批后付款的流程。

②核心功能与控制点

系统单据类型编码:　　　　单据名称:付款单

付款单领导签字是否齐全。

付款单必须是参照核销后的应付单生成,保证付款金额不大于供应商应付账款余额。

(3)销售管理—应收共享

1)产成品结算

①业务背景

业务财务根据 NCC 销售发票在报账平台推送销售应收单,根据销售员上传的相关扫描资料,共享中心审核相关结算信息。

②核心功能与控制点

业务财务审核相关资料完整性。

财务共享服务中心审核结算信息。

③相关附件

业务部门影像附件:销售发票。

2)其他商品销售

①业务背景

非主营产品的销售,可直接采用销售订单。业务财务根据 NCC 销售发票在报账平台推送销售应收单,根据销售员上传的相关扫描资料,共享中心审核相关结算信息。

②核心功能与控制点

业务财务审核相关资料完整性;

财务服务共享中心审核结算信息。

③相关附件

业务部门影像附件:销售发票。

(4)固定资产共享

1)固定资产新增

①业务背景

采购新增:公司因生产经营需要,采购新增固定资产。根据公司固定资产管理制度要求,由综合办公室专员通过系统提交申请并审批,审批通过后进行采购、入账结算及手工维护资产卡片。

②结算流程描述

综合办公室专员发起新增资产采购订单,并扫描相关影像文件。

部门领导进行业务审批。业务财务参照采购订单录入采购发票、应付单。

财务共享服务中心应付审核岗审核。

财务共享服务中心资产核算岗生成固定资产卡片。

生成新增资产凭证。

③相关附件

业务部门影像附件:送货单、发票。

2)固定资产变动

①业务背景

部门发生变动:因公司固定资产实际管理部门、使用部门、使用状况发生变动,数量拆分或合并、调整时,需要在固定资产模块进行卡片的变动处理。

②业务流程描述

综合办公室专员发起使用部门调整单,选择相应的变动原因,并扫描相关影像文件。

部门领导进行业务审批。

完成资产变动,如果不是价值变动不需生成固定资产变动凭证。

③核心功能与控制点

系统单据类型编码:　　　　单据名称:使用部门调整单

(5)总账业务共享

计提/结转/调整/分摊等凭证业务。

月底损益类有业务结转。

(6)资金结算共享

1)业务现状

根据鸿途集团及各分子公司的实际情况,鸿途集团资金实行"收支两条线"的集中管理模式,即由原来的各分子公司自行结算转化为由鸿途集团资金结算中心统一结算。

鸿途集团目前的资金结算付款分为两大类,一类是正常运营的企业使用了银企直联下拨+付款的方式,即每笔付款都要向结算中心申请下拨后再进行付款;另一类非正常运营未使用银企直联的企业向集团借款后自由支付。结算中心作为资金管理的核心组织,不仅要求对下拨资金进行控制,而且对实际每笔付款也要进行控制。因此,鸿途集团的资金管理与普通结算中心有所不同,不仅对整体资金的头寸进行控制,同时还肩负着集团分子公司出纳的职能。两种控制方式的组合应用,严格控制了使用银企直联公司的资金支出风险。

目前鸿途集团连接了工、农、中、建四家银行,基本涵盖了重点企业的大部分收支,对这些企业的结算风险进行了有效的控制。但是对于还没有使用银企直联的企业还停留在事后的稽核,尚无有效手段进行事前、事中的风险管控。

2）管理目标

统一资金收支管理,实现多业态、多层级、跨地域的资金结算;

银行账户统一管理;

实现资金结算业务处理信息化、自动化,不落地处理;

预留与财务核算、支付、报销等其他业务系统的协同处理的接口;

合理资金资源配置,提高资金使用效益;

安全性、流动性、效益性相结合。

3）业务规划-收付款合同结算

①收款合同结算业务

业务背景:

收款合同结算使用于不涉及供应链销售的收款业务,由业务人员与财务人员操作完成。

核心功能与控制点:

业务财务审核相关资料完整性;

财务共享服务中心审核结算信息;

根据交易业务实质选择使用收付款合同结算或供应链购销合同;

业务场景流程描述;

业务部门签署收款合同;

业务财务参照签订的合同录入应收单;

财务共享服务中心完成应收单审核,入账;

业务财务参照应收单录入收款单;

财务共享服务中心完成收款单审核,收款,入账。

相关附件:

业务部门影像附件:销售发票。

②付款合同结算业务

业务背景:

付款合同结算使用于不涉及供应链采购的付款业务。由业务人员与财务人员操作完成。

核心功能与控制点:

业务财务审核相关资料完整性;

财务共享服务中心审核结算信息;

根据交易业务实质选择使用收付款合同结算或供应链购销合同。

业务场景流程描述;

业务部门签署付款合同;

业务财务参照签订的合同录入应付单;

财务共享服务中心完成应付单审核,入账;

业务财务参照应付单录入付款单;

财务共享服务中心完成付款单审核,付款,入账。

相关附件:

业务部门影像附件:发票。

4)业务规划-结算业务

处理不涉及往来的收付款:

不涉及往来的收款,从业务发生到审批以及结算完成的整个业务流程,例如罚没收入;

不涉及往来的收款,从银行获得到账信息后及时进行核算确认,例如,对方采用网银转账等方式支付的款项;

不涉及往来的内部划账,公司内外部账户之间的划账业务;

不涉及往来的付款,从业务发生到审批以及结算完成的整个业务流程,例如水电费支出,银行主动扣款;

不涉及往来的付款,从业务发生到审批以及直连支付完成的整个业务流程,例如日常支出,通过银企直联向供应商支付款项。

①付款结算业务

付款结算单主要用于处理不涉及往来的资金流出业务,如水电费支出、银行手续费支出等。由业务财务与财务共享服务中心人员操作完成。

业务场景流程描述

单位业务财务人员发起付款结算单,选择相应的业务的收支项目(如水电费支出),并扫描相关影像文件;

部门领导进行业务审批;

财务共享服务中心应付审核岗审核付款结算单,生成记账凭证;

财务共享服务中心出纳结算;

财务共享服务中心总账主管岗审核记账凭证。

核心功能与控制点:

直接进行付款结算的业务,财务或者出纳人员进行操作,无需核销处理。

相关附件:

付款结算单、银行付款回单。

②收款结算业务

收款结算单主要用于处理不涉及往来的资金流入业务,如利息收入、罚款收入等,由业务财务与财务共享服务中心人员操作完成。

业务场景流程描述;

单位业务财务人员发起收款结算单,选择相应的业务的收支项目(罚款收入),并扫描相关影像文件;

部门领导进行业务审批;

财务共享服务中心应收审核岗审核收款结算单,生成记账凭证;

财务共享服务中心出纳确认收款;

财务共享服务中心总账主管岗审核记账凭证。

核心功能与控制点：

直接进行收款结算的业务，财务或者出纳人员操作，无需核销处理。

相关附件：

收款结算单。

第二章 财务共享服务规划设计

学习目标

知识目标：

理解并阐述财务共享核心理论。

认知财务共享的建议动因，分析阐述财务共享为企业带来的价值。

理解并应用财务共享建设方法论，自主提炼建设财务共享服务中心的关键因素。

能力目标：

运用财务共享服务中心建设路径和方法，完成案例企业财务共享服务中心建设高阶方案规划设计。

依托财务共享中财务管理模式转型，实现自我思维及能力转变与塑造。

参照教学视频，基本能在财务共享信息系统中完成财务共享服务中心建模工作。

素质目标：

紧跟时代脚步，适应企业费用管理变革，培养学生数据思维。

培养学生财务共享管理意识。

培养学生严肃认真、严谨细致的工作作风。

一、案例介绍

（一）案例企业背景

鸿途集团始创于 1987 年，经过 30 余年的发展，已成为集水泥、旅游、铸造为主体的多元化股份制企业。2018 年，鸿途集团以 160 亿元的营业收入进入 2018 中国企业 500 强，位列第 380 位。

鸿途集团水泥有限公司，是国家重点支持的前三家水泥企业（集团）之一，是工信部重点支持兼并重组的五大水泥企业之一。2011 年 12 月 23 日，鸿途水泥在港交所主板成功上市。截至目前，鸿途水泥总产能超 1.5 亿吨，旗下公司覆盖河南、辽宁、山东、安徽、山西、内蒙古、新疆、天津等省市。集团积极使用国家及行业政策的变化，通过先进的技术装备、合理的区域布局、充足的资源储备、规范的管理及品牌优势，致力于环境保护及可持续发展，集团得以实现快速发展，并维持及加强河南和辽宁两省的市场领导地位。

（二）案例企业组织结构

鸿途集团股份有限公司组织结构如图2-1所示。

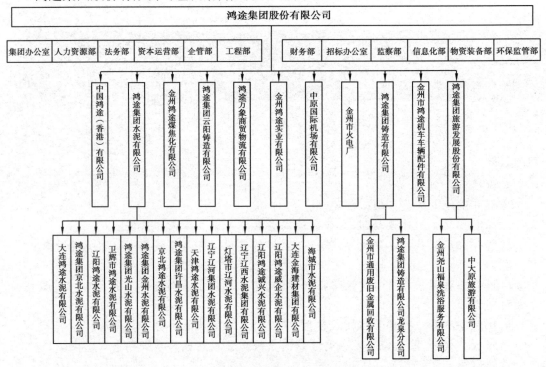

图 2-1　鸿途集团股份有限公司组织结构

（三）企业信息化现状

鸿途集团重视信息化建设,2013年开始全面实施信息化,先后投入使用了多个业务系统。集团、各级子公司进行了不同程度的信息化建设,所涉应用系统如图2-2所示。

图 2-2　企业信息化建设现状

鸿途集团及各级子公司信息系统没有完全实现互联互通,数据标准不一致导致信息多口录入。

2013年鸿途全面信息化后,ERP使用用友NC,在多年使用过程中给企业带来了管理效益,希望通过财务共享让企业的财务管理更上一个台阶,降低企业的财务管理及成本,同时在收购兼并企业时财务能够快速运转。

(四)企业诉求

1.企业战略目标

鸿途集团坚持"产业多元化、产品专业化、管理现代化、市场国际化"的总体发展战略,借助现代化、信息化手段,全力打造数字鸿途。目前水泥板块已在国内率先实现"物流自动化、生产可视化、资产标准化、成本精细化、客商电商化、办公移动化、财务一体化、决策可视化"的数字水泥,进一步延伸到数字铸造、数字焦化以及数字旅游等其他板块。

2.企业财务战略目标

秉承"数字鸿途"的总体信息化发展方向,探索适合鸿途的新型财务管理模式。秉承"数字鸿途"总体信息化战略,鸿途集团提出了"一个中心两个基本点"的财务共享服务中心建设战略定位,希望通过财务共享服务探索新型财务管理模式,同时确定了"统一规划、分段建设"的分阶段建设路径,共享一期先就水泥板块进行试点建设,上线成功后逐步推广至其他业态。

(五)案例企业业务现状流程

1.费用报销业务现状流程(图2-3)

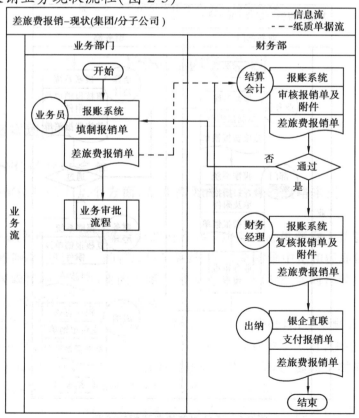

图2-3 费用报销业务现状流程

心能马上为这些新建的子公司提供服务。同时，公司管理人员更集中精力于公司的核心业务，而将其他的辅助功能通过财务共享服务中心提供的服务完成，使更多财务人员从会计核算中解脱出来，为公司业务部门的经营管理和高层领导的战略决策提供高质量的财务决策支持，促进核心业务发展。

（4）挖掘数据价值。随着企业体量的增大、层级的增多，管理决策的复杂性也越来越大，因此，财务需要发挥更多的管理职能，才能为决策层提供具有参考价值的决策分析数据和报表。财务核算也必须更加细致化和专业化，才能为企业提供更加具有管理价值的财务分析数据，而 FSSC 是企业集团集聚数据资源的最佳平台。

2.确定 FSSC 的建设目标

FSSC 建设首先应该立足财务本身，与公司财务管理战略目标保持一致，纵向服务于公司发展战略，横向匹配公司 IT 信息化建设战略规划，在此基础上明确 FSSC 战略定位，定义 FSSC 建设的短期目标、中期目标和长期目标，如表 2-1 所示。

表 2-1　企业短期目标、中期目标和长期目标

类别	1～2 年短期目标	3～5 年中期目标	6～10 年长期目标
公司发展战略	向平台化管理转型，提升效率	并购扩张，全球化	持续盈利，稳健增长
财务战略规划	从核算监督向管理型财务转型	搭建财务共享平台，支持业务扩张，并购整合	从管理型向价值提升型转变
IT 信息规划	达到企业级应用水平，业财税系统贯通	实现集团集成性应用，业财税系统一体化	升级到社会级应用，实现企业内外系统互联互通
FSSC 战略定位	集团管控	集团管控兼财务服务	财务服务兼集团管控
FSSC 建设目标	标准化建设，推动企业财务转型（责任中心）	财务内包服务，降本增效（成本中心）	协议收费，提供"财务内包+外包服务"（利润中心）

3.FSSC 推进路径选择

由于财务共享服务的引入是一次财务革命，因此，在建设中，不同企业会采用不同的建设路径。一般表现为两种推进路径：先试点后推广，即从单业务或单组织试点，逐步推广到全业务或全组织；一次性建设，即一次性在全业务、全组织范围建设 FSSC。两种推进路径的比较以及选择建议如表 2-2 所示。

表 2-2　FSSC 推进路径比较

推进路径	先试点后推广	一次性建设
适用客户群	管控力度较弱，执行力适中的集团企业；业务类型多样；业态较多、核算相对比较复杂；地域分布比较广的集团企业。适用于稳定期的集团企业	管控力度较强，执行力比较高的集团企业；业务类型不是很多样、不是很复杂；业态较少、核算相对比较简单的集团企业。信息系统相对单一，不存在太多异构系统对接的问题

续表

推进路径	先试点后推广	一次性建设
优点	逐步推广,先点后面,易于控制风险;试点期变动较小,不会造成大的震荡,有益于变革推进。 试点成功后可大规模快速复制	一鼓作气,能够造成大的声势引起高层高度重视,对项目推进有帮助;不会产生多次实施,人员疲惫厌倦的负面情绪。 一次性建设完成共享信息系统,应用价值高
缺点	对于试点机构的选择要慎重,既要考虑业务的全面性,也要考虑执行力、机构分布、管理现状、信息化现状等实际问题;业务在发展过程中,存在未知的可能性,试点完成推广时业务可能发生变化	需要做好全面可行的规划;制订好科学严格的项目计划和管理制度。对于项目管理要求高;对于信息化基础要求高。 沟通面广,需要加强共享中心内部管理,建立呼叫中心等沟通渠道
选择建议	选择推进路径时,最好做项目可研分析。结合企业现状,进行必要性、可行性分析。选择最具有代表性的机构进行试点,并制订好相应的推进计划	

4.FSSC 的模式选择

共享服务组织设立条件如图 2-7 所示。

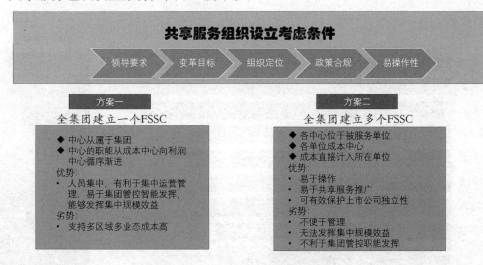

图 2-7 FSSC 模式选择的考虑因素

5.FSSC 的组织职能定位

从组织维度来看,财务共享服务中心会经历三个阶段的发展,如图 2-8 所示。

(1)成本组织:隶属于财务组织,完成财务核算的工作,不进行独立考核。

(2)利润中心:建立内部模拟考核机制,和被服务组织之间需要进行内部结算。

(3)财务服务公司:提供市场化服务,不仅仅服务于集团内部,也对外承接业务,提供市场化服务。

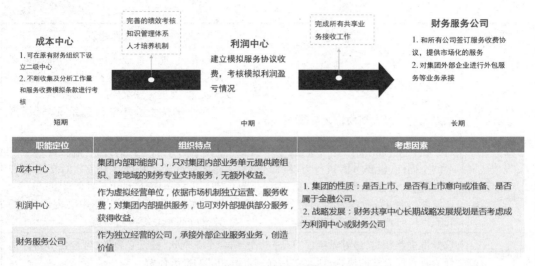

图 2-8　财务共享服务中心组织定位的发展阶段

6.确定 FSSC 的服务内容

纳入财务共享服务中心的服务范围可参照《2018 年中国共享服务领域调研报告》。权威机构调查显示:80%的核算业务都能够纳入财务共享服务中心。财务共享服务中心覆盖的业务流程如图 2-9 所示。

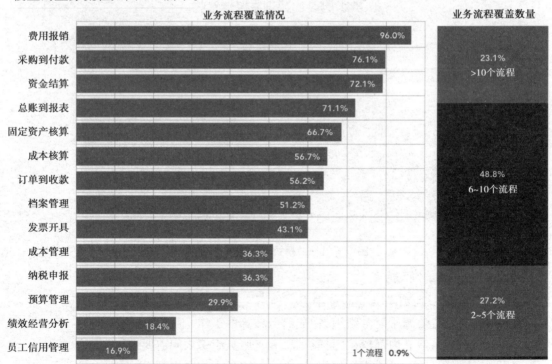

图 2-9　财务共享服务中心覆盖的业务流程

纳入财务共享服务中心业务的筛选原则:

（1）从集中管控的维度

1）集中管理的必要性；

2）集中管控力度的要求；

3）业务的重要程度；

4）异地处理的业务。

（2）从减少财务工作的维度

1）占财务工作时间最长的业务；

2）财务工作量最大的业务。

（3）从成本效益原则的维度

1）考虑管理成本的增幅；

2）对管理水平的提高。

（二）FSSC 选址决策

1.规划方法

确定财务共享服务中心所在地，需要考虑地区经济水平、公司运营模式等，选择的正确与否将直接影响能否充分共享及投入产出率，且制约业务执行情况。从国际经验来看，财务共享服务中心的办公地址选择，需要兼顾地区的政治、经济及公司的战略等因素，选址的结果将直接影响能否充分共享和投产比，且限制业务执行情况。这些选择从总体来看，受制于中心定位、运营模式、长远战略、企业规模大小等多个因素。具体的因素有投入产出分析、高效益的人力数量、薪酬待遇、网络资源、优惠政策等。

以上具体因素由总体因素决定，总体因素根据财务共享服务的战略定位确定。

若战略定位主要是控制成本，将更多地考虑选址的成本因素，具体有人力成本等。其中，对人力资源的成本要求也很低，不会过多投入。

若战略定位主要是加强集团管控或提升业务服务质量，则人力成本可能就不是最重要的考量因素。

事实上，能够兼顾所有标准的办公地址基本不存在，故而在决策时应进行排序，选择其中最适合的即可。地震、飓风、洪水等自然灾害都有可能引起业务中断，在选址时必须加以考虑。

实际操作时可以先确定几个备选城市，然后按照"FSSC 选址决策分析表"对每个备选城市进行数据资料收集、分项评分、加权汇总得到综合评分，以综合评分作为最终选址决策的重要依据。而因素的选取、权重的设计，均受到 FSSC 战略定位的重大影响。

（1）财务共享服务中心选址的方式

财务共享服务中心选址方式按企业是全球化企业还是本土化企业而有所不同，具体如图 2-10 所示。

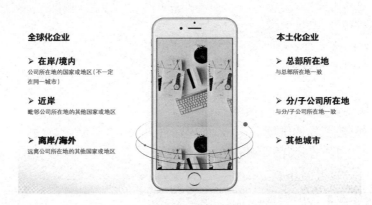

图 2-10 财务共享服务中心选址示意图

(2)财务共享服务中心选址的因素

财务共享服务中心的选址可以从城市环境方面和公司内部方面两个角度考量,其五因素模型如图 2-11 所求。

图 2-11 财务共享服务中心选址的五因素模型

五因素模型因子如表 2-3 所示。

表 2-3 五因素模型因子

因素	方向	影响因子	评分(百分制)	权重/%	得分	小计
成本	人力成本	薪酬		7		
		房价		5		
	交通成本	铁路		2		
		公路		2		
		机场		2		
	办公成本	房价或房租		7		
人力资源	人员技能与知识水平	财务培训机构数量		3		
	人才供给	财经类院校数量		10		
	人才流动性	城市人口		2		

续表

因素	方向	影响因子	评分(百分制)	权重/%	得分	小计
基础设施	IT、通信设备的可靠性	5G试点城市		8		
	通信成本	信息化试点城市		2		
	国际便利度	世界五百强在所在城市设立机构的数量		2		
		吸引外国投资的额度		1		
	基础设施质量	配套的教育资源		1		
		配套的医疗资源		1		
环境	政府政策	税收及优惠政策		4		
		所在城市政府政策是否支持金融、生产服务业务发展		4		
	发展能力	城市发展能力		4		
	客户群体集中度	面向客户服务		3		
集团管控力度	与总部(或区域总部)的沟通便利程度	选址在总部所在地		20		
	总部(或区域总部)的影响	选址在主管单位所在地/创始人祖籍所在地/客户所在地		10		

案例企业根据五因素分析,将财务共享服务中心设在武汉。

(3)鸿途集团 FSSC 的选址

经调研,鸿途集团 FSSC 的候选城市为郑州、大连、天津,如图 2-12 所示。

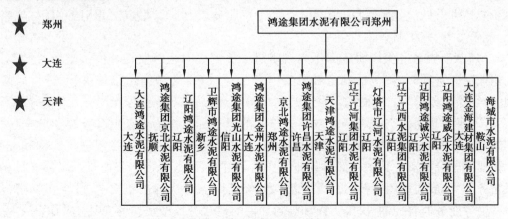

图 2-12　鸿途集团 FSSC 选址

三、FSSC 组织规划

（一）财务组织的总体结构

大型集团企业基于财务共享服务中心的财务管理体系建设蓝图如图 2-13 所示。

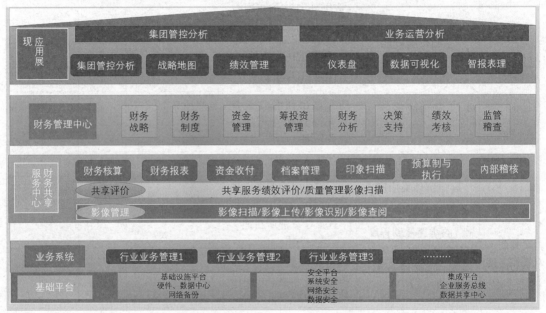

图 2-13　财务管理体系建设蓝图

1.职责调整

当基于财务共享的财务组织向三角财务组织转换后,势必要对相关岗位和职责进行调整,即依据三角财务组织转型,明确划分战略财务、共享财务与业务财务职能的边界。

总体上的做法,是通过适当的财务工作专业分层、分工,形成三角财务组织:战略财务、业务财务、共享财务。

（1）战略财务。集团财务部作为战略财务负责集团运营监控和决策支持,行使对下属企业财务管理职能,包括制定和监督财务会计政策、支撑集团投资决策、进行风险控制,对集团税务筹划、全面预算、成本进行统筹管理等管控型、专家型财务工作。

（2）业务财务。各业务板块或业务单元的财务部门作为业务财务参与业务全过程,作为业务前端合作伙伴及时发现经营问题,基于财务角度对业务过程进行支持和控制,承担业财融合职责。其中总部财务部门受集团财务领导,负责本公司及下属分支机构一般财务监督、成本费用审核、总部纳税筹划、经营财务分析与决策支持;分支机构财务部负责财务业务监督控制、决策支撑和高附加值的运营管控型及现场型财务工作。

（3）共享财务。财务共享服务中心负责集团各公司及分支机构的会计基础核算、费用、资金结算等规模型、重复性可标准化处理的财务工作。共享财务要做到专业化、标准化、流程化、集约化。

2.组织规划的出发点

设立财务共享服务中心,涉及组织机构调整和人员重新配置,要立足于业务,服务于管控,主要从以下两个方面来考虑:

(1)重新构建财务部门的组织架构,确立财务共享服务中心在财务架构中的位置与定位;

(2)有效解决新架构下的协作关系。(图2-14)

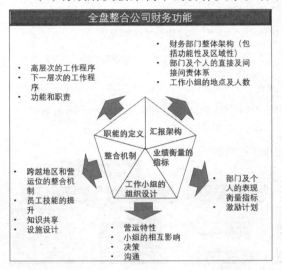

图 2-14 组织规划出发点

3.组织架构规划

结合财务共享服务中心的模式,规划财务共享服务中心的定位与结构。

组织定位:结合财务共享服务中心的模式,定位为二级中心、独立中心、独立法人,如表2-4所示。

表2-4 组织定位

	组织定位		优势	劣势	案例
1	二级中心	财务部下成立二级中心管理的模式	有利于统一协调及沟通	缺乏独立性与客观性	万科
2	独立中心	直属董事局管理的独立中心,不受经营班子管理	财务共享独立性和公正性更强,有利于为经营班子提供更符合董事局要求的标准、规范、中立的数据,经营数据和管理数据更中立	• 与集团前台财务统一、协调性上比较差,沟通成本相对较高 • 不利于从成本中心向利润中心考核;不利于向集团外部提供服务 • 市场化程度相对较弱	合成集团

续表

		组织定位	优势	劣势	案例
3	独立法人	作为第三方公司,和所有分子公司签订服务协议模式	直接从成本中心向利润中心转化;如果发展得好,可以直接商业化和市场化,有利于集团创造新的利润增长点	从成本和费用考虑,提供的服务质量有所限制,服务提供不够灵活	珠江投资

组织结构如图 2-15 所示。

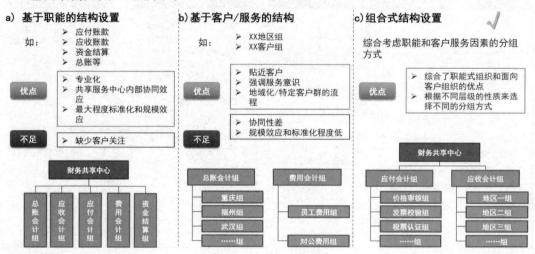

图 2-15　组织结构

组织规划示例如图 2-16 所示。

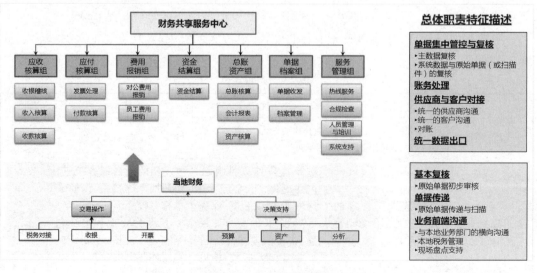

图 2-16　组织规划示例

(二)岗位规划

1.岗位配置规划

财务共享服务中心不同发展阶段对人员的要求不同。

结合本公司实际情况,根据 FSSC 的不同时期逐步进行财务共享服务中心人员组建。

(1)财务共享服务中心建立初期

可以通过征调较多的试点单位人员和抽取项目组人员到财务共享服务中心进行操作。因为试点单位人员对本公司实际情况及业务情形比较了解,而项目组人员则参与了未来财务共享服务中心流程设计与系统实施的全部过程,可以灵活处理实际操作过程中遇到的各种问题。

(2)财务共享服务中心进入成长期

可以逐渐增加外聘人员比例,这是未来财务共享服务中心人员扩充的主要来源。外部招聘人员不用一步到位,随着财务共享服务中心业务上收范围的逐步扩大及服务水平的持续提升,逐步扩大外聘人员比例,最终实现财务共享服务中心人数 80% 为外部招聘这一最终目标。

2.人员三定

所谓人员三定,是指建立财务共享服务中心后,全集团财务人员的定责、定岗、定编。

(1)定责

将从事标准化工作的会计核算人员分离出来,调整到财务共享服务中心,将财务核算工作和财务管理工作分开,使会计核算工作集中后按专业岗位进行分工作业,实现由财务共享服务中心集中处理基础性核算服务,有效控制成本与风险。

财务共享服务中心的工作职责如图 2-17 所示。

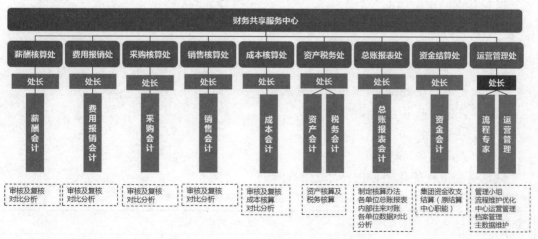

图 2-17　财务共享服务中心职责

(2)定岗

集团财务部、原板块及业务单位财务部的岗位中,如果职责保留则岗位保留,否则将取消相应岗位、人员待转岗。

（3）定编

财务共享服务中心岗位人员配置测算方法有3种：业务分析法、对标评测法与数据测算法。

1）业务分析法：业务分析法是基于业务性质的特点，并结合现有管理人员及业务人员经验，进行分析评估，最终确定人员需求数量的方法。

2）对标评测法：对标评测法是对于原先没有岗位设置，无经验值参考、无法进行数据测算的业务，选取相近口径其他单位的业务进行对标，并在此基础上进行估测。

3）数据测算法：又称工时法。数据测算法是在业务量和工作效率（人均业务量）确定的基础上，确定人员需求数量的方法。此方法适用于对能够提取到可靠业务量，并能够对单笔业务量所用时间进行测量的项目。

四、FSSC 流程规划

（一）流程规划方法

1.流程优化路径

所谓流程优化路径，是指企业采取一定的方法，将财务共享的业务范围和组织范围逐步扩大。流程优化路径的选择，要考虑以下因素：

对现有业务、组织和人员的影响；

人力资源和技能的就绪度；

财务共享的实施周期；

项目推进难度；

系统和基础设施就绪度。

假设：

"1"代表单一业务、单一组织实施共享；

"2"代表单一业务、全组织实施共享；

"3"代表全业务、单一组织实施共享；

"4"代表全业务、全组织实施共享。

则常见的流程优化路径选择如表2-5所示

表2-5　流程优化路径

路径选择	概要描述
3-4	从单一公司开始试点，将全部业务纳入财务共享服务中心进行试点。等试点公司全部业务稳定运行后，再扩展到全部公司

续表

路径选择	概要描述
2-4	从全部公司的某一业务纳入财务共享服务中心进行试点。 等试点业务稳定运行后,再逐步将其他业务纳入财务共享服务中心
1-3-4	先将单一公司的某一业务纳入财务共享服务中心进行试点。 等试点业务稳定运行后,将试点公司的所有业务纳入财务共享服务中心,再扩大范围将其他子公司纳入财务共享服务中心
1-2-4	先将单一公司的某一业务纳入财务共享服务中心进行试点。 等试点业务稳定运行后,将这项试点业务推广到所有子公司,再逐步将其他业务纳入财务共享服务中心

2.业务职责切分

FSSC 流程梳理和优化的核心是对财务共享服务中心产生业务交互的流程进行重新评估与再造。借助财务共享服务中心所带来的组织和业务交互模式变革,改善企业在成本、质量服务与响应速度的绩效。

(1)职责切分工作步骤

1)流程梳理分类。基于各成员单位的业务模式,对财务核算流程进行梳理分类,整理会计核算流程并逐级细分。

2)流程节点拆分。拆分至每个流程节点,对不同组织的同质流程每个节点的业务规则进行对比分析。

3)属地分析。对每个流程节点的归属地、岗位和职责进行识别,分析其属地、岗位和职责的合理性以及将其纳入共享的可行性。

4)关键问题分析。结合财务共享需要,平衡流程效率和风险,根据流程清单梳理结果,对差异和问题进行总结分析,识别影响流程的关键因素和影响共享实施的关键问题。

5)信息系统分析。根据流程中的信息传递分析每个流程环节的系统支撑是否到位和合理,结合财务共享服务项目目标,识别系统功能的改进方向。

(2)可纳入财务共享服务中心的业务选择

通过一系列包括"风险、复杂和专业程度""规模经济收益""与业务紧密程度""技术可行性"以及"经济可行性"的特质分析,可以确定组织内适合建立共享服务的财务工作/流程。如图 2-18 所示,企业现有的流程通过该滤镜层层过滤,可以找出适合共享的流程。

财务共享流程设计,需要结合财务共享业务范围(如费用共享、核算共享、资金共享、报表共享等)进行梳理,建议需要重点设计的流程如图 2-19 所示。

3.端到端业务流程设计原则:

"端"指企业外部的输入或输出点,这些外部的输出或输入点包括客户、市场、外部政府或机构以及企业的利益相关者。"端到端流程"指以客户、市场、外部政府或机构及企业利益相关者为输入或输出点的,一系列连贯、有序的活动的组合。

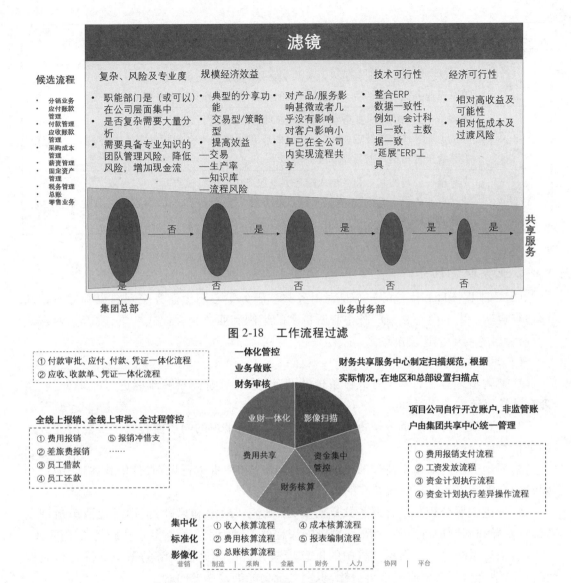

图 2-18 工作流程过滤

图 2-19 财务共享流程设计

（1）业务组织与财务组织地域分离原则：

1）原始单据的传递：你需要对影像扫描进行设计，包括制单人扫描、专岗扫描。

2）原始单据的归档：你需要对档案管理进行设计，包括本地归档、财务共享服务中心归档、电子档案、纸质档案等。

3）内控的管理要求：由于地域分离带来的对内控的管理设计。

（2）跨业务组织流程的标准化原则：业务形态不同、信息系统差异、审批流程差异、业务环节差异、主数据差异等的标准化。

（3）信息系统的现状与集成原则：业务系统与 FSSC 系统一体化与异构化。

（4）新技术应用原则：共享服务模式是在信息技术支持下的管理变革，实现业务财务、流程财务的有效协同，推动财务管理向更高价值领域迈进。

(二)流程规划设计

1.定义流程

流程是利用资源和管理,将输入转化为输出的一系列活动。

(1)流程是一组为客户创造价值的相关活动。

(2)流程是对业务运作的规划,可以不断地总结和固化优秀经验。

(3)西方的观点认为,企业的所有活动都是流程。

(4)为企业提供增值的不是个人,而是流程。

(5)流程六要素:输入、活动、过程、输出、客户、价值。

2.流程设计方法

(1)财务流程设计与再造如图 2-20 所示。

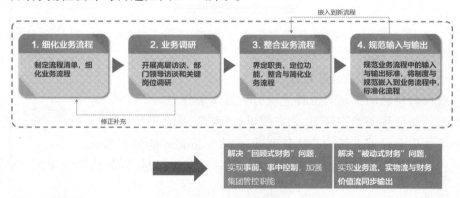

图 2-20 财务流程设计

(2)业务流程调研

调研会伴随流程改造的全过程,应遵循:调研计划—调研记录—调研整理—调研分析—调研汇报—调研修正的过程进行,如图 2-21、图 2-22 所示。

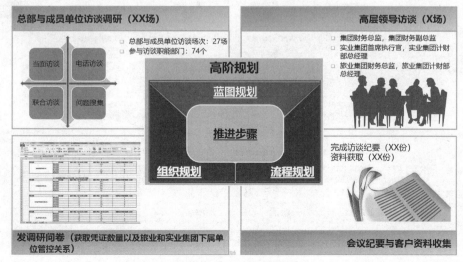

图 2-21 业务流程调研过程

图 2-22　业务流程调研

以领先实践为导引,以需求调研为基础,以分析评价系统为工具,以打造符合战略管控思路的财务共享服务中心为核心思想。

业务流程体系分类梳理的关键点:

(1)流程分析的前提是对流程进行清晰的体系分类。

(2)搞清楚流程的动作环节,如在哪里做,谁做,什么系统做,怎么做。

(3)流程中隐藏着大量的待优化问题,能否发掘是对能力的考验。

(4)流程需分析哪些是设计本身问题,哪些是制度问题,哪些是系统问题,哪些是人为问题。

(5)流程的有效分析方法是进行穿行测试,走一遍,充分暴露问题。

3.基于 FSSC 的端到端业务流程

FSSC 工作模式如图 2-23 所示。

图 2-23　FSSC 工作模式

财务共享业务流程设计原则如图 2-24、图 2-25 所示。

图 2-24 财务共享业务流程设计原则

图 2-25 财务共享业务流程设计原则

业务组织与财务组织地域分离,如图 2-26 所示。

图 2-26 业务组织与财务组织地域分离

跨业务组织流程的标准化,如图 2-27 所示。

差异原因	组织一	组织二	是否统一
业务形态不同	线上销售	线下销售	不必统一
信息系统差异	SAP	NC	考虑成本。可在单据层面统一
审批流程	5步审批	3步审批	消除冗余流程
业务环节	费用需要申请	费用不需要申请	可统一
单据模板不同			同质业务统一
单据附件不同			根据业务实质区分可能不同,依据单据或事项区分

图 2-27　跨业务组织流程的标准化

新技术的应用,如图 2-28 所示。

RPA	移动应用	电子发票	互联网+	大数据
主要代替人手进行简单的重复性劳动: 1. 异构系统数据传递 2. 数据核对、对账	移动扫描App可以改变扫描模式,进而改变了业务流程和内控要求: 1. 原始凭证移动扫描 2. 发票移动扫描、验证	改变发票认证、入账流程、开票流程,进而对业务流程产生影响: 1. 报销流程 2. 发票认证、入账流程	电子商务、电子采购等平台的应用,实现了供应链数据的内外部互联,外部业务数据直接获取,无需录入。 1. 销售流程 2. 采购流程	财务中台概念的出现。借助大数据实现管理会计的分析职能。 1. 财务数据实时收集、实时会计 2. 管理会计数据的及时性促进管理的敏捷性

图 2-28　新技术应用

五、FSSC 构建测试

通过财务共享服务中心建模任务登录 FSSC。

1. 登录 FSSC 平台

点击开始任务按钮,登录 FSSC 作业平台。(图 2-29)

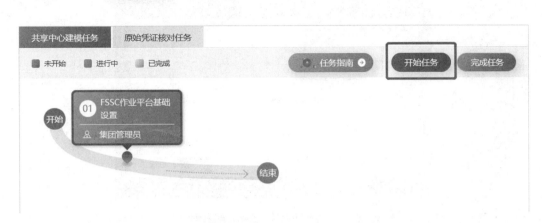

图 2-29 登录 FSSC 平台

2.创建财务共享服务中心

（1）点击创建财务共享服务中心（图 2-30）

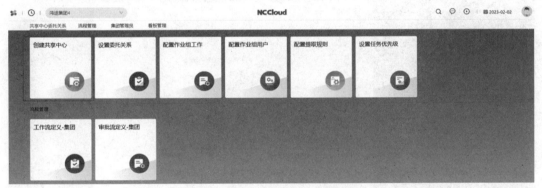

图 2-30 财务共享服务中心主界面

（2）点击新增（图 2-31）

图 2-31 新增财务共享服务中心图

（3）设置编码、名称、业务单元,然后点击保存（图 2-32）

图 2-32　设置编码、名称、业务单元

3.设置委托关系

（1）选择对应的财务共享服务中心（图 2-33）

图 2-33　选择财务共享服务中心

（2）点击新增（图 2-34）

图 2-34　委托关系设置主界面

（3）新增共享委托关系（图2-35）

图2-35 新增共享委托关系

选择服务单位为鸿途集团水泥有限公司下17家分子公司，如图2-36所示。

图2-36 选择服务单位

（4）选择服务内容（图2-37）

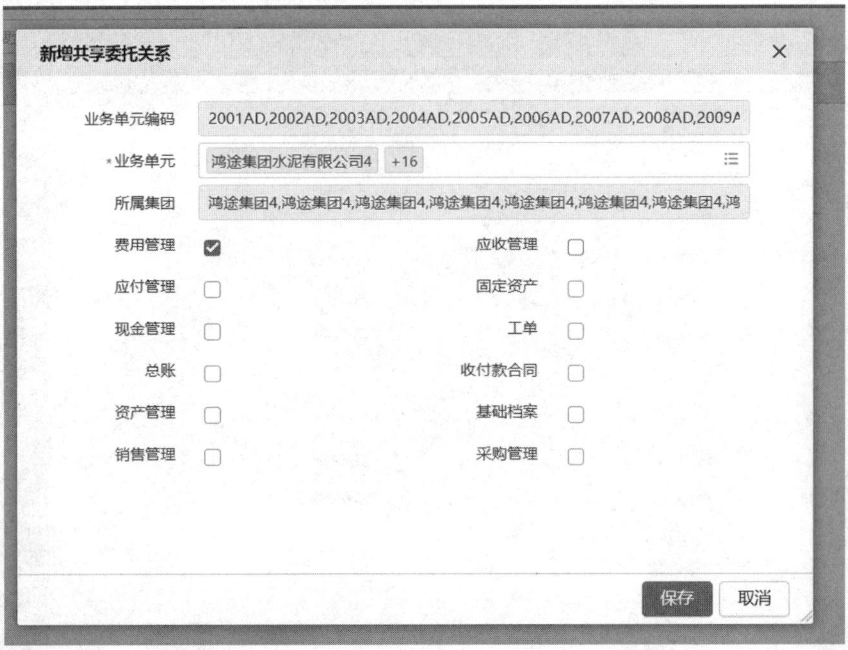

图2-37 选择服务内容

注意不要勾选"销售管理"和"采购管理"，如图2-38所示。

图2-38 "销售管理"和"采购管理"为空

4.配置作业组工作

(1)增加作业组(图 2-39)

图 2-39 配置作业组主界面

(2)新增作业组规则,具体单据类型(图 2-40、图 2-41)

业务	单据类型	单据用途说明
档案综合类业务	供应商申请单	新增供应商申请,审批通过后系统中即会增加该供应商信息
	供应商银行账号申请单	新增供应商银行账号,以供后续向该供应商支付款项使用
	付款合同	根据合同事项生成的记录付款相关信息的合同内容
	收款合同	根据合同事项生成的记录收款相关信息的合同内容
付款类业务	付款申请	付款前的申请,一般用于专项专款支付的事前申请
	应付单	一般采购发票到了以后会形成企业对外部的应付义务,该单据审批通过后一般会生成应付账款的会计分录
	付款单	一般支付应付的款项或预付供应商的款项时,使用该单据进行审批
费用类业务	费用申请单	对费用的事前申请,一般用于专项费用的申请,专款专用
	费用预提单	对预提类费用的申请与审批
	主借款单	一般用于员工借款或对公业务借款
	主报销单	一般用于费用报销的填报与审批
结算类业务	划账结算	一般用于一个单位不同账户之前的转账
	主收款结算单	对于主营业务外的收款业务填报与审批
	主付款结算单	对于主营业务外的付款业务填报与审批
资产类业务	资产变动	固定资产变动事项记录与审批
	资产报废	固定资产报废事项记录与审批
	资产减少	固定资产减少业务的填报与审批
	新增资产审批单	固定资产新增业务的填报与审批,审批通过后,可根据该单据进行固定资产卡片的新增
销售收款类业务	应收单	销售商品后,形成企业对外部的应收的权利,该单据审批通过后一般会生成应收账款和收入相关的会计分录
	收款单	一般收到应收的款项或预收客户的款项时,使用该单据进行审批
总账类业务	通用凭证单	该单据一般用于总账共享转账类或其他特殊事项的凭证
其他	自定义单据	其他没有枚举的业务单据,可通过该单据进行审批并纳入共享审核

注: 交易类型不选默认为单据类型下的全部交易类型

图 2-40 作业组单据类型

图 2-41 作业组规则设置

5.配置作业组用户

配置作业组用户(图2-42)

图2-42　配置作业组用户

6.配置提取规则

配置提取规则,提取方式为处理完毕再提取,管理层级:共享中心。(图2-43)

图2-43　配置提取规则

7.流程配置

此处完成财务共享服务中心工作流与审批流的启用,后续流程配置任务不再重复配置,直接跳过即可。

(1)打开FSSC,点击流程管理–工作流定义–集团(图2-44)

图2-44　财务共享服务中心主界面

（2）点击放大镜搜索工作流程，然后启用所有流程，注意：工作流还有第二页。（图2-45）

图2-45　启用流程

（3）点击流程管理—审批流定义—集团。（图2-46）

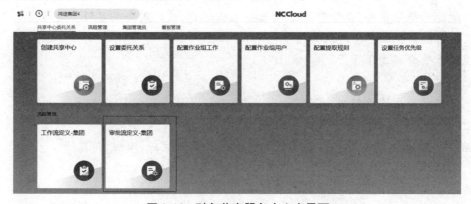

图2-46　财务共享服务中心主界面

（4）点击放大镜搜索审批流程，然后启用所有流程，注意：审批流还有第二页。（图2-47）

图2-47　启用/修改审批流

第三章　费用共享

学习目标

知识目标：

熟悉费用与费用报销的概念、费用控制的要点、不同费用报销场景含义及其共性流程。

理解费用报销业务、差旅费用报销业务流程现状，设计财务共享服务建设后的流程。

理解智能商旅服务模式及价值。

理解专项费用管理场景。

能力目标：

了解差旅费用的报销概念、流程、现状，能分析差旅费用报销痛点问题。

能在 NCC 系统中配置费用共享服务。

能够在 NCC 系统中处理报销单据制单、审核，凭证生成、审核、记账。

素质目标：

紧跟时代步伐，适应企业费用管理变革，培养学生数据思维。

培养学生企业费控管理意识。

培养学生团队协作精神。

一、费用管理相关理论

经济形势的变化、会计准则的更改与信息技术的不断发展导致企业面临愈发复杂多变的市场环境，同时大数据、云计算、人工智能、区块链等技术的进步也为企业发展带来更多的机遇。企业必须做好内部管理工作，通过提升内部管理水平来提升企业的经济效益。在企业经营发展期间，企业的各项业务活动都离不开资金的支持，做好企业的费用管理不仅可以支持各项生产经营业务的有序开展，还可以提升企业资金利用效率，降低企业各项成本，以此提升企业的经济效益。企业费用管理不能仅仅局限于原有的财务管理模式，更需要深化大数据、云会计、移动互联网等现代信息技术在企业中的应用，不断驱动着企业财务管理模式的升级与变革。财务共享服务模式是一种适用于集团企业的新型财务管理模式,通过建设企业财务共享服务中心来实现对费用的管控,能降低企业的财务管理成本,提高企业的财务管理效率和风险管控能力。本章将介绍费用管理的相关理论,探讨费用准则的变化以及财务共享服务中心在改进传统费用管理模式中的应用。

(一)定义

费用管理是企业流通费用的管理,是企业财务管理的组成部分。企业依据《国营企业成本管理条例》《国营商业、外贸企业成本管理实施细则》,以及国家对费用支出的有关规章制度和开支标准等相关法律法规对费用进行预测、计划、控制、核算、考核和分析,反映商品流通费支出,挖掘降低费用的潜力,提高经济效益。

费用管理的核心内容是对成本费用与费用报销的管理。对成本费用进行管控可以增加企业利润,助推企业战略落实,优化企业资金配置,提升企业核心竞争力。同时,企业需要建立内部管理体制对费用进行监督和报销。下面介绍成本费用管理与费用报销管理。

(二)成本费用管理

企业成本费用管理服务于企业的生产经营活动,并能够对企业生产经营活动所涉及的成本进行精细规划,从而在保障生产经营活动正常开展的基础上尽可能降低生产经营所需要的资金。

企业成本费用管理主要包括成本预测、决策、规划、控制、核算、分析与考核七个方面。

成本预测主要结合企业现阶段的经营状况、企业所处市场环境与行业环境以及企业的发展目标、发展战略对企业未来的生产经营成本进行合理预测,并对企业未来的成本变化趋势进行合理预测,这是企业成本费用管理的起始,也是后续成本费用管理工作开展的重要前提。

成本决策则是根据目标成本法、作业成本法等一系列成本核算方法,结合各部门的财务信息对企业成本进行计算,并将计算结果作为决策的重要依据。在这一过程中,需要重点保障财务数据的全面性、准确性与时效性,这样才能够保障成本决策的有效性。

成本规划是根据企业的整体战略目标以及各部门的工作目标对企业成本进行规划控制,企业总体成本是固定的,成本规划就是按照各部门的需求对总体成本进行合理分配。

成本控制指的是在企业生产经营期间,按照既定的成本方案对各部门、各岗位的生产经营活动进行监督管理,以明确是否存在超成本情况。同时,如果出现特殊情况需要追加成本,也应当通过成本控制与企业领导层进行反馈,从而根据特殊情况所需资金数额增加成本。此外,成本控制可以分为事前控制、事中控制和事后控制,能够有效规避企业生产经营期间所面临的各类风险。

成本核算以会计核算为根本,按照新会计准则针对企业内部的各项成本数据进行核算,根据企业要求选择合适的成本计算方法,明确企业成本方案的执行效果。

成本考核主要结合企业成本预期数额对企业成本实际数额进行比对,从而确定企业成本费用管理目标是否实现,成本考核也可以与员工的绩效考核相联系,并作为员工绩效考核的重要依据,从而督促员工积极落实自己岗位的成本费用目标。

成本分析则是对企业的成本考核结果进行分析处理,找出成本费用管理期间存在的不足之处,进而采取相应的措施加以改进,促进下一年度、下一阶段成本费用管理工作的优化开展。

企业需要从成本费用管理的七个方面入手,做好内部宣传教育,加深对成本费用管理的认识,同时推动内部控制机制建设,恰当利用会计核算工作,推动成本费用管理信息化建设及人才队伍建设,共同提升企业的成本费用管理水平。

(三)费用报销管理

控制费用报销,不仅能有效地提升财务部门的工作管理水平,而且通过报销的管控,如完善报销制度、改进报销流程,可以达到降低费用支出、提高企业整体经济效益的目的,体现出财务工作的重要意义。

如今,由于机制不完善、信息处理手段落后等,部分企业费用报销管理存在一些问题。首先,最常见的问题便是费用报销制度及监督机制不完善,部分企业没有财务报销制度,缺乏监督机制或者有财务报销制度不执行,或者执行不彻底。若内部费用报销制度不健全,费用是否合理全凭领导审批,会引起报销业务的混乱,容易发生报销与真实不符甚至造假的情况发生。在企业的经营活动中,费用报销作为最基本的业务行为,几乎会发生于所有的业务部门。如果没有健全的统一的费用报销制度,各个部门都本着对自己有利的原则处事,就很难保证财务部与其他各部门工作的协调进行,会造成企业间各部门的矛盾,最终会影响到整个财务工作甚至企业经营活动的正常秩序。其次,存在不实报销或不合理报销的情况。很多企业都存在不实报销的情况,比如员工在报销中将私人的加油费、餐费等费用假借为公司办理业务名义中饱私囊;有的报销超过预算订立的标准;更有甚者虚构未发生的业务,违反法律法规购买发票。再次,存在有真实的业务、正规的发票,但违反了企业费用报销制度的情况。最后,会计信息处理手段非常落后。现代化的企业财务管理中,运用先进的信息化技术和现代化管理手段已是不可避免的趋势。使用传统的手工填写报销单、找领导签字,传递到财务部再支付报销款的方式因效率低下、手续复杂等已经不适合现在信息化时代对信息的要求。还有一个不容忽视的问题是财务人员素质有待提高。对财务人员素质的要求,体现在专业知识的储备、业务能力水平和职业道德水平的要求几方面。在整个费用报销流程中,审核和支付两个重要环节都由财务人员处理,这对财务人员的素质有较高的要求。而目前现实情况中,财务人员疏于对报销的相关知识的熟悉,专业财务知识的储备不足。最后,有些财务人员职业道德水平不高,工作态度不认真,不能严格按照规章制度要求对票据进行审核,给企业造成经济上的损失。

针对上述问题,企业可以采取相关措施改善费用报销的管理,如设计符合企业特点的费用报销制度。在运转高效、得当的财务系统中，每一个环节都不能脱离制度设计这个最基本的内容。完整的费用报销过程应该包括：制定预算和标准、采取行动、责任人提出控制报告、分析与调查、反馈、评价与考核。杜绝不实报销。通过对原始凭证的核查，证明费用报销的真伪。任何真实的业务，其取得的原始凭证都可以在时间、费用类型、支付方式等细节上加以证实。使用先进的财务信息系统也至关重要。审批权限通过系统设定，普通的经手人无法越过系统做手动的更改，这在很大程度上保证了报销和审批的真实性，可以杜绝内部勾结、欺上瞒下骗取报销款的情况，提高了费用报销整个流程的处理速度。同时，报销信息在数据库中有记录，随时需要都可以调取相关信息，也减少了翻阅凭证所需要的时间和人力，具有极大的便利性。此外，应加强对财务报销制度的培训。应定期针对业务人员讲解报销管理制度中的具体条款，使没有专业财务知识的报销人了解、熟悉应该注意的事项；加强财务人员专业知识的培训，使财务人员及时掌握最新的会计政策，提高业务素质和综合能力，同时重视职业道德教育。

　　规范费用报销制度，加强对相关工作人员的要求，严格执行费用报销制度，可以促使员工自觉地遵守制度，对工作负责，规范化操作，严格审核，保证企业的经济业务真实合理。同时为了防止企业经营风险的发生，要打下扎实的管理基础。这样不仅可以有效地提升财务基础的工作管理水平，而且能最大程度地提高企业财务报销的工作质量。

（四）费用准则的变化

　　2006年，我国颁布了《企业会计准则2006》和《企业会计准则——运用指南2006》，对费用的会计处理进行了一些更改。这两部准则的发布及实施，对正确核算企业的资金成本起到了重要的作用。

1.借款费用的主要变化

（1）原准则的主要问题

　　2001年，财政部发布了《企业会计准则——借款费用》，该准则的发布及实施，对正确核算企业的资金成本起到了重要的作用。但在具体的实施和运用中也发现了一些不尽如人意的地方，主要表现在以下方面：

　　①借款费用资本化金额的计算需与累计资产支出加权平均数相挂钩。实际工作中，在每一会计期间发生的资产支出笔数较多的情况下，计算相当繁琐，工作量比较大。

　　②借款费用准予资本化的资产范围仅限于固定资产，即只有在固定资产购建过程中发生的借款费用，才能在符合条件的情况下予以资本化。

　　③借款费用准予资本化的借款范围仅限于专门借款，一般借款所发生的借款费用均不允许资本化。

　　④如果专门借款存在折价或溢价，应当将每期应摊销的折价或溢价金额作为利息的调整额对资本化率做相应的调整。折价或溢价的摊销，可以采用实际利率法，也可以采用直线法。

　　⑤因安排专门借款而发生的辅助费用，如银行借款手续费和发行债券的手续费等，属于在所购建固定资产达到预定可使用状态之前发生的，应当在发生时予以资本化；如

果辅助费用金额较小,也可于发生当期确认为费用。

(2)新准则的变化

2006年2月15日,财政部发布了修订后的借款费用准则,从2007年1月1日起在上市公司开始实施。新准则主要在以下几个方面做了修改:

①专门借款利息费用资本化金额的计算不再与累计资产支出加权平均数相挂钩。即只要是专门借款,不再考虑其支付情况,所发生的借款费用均可予以资本化。

②新准则规定在计算专门借款利息费用资本化金额时,应当扣除闲置专门借款的运用收益。按照新准则的规定,由于专门借款利息费用资本化金额的计算不再与累计资产支出加权平均数相挂钩,也就意味着企业将已经借入而尚未使用的专门借款所发生的利息支出也计入了当期资本化金额。

③扩大了准予资本化的资产范围。新准则将准予资本化的资产范围从固定资产扩大到符合资本化条件的资产。这里符合资本化条件的资产,是指需要经过相当长时间的购建或者生产活动才能达到预定可使用或者可销售状态的固定资产、投资性房地产和存货等资产。

④扩大了准予资本化的借款范围。新准则规定,借款费用应予资本化的借款范围包括专门借款,在购建或者生产符合资本化条件的资产占用了一般借款时,也可以将与该部分一般借款相关的借款费用予以资本化,否则,一般借款所发生的借款费用应当计入当期损益。

⑤新准则规定,借款存在溢价或折价的,应当按照实际利率法确定每一会计期间应摊销的折价或溢价金额,调整每期利息金额。

⑥根据新准则,专门借款发生的辅助费用,在所购建或者生产的符合资本化条件的资产达到预定可使用或者可销售状态之前发生的,应当在发生时根据其发生额予以资本化。但取消了根据重要性原则将金额较小的辅助费用予以费用化的规定。

2.待摊费用的主要变化

(1)旧准则的处理

待摊费用是指企业已经支付,但应当由本期和以后各期分别负担的、分摊期限在1年以内(含1年)的各项费用。比如:预付保险费、预付经营租赁固定资产租金、预付报纸杂志订阅费、摊销期在一年(含一年)以内的待摊固定资产修理费用、一次购买印花税票和一次缴纳税额较多且需要分月摊销的税费等。

对于企业当期支出的需要在本期及以后期间分期摊销的费用,在发生时应借记"待摊费用"科目,贷记相关科目。在每期摊销时,借记相关成本费用科目,贷记"待摊费用"科目。

(2)新准则的变化

在新发布的会计科目表中,删去了"待摊费用"科目,资产负债表中也删去了"待摊费用"项目。

按新的企业会计准则规定,"待摊费用"科目中一些内容不在该科目中核算:经营租入固定资产发生的改良支出,应通过"长期待摊费用"科目核算;固定资产修理费用等,不再采用待摊或预提方式,应当在发生时计入当期损益;超过一年以上摊销的固定资产租赁费用,应在"长期待摊费用"科目核算;低值易耗品摊销、出租出借包装物摊销。

3.预提费用的主要变化

(1)旧准则的处理

预提费用是指企业从成本费用中预先列支但尚未实际支付的各项费用,如预提的租金和保险费、短期借款的利息费用、预提的固定资产修理费用等。预提费用的特点是受益、预提在前,支付在后。

根据预提费用的概念,企业对应当归属于本期但暂时不用支付的费用,应当在义务形成时借记相关费用科目,贷记"预提费用"。在实际支出时,借记"预提费用",贷记相关科目。

(2)新准则的变化

在新会计科目表中,删去了"预提费用"科目,资产负债表中也删去了"预提费用"项目。

按照新企业会计准则,企业预提的短期借款利息在"应付利息"科目中核算;按照新准则,企业应付租入固定资产租金在"其他应付款"科目核算;企业预提保险费等时,通过"其他应付款"科目核算;企业预付保险费、预付报刊订阅费、预付以经营租赁方式租入固定资产的租金以及一次购买印花税票时,通过"预付账款"科目核算。

(五)财务共享服务中心在改进传统费用管理模式中的应用

作为一种创新的财务管理模式,财务共享服务中心模式已经被越来越多的集团企业所熟悉和认可。大数据、云会计技术的发展与应用,使企业通过财务共享服务模式能够实现财务管理的转型,提高财务人员的工作效率,提升企业的费用报销管控水平。费用报销贯穿于企业的生产经营管理全过程,其形成和发生具有动态性。对于集团企业,如果把分子公司的费用报销业务纳入集团或总公司统一的支出账户进行支付,不仅可以减少资金沉淀,还可以进一步加强资金的风险管理。

结合大数据和云会计的技术特征,可以构建财务共享服务中心费用管控框架模型,包括基础设施层、业务层、数据层、服务层、应用层和用户层6个层次。

基础设施层中的基于云会计技术的智能终端、服务器、存储器、网络和安全设备为业务层的费用报销管理系统、资金管理系统、影像管理系统、预算管理系统、会计核算系统和信用评价系统直接提供系统的运行环境支撑,并为数据层和应用层从企业外部收集与企业费用报销管控所需要的相关行业外部数据提供采集通道。

数据层将来自业务层的与企业费用报销管控相关的 DBMS、HDFS、File NOSQL 等业务同步复制数据库(ODS)的结构化数据、半结构化数据和非结构化数据经过 ETL 数据抽取、转换和加载,并借助 Hadoop、HPCC 和 Storm 等大数据技术进行规范化处理后,建立以费用报销管控为主题的,包括费用报销、人力资源、资金管理、会计核算和预算管理等多个维度数据的数据中心(数据仓库)。

平台服务层对数据中心的数据通过数据处理、数据利用、应用整合、用户整合和基础服务,采用文本分析和搜索、可视发现、商业智能和高级分析等决策支持技术,对来自数据中心的数据信息进行整合和分析,面向用户层的集团公司、分子公司等,根据企业费用报销管理控制决策的需求,构建包括费用预算决策、费用报销管控决策和员工信用评价决策等多方面的决策应用,为企业的费用报销管控提供全面和科学的决策支撑。

基于云会计平台,集团企业通过与基础设施层中的智能终端、服务器、存储器、互联网等的连接,从企业内部机构、外部市场、税务部门、银行和会计师事务所等获得,收集企业费用报销管控所需要的财务数据和非财务数据。从基础设施层获得的初始数据源,经由云会计业务层的费用报销管理系统、资金管理系统、影像管理系统、预算管理系统、会计核算系统和信用评价系统等对其进行初步的采集,并由后台的数据模型进行数据挖掘、清洗和整合,使费用报销管控系统有更加全面和科学的数据进行支撑,从而减少费用报销管控的主观判断依据,提高决策效率。

经由云会计业务层处理过的数据,进入云会计平台数据层的业务同步复制数据库中,包括 DBMS、HDFS、File 和 NOSQL 等,并且借助大数据处理技术 Hadoop、HPCC、Storm 等,对其进行数据的规范化处理后,所获得的费用报销数据、人力资源数据、资金管理数据、文档管理数据和预算管理数据等数据会进入数据中心(数据仓库)。在云会计平台服务层中,提取数据中心的数据进行数据处理和数据利用,并且要进行应用整合、用户整合,实施基础服务。企业借助平台应用层的文本分析和搜索、可视发现、商业智能和高级分析等数据决策支持技术,对来源于平台服务层的数据信息进行整合和分析,根据决策的需求形成多种不同层次的决策方案,包括费用预算决策、费用报销管控决策和员工信用评价决策等。集团企业的决策者就是用户层,包括集团公司、子公司、分公司等,需要从应用层的财务决策方案中根据相对最优原则进行选择,并且合理地分配与利用资源。

以云会计和大数据为核心技术建立的财务共享服务中心费用管控通过流程的整合与相关业务系统的无缝集成,能将报销事项需要的报告、预算等直接传递至各个环节,通过与银行信息系统的对接能够实现跨区域的集中支付,规范化的流程设计可以使费用报销管理制度以系统的方式进行呈现,降低了审计成本,提高了风险管控水平。

二、费用管理总体介绍

(一)费用报销的内容

费用报销包括公司各部门日常发生的人员费用、办公费用的报销。
(1)员工费用主要包含差旅费、业务招待费、日常费用、福利费等;
(2)办公费用主要包含会务费、会议培训费、咨询费等。
费用报销的总体过程如图 3-1 所示。

(二)费用报销的场景

费用报销有 4 个主要的场景:

图 3-1 费用报销的总体过程

（1）员工直接报销。当业务发生时，先由员工垫资；业务发生后，员工进行报销，报销完成后公司将报销款支付给员工。

（2）员工借款报销。业务发生前，员工借款；业务发生时，员工付款；业务发生后，员工报账冲借款/还款/报销。

（3）跨组织报销。报销人所属的组织（单位）与费用承担组织（单位）不同。

（4）先申请再报销。企业为达到费用事前控制的目的，要求在某些业务报销之前需先申请才能办理。

员工直接报销和员工借款报销的典型流程如图 3-2 所示。

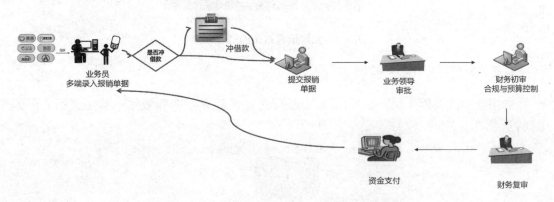

图 3-2 员工直接报销和员工借款报销的典型流程

跨组织报销中有一种情况是需要多个组织来承担（分摊）同一笔费用。如图 3-3 所示的例子中，费用归口管理部门（比如集团市场部）的张三报销会议费 1 500 元，但按照分摊协议要由 A 公司 A1 部门和 B 公司 B1 部门分别承担 1 000 元和 500 元。

先申请再报销，是指企业为达到费用事前控制的目的，要求在办理某些业务（如出差、营销活动）报销之前需先申请才能办理。企业年初做了全面预算，在具体业务发生时需每次申请明细的费用额度。如果需要支出企业做的全面预算或费用预算中未包括的费用，需要另行申请，申请获批后才可以支出，如图 3-4 所示。

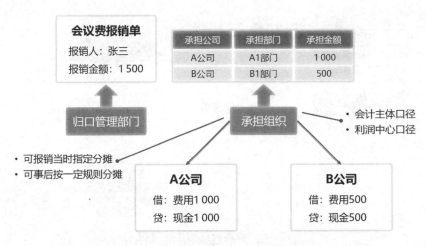

图 3-3　费用分摊的跨组织报销示例图

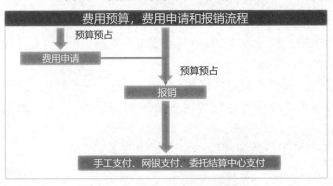

图 3-4　先申请再报销的过程示意

(三) 费用报销的内控要点

费用报销既要遵守相关法律法规,更要促进提高经营效率和效果。费用报销的内部控制要点如图 3-5 所示。

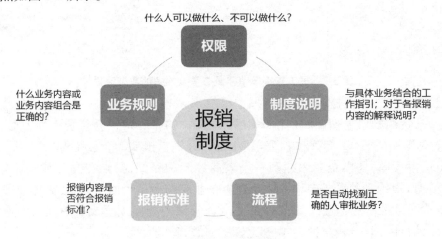

图 3-5　费用报销的内控要点

三、差旅费报销业务

(一)理解目标

1.案例企业现状

(1)鸿途集团费用报销受业务人员吐槽,财务人员苦不堪言,公司领导不满意。

鸿途集团费用报销的痛点:

各公司报销标准不统一,各自为政;

整个业务审批与财务处理信息共享性差;

手工处理核算量大,差错频出,耗用大量精力,核算质量有待提升;

核算由人工进行处理,自动化程度低,核算标准化有待加强;

同一业务不同人员、不同时间,可能出现处理方式的不一致。

(2)鸿途集团差旅费用报销流程如图3-6所示。

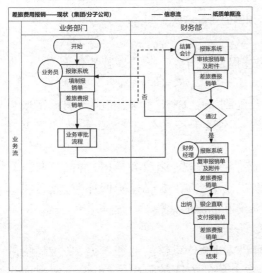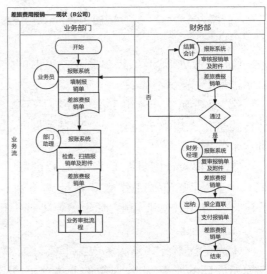

图3-6 鸿途集团费用报销流程图(现状)

(3)费用共享目标

本期共享要达到的目标:加强管控、财务转型;

全集团费用报销统一标准化:制度流程化、流程标准化;

会计核算的自动化和标准化;

业务的信息流、实物流、价值流同步;

创新集团财务管理模式,促进管理转型。

(二)差旅费用报销规划设计

1.需求假设

(1)建立财务共享服务中心后,尽量保持现状业务流程的稳定性。

1)根据传递到 FSSC 的业务单据,确定流程中业务单位与 FSSC 的边界,该业务单据都需要经过 FSSC 的审核或初审。

2)FSSC 接收业务单据所随附的原始凭证,均由制单人在制单后立即扫描上传;此后需要审核该业务单据的环节,均同时审核该业务单据的原始单据影像。

3)保留在业务单位的工作,流程和职责不变,但原业务单位财务部的工作除财务经理职责外均由业务财务承担。

(2)案例企业鸿途集团的所有收付款,均以网银(银企直联)方式完成。

(3)案例企业鸿途集团最终选择的是单共享中心模式。(图 3-7)

序号	名称	是否进FSSC	是否属于作业组工作	流程设计工具
1	差旅费报销单	Y	Y	工作流

图 3-7　共享后流程所用到的业务单据

说明:

①"是否进 FSSC",表示该业务单据的处理过程是否需要财务共享服务中心参与。Y 表示需要,N 表示不需要。

②"是否属于作业组工作",表示是否需要分配到某个 FSSC 作业组,必须由该组成员从作业平台上提取进行处理。Y 表示属于,N 表示不属于。只有进 FSSC 的业务单据才有这个问题。

③"流程设计工具",是指用 NCC 的哪一个流程平台来对该业务单据进行流程建模。NCC 中有"业务流""工作流""审批流"3 种流程建模平台,在本课程实训环节,业务流部分已经预置到教学平台中,学生需要进行工作流或审批流的建模。

注意事项:

①为了让财务共享服务中心审核有据,所有进入 FSSC 审核的业务单据,必须随附外部原始凭证的影像,走作业组的业务单据,用影像上传的方法随附影像;不走作业组而走重量端的业务单据,用拍照后添加附件的方法随附影像。

②为了简化学生的构建测试工作,共享后流程中审批环节最高只设计到子公司总经理。

2.共享后流程设计

学生需要根据鸿途集团差旅费用报销的流程现状,结合上述需求假设,设计一个统一的共享后差旅费用报销流程。学生需要用 Visio 完成流程设计结果,并提交教学平台,由教师发起评价。

图 3-8 是共享后差旅费用报销业务流程的一种参考答案,该流程已经经过测试,可以在 NCC 中成功构建和运行。

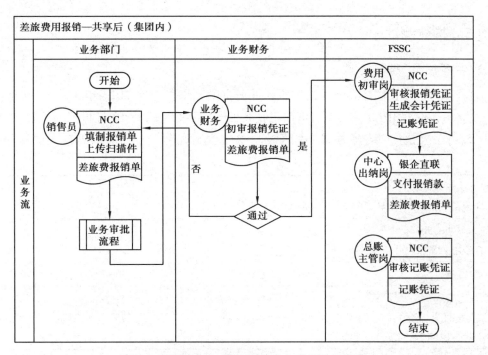

图 3-8　参考流程–鸿途集团共享后差旅费报销

其中业务审批子流程如图 3-9 所示。

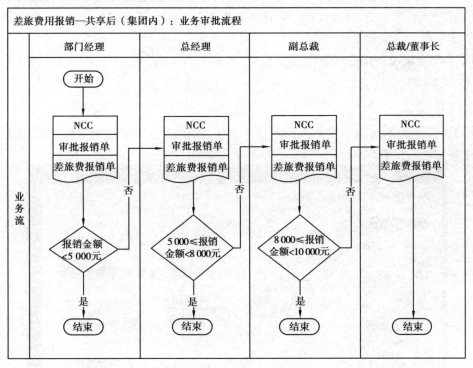

图 3-9　业务审批子流程

(三)构建测试

1.任务实践要求

(1)鸿途集团水泥有限公司销售服务办公室的销售员李军2023年3月8—9日从郑州出差北京,花费如图3-10所示,事前已报备,出差回来后,3月10日报销差旅费。

(2)员工报销的"结算方式"为网银,"单位银行账号"选账号编码较大的账号(支出户)。

去程火车票G1564 (不含税额:283.49元;税额25.51元;税率9%)	309元
返程火车票G505 (不含税额:283.49元;税额:25.51元;税率9%)	309元
目的地交通	36+42=78元
北京住宿费 北京铂涛酒店,增值税专用发票税率6%(不含税额:259.43元;税额15.57元)	275*1=275元

图3-10 销售员李军出差费用

图3-10注意事项:

(1)原始凭证(火车票、出租车票、住宿发票等)作为本课程的教辅资源,在上课时以物理单证的形式发放给学生。

(2)《鸿途集团费用管理制度》规定出差期间每人差旅补贴60元/天,补贴天数按实际出差天数计算。

2.任务实战

(1)人员上岗。点击平台右上角的任务上岗,根据任务步骤选择角色上岗,然后点击开始任务按钮。(图3-11)

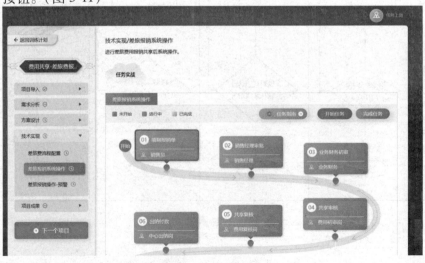

图3-11 实战任务

（2）填制报销单。切换业务日期为任务实践要求日期，点击"差旅费报销单"。根据案例信息填写报销单内容。填写完成后点击"保存"。（图3-12、图3-13）

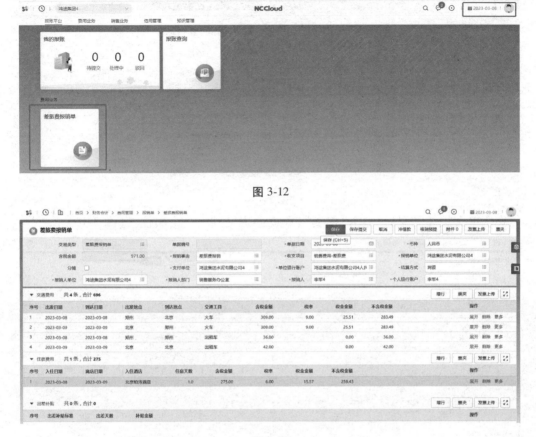

图 3-12

图 3-13

影像扫描功能。对于需要上传附件的报销单据，点击"影像扫描"进入影像管理系统，点击"导入"，选择相应的附件上传，上传完成后点击"保存"，"提交"。如配备了扫描设备，也可通过连接的扫描仪对单据进行扫描上传。（图3-14、图3-15）

图 3-14

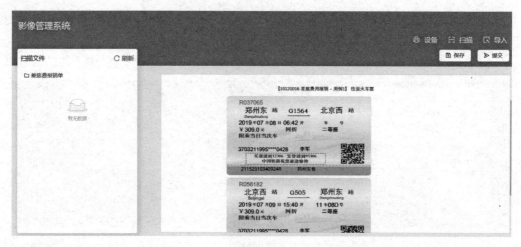

图 3-15

确认单据填写无误后,点击"提交",单据会提交到下一个岗位。(图 3-16)

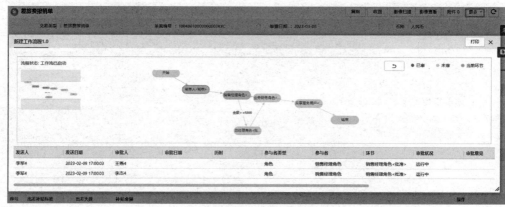

图 3-16

在"更多"-"联查审批情况"中,可查看单据的工作流程及审批情况,了解审批进度。
(图 3-17)

图 3-17

返回课程平台,点击完成任务按钮,进行下一步任务的操作。(图3-18)

技术实现/差旅报销系统操作

进行差旅费用报销共享后系统操作。

任务实战

图3-18

(3)销售经理审批。任务上岗里切换角色为销售经理,点击开始任务。(图3-19)

图3-19

在审批中心,点击"未处理"。(图 3-20)

图 3-20

在未审页签下,可看到上一岗位销售员填写提交的报销单据。如无报销单,可切换查询日期范围进行查询。如果还是没有单据,就需返回项目 2 的构建测试任务,首先检查财务共享服务中心的各项配置是否严格参照文档进行配置,如委托关系、作业组、作业组人员是否配置正确;再检查工作流、审批流里相应的单据是否启用。(图 3-21)

图 3-21

点击未审批单据,检查单据内容、影像附件是否存在问题,确认无误后,点击"批准"。有问题,也可通过"驳回"对单据进行驳回。(图 3-22)

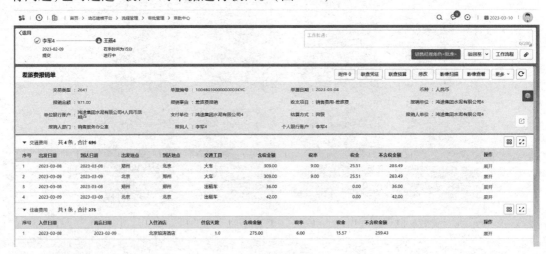

图 3-22

（4）业务财务初审。任务上岗里切换角色为业务财务，点击开始任务进入共享服务中心。点击审批中心下的未处理。（图3-23）

图3-23

在未审页签下，可看到上一岗位销售经理审批通过的报销单据。如查询不出单据，参照销售经理审批中所述方法进行检查。（图3-24）

图3-24

点击未审批单据，检查单据内容、影像附件是否存在问题，确认无误后，点击"批准"。有问题，也可通过"驳回"对单据进行驳回。（图3-25）

图3-25

（5）共享审核。在任务上岗切换为费用初审岗。点击开始任务进入财务共享服务中心。（图 3-26）

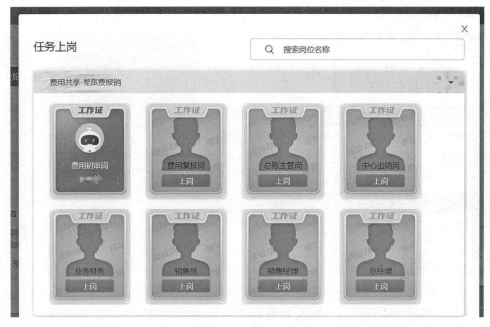

图 3-26

在我的作业下，可以看到待提取的数量显示。在财务共享服务中心，所有的单据都会集中于一个类似于"池子"的作业池中。财务共享服务中心的审批人员可通过提取的方式，提取不同数量的单据进行处理。这里的提取数量就是任务 2.6FSSC 构建配置里设置的提取规则所控制。（图 3-27）

图 3-27

点击"任务提取"。（图 3-28）

图 3-28

审核单据内容、影像附件是否存在问题,确认无误后,点击"批准"。也可对问题单据进行"驳回"处理。(图 3-29)

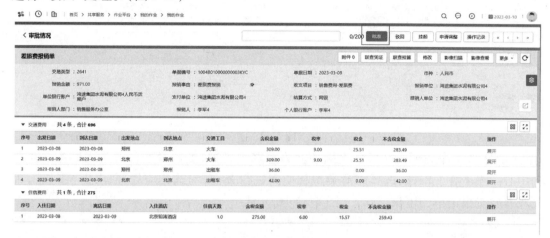

图 3-29

(6)共享复核。因财务共享服务中心设置时没有添加复核审批环节,所以这一步直接点击完成任务。

(7)出纳付款。在任务上岗切换为中心出纳岗,点击开始任务进入财务共享服务中心。点击"结算"。选择公司名称和期间进行查询,点击"待结算"打开单据,勾选相应凭证,点击"支付>网上转账",点击"确定",即完成差旅费报销单的结算工作。(图 3-30—图 3-32)

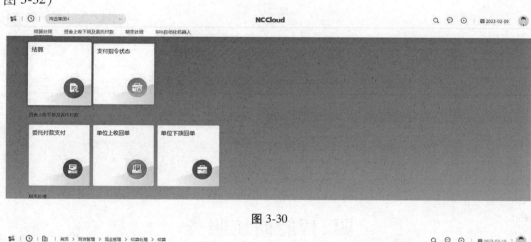

图 3-30

图 3-31

图 3-32

(8)审核记账凭证。在任务上岗切换为总账主管岗,点击开始任务进入财务共享服务中心。点击凭证审核,选择账簿类型和期间进行查询,勾选相应凭证,点击"审核",即完成差旅费报销单的审核工作。(图 3-33、图 3-34)

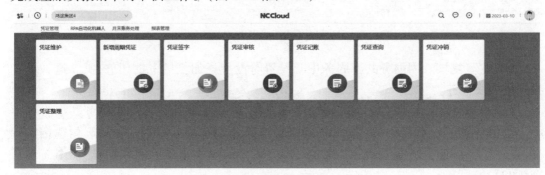

图 3-33

图 3-34

四、智能商旅服务

(一)企业费控管理

1.企业费控管理的现状

(1)传统模式下的费控业务流程

传统报销系统模式下,费用管控在员工满意度、财务处理和分析等方面已无法满足管理需求。传统模式下的费控业务流程如图 3-35 所示。

图 3-35　传统模式下的费控业务流程

（2）传统模式下企业费用管控的问题

传统报销系统模式下，企业费用管控存在的问题包括以下几个方面。

①费用报销慢，效率低：

填报不规范、报销不及时；

审批环节多、审批周期长；

审批责任不明确；

单据人工校验，手工凭证。

②费用管控落后，管控弱：

费用管控依靠人工；

预算无法实现事前管控。

③数据信息不对称，风险高：

业务数据真实性难以验证，增加财务风险；

报表数据不及时不准确，增加管理风险。

④信息不完整，难及时管理：

无法及时准确了解费用具体支出细节；

难以对费用发生过程进行管控。

2.企业差旅管理现状

（1）差旅申请：重事项，轻管控。员工差旅申请只重事项的审批，不太看重费用预算以及费用标准的管控。

（2）商旅预订：重结果，轻过程。商旅部分预订大部分由员工完成，在报账后才审核结果，对差旅预订过程无管控。

（3）差旅报账：重控制，轻服务。差旅报销单缺少住宿水单驳回；开票信息不准确单据驳回；报销填写不规范驳回。

（二）智能商旅服务规划设计

1.智能商旅服务的模式

智能商旅服务的模式主要为企业内部资金变革和外部新技术带动商旅管理的模式创新。

（1）企业内生资金管理的变革

随着员工出差前预借现金（借款）的场景在很多企业越来越少,员工出差垫资问题在很多企业非常普遍。员工垫资向企业垫资转化,企业垫资又进一步向服务商垫资转化的趋势,催生了很多由第三方平台提供智能商旅服务的模式。

（2）新技术带动企业商业模式创新

新技术的出现带来了新的商业模式,一些新的技术变革,如云计算、大数据、移动互联网、人工智能等,催生了新的商业创新模式,如社会化商业/连接协同共享、数字企业/数据驱动、平台型企业/共享经济、交易平台化/金融泛在化等。

（3）智能商旅服务的模式

差旅管理,又称商旅管理。

商旅管理公司（Travel Management Company,TMC）有以下这些模式:

1）个人预订+报销:个人预订、事后报销。

2）TMC 线下模式:单一 TMC,电话预订、统一结算。

3）TMC 线上模式:单一 TMC,TMC App 预订、统一结算。

4）自建商旅平台:自建、外购第三方平台,整合多方资源,与内部系统打通,实现全流程商旅管理与服务。

2.智能商旅的价值分析

（1）智能商旅与报账服务对传统模式的颠覆

智能商旅采用前和采用后,对企业及不同层级员工的影响如图 3-36 所示。

Before

企业
- 企业差旅费用居高不下,费用管控力度低
- 企业的差旅报销制度不能很好落实
- 企业的报销流程繁琐,员工满意度低

员工
- 报销差旅费用时,每次都要填写厚厚一沓的报销单据
- 完成一次费用报销,需要拿着单据逐个找领导审批,审批领导经常出差、开会中
- 个人垫付资金,报销不及时

部门经理
- 不能及时了解费用预算执行情况及剩余额度
- 审核待财务费用时,不能及时获得合法数据或相关材料支持

财务人员
- 员工单据填写不规范;
- 报销审核工作占用大量时间,票据审核困难
- 无法掌控各项目以及异地分公司的费用发生情况
- 企业财务制度难以落实,员工出差商旅预订五花八门,缺少费用报销制度的监管

CEO
- 不清楚公司的费用支出是否合理,是否带来相匹配的效益
- 费用管理中肯定有疏漏现象,费用居高不下,成本难以降低
- 不能按照企业内部管理的要求获取准确的费用分析数据

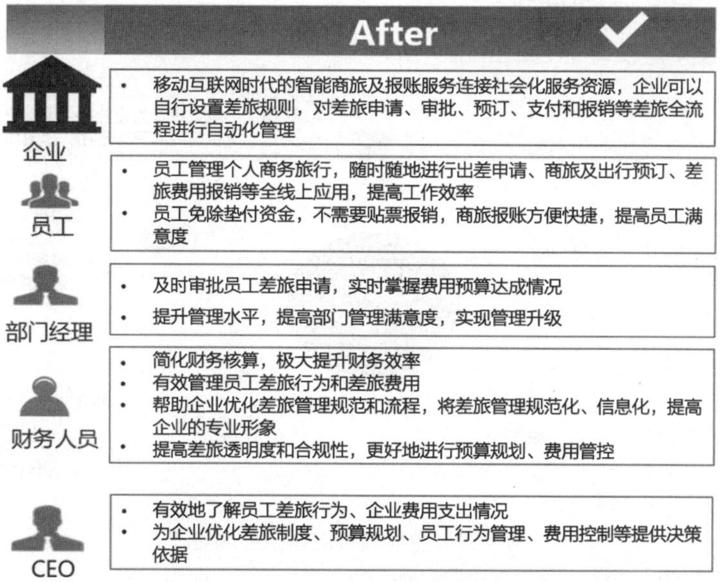

图 3-36　智能商旅采用前后对比

（2）智能商旅服务建设方向

智能商旅服务的建设方向，是打通企业商旅报账全流程、实现费用可视可控，如图3-37所示。

图 3-37　智能商旅服务建设方向

（3）智能商旅服务建设要素

建设智能商旅服务需要注意的核心要素，如图 3-38 所示。

建设智能商旅服务需要注意的核心要素

预订流程	费用结算	系统对接	信息保密
● 简单便捷	● 费用差异化 ● 结算周期	● 系统对接集成	● 公司人员组织信息

图 3-38　智能商旅服务建设要素

（4）智能商旅服务建设特征

智能商旅服务建设特征,如图3-39所示。

图3-39　智能商旅服务建设特征

（5）解决企业传统模式下费控管理痛点

智能商旅服务解决企业费控管理痛点,如图3-40所示。

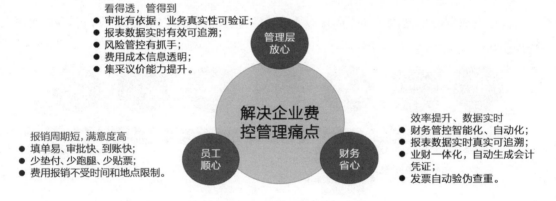

图3-40　智能商旅服务解决企业费控管理痛点

（6）智能商旅,让出行更高效,让服务更便捷

据统计,中国商旅市场总量2015年超过15 000亿元人民币。商旅成本已成为企业运营管理中仅次于人力成本的第二大可控成本,如何智能改变商旅,让出行更高效、让服务更便捷是企业商旅及报账服务的新趋势。

企业智能、高效、便捷的商旅及报账服务新趋势体现在以下几个方面。

①财务服务转型：

移动互联网时代,财务手工报账模式将被自动智能化所替代；

大型企业财务人员职能将从财务审核转变为服务创新。

②社会化商业整合：

企业与服务商连接融合,为员工提供更丰富的商旅资源；

互联互通的商旅平台让员工享受更便捷的机票预订等出行服务。

③智能化报账服务:

通过移动互联网技术,企业实现云端商旅预订,费用自动报账;

全线上的智能化报账实现 B2B 的结算方式,免除员工垫付。

④大数据分析洞察:

企业获得员工商旅数据,实时有效地了解员工商旅出行、费用支出等情况;

通过数据分析提出企业商旅管理建议,提升企业商旅管理水平,实现商旅费用节省。

3.智能商旅共享后流程设计

智能商旅共享后流程设计,如图 3-41 所示。

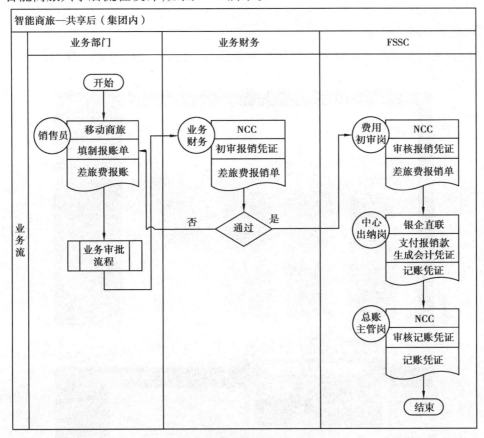

图 3-41 智能商旅共享后流程设计

(三)构建测试

1.任务实践要求

鸿途集团水泥有限公司销售服务办公室的销售员李军 2023 年 3 月 11-12 日,从郑州出差到三亚,11 日下午 1 点与客户洽谈,12 日支持当地水泥市场推介活动,活动 5 点结束。根据《鸿途集团费用管理制度》,他只能选用经济舱,住宿酒店标准 300 元/日/人。鸿途集团水泥有限公司使用的商旅预订均为对公结算,9 日李军通过商旅平台完成机票、酒店预订服务,入住酒店为三亚凤凰岛酒店,酒店有免费接送机服务;同时通过滴滴完成住所(联合花园北门)到郑州新郑国际机场的往返交通出行;13 日李军出差结束,通过商旅平台完成报销。

注意事项

(1)鸿途集团水泥有限公司使用的商旅平台为公对公结算,因此通过商旅平台报销时无需外部原始凭证(机票行程单、滴滴打车票、住宿费发票等)。

(2)《鸿途集团费用管理制度》规定出差期间每人差旅补贴 60 元/天,补贴天数按实际出差天数计算。

(3)智能商旅订票平台中的机票金额随时变动,具体票价以自己搜索出来的票价为准。

2.任务实践

(1)智能商旅订票。在任务上岗切换为销售员,点击开始任务进入移动商旅仿真系统。(图 3-42)

图 3-42　智能商旅订票

（2）根据任务要求，进入机票订购页面。点击"去支付>企业支付"菜单，进入支付界面，即完成订购机票任务。点击"滴滴"按照测试用例填写相应起点与终点，点击"确认呼叫"，即完成订车任务。点击"预订酒店"按照测试用例选择相应酒店，点击"去支付>企业支付"，即完成酒店订任务。点击"差旅费报账"菜单，选择相应原始单据点击"确定"，按照测试用例填写相应信息，点击"提交"，点击"完成任务"。（图3-43）

3.智能商旅审批

（1）在任务上岗切换岗位为销售经理，点击开始任务进入智能商旅审批平台。打开单据，检查单据信息是否正确，点击"销售经理角色批准"，即完成审批工作。（图3-44）

图3-43 进入机票订购页面

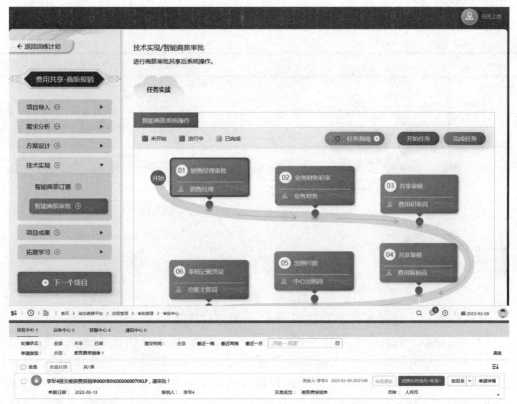

图3-44 智能商旅审批

（2）业务财务初审。在任务上岗切换岗位为业务财务，点击开始任务进入智能商旅审批平台。打开单据，检查单据信息是否正确，点击"业务财务角色批准"，检查审批即完

成审批工作。（图 3-45）

图 3-45　业务财务初审

（3）共享审核。在任务上岗切换岗位为费用初审，点击开始任务进入智能商旅审批平台。">待提取>任务提取"打开单据，检查单据信息是否正确，点击"批准"，检查审批即完成审批工作。（图 3-46）

图 3-46　共享审核

（4）共享复核。此任务不涉及复审，直接点击完成任务。

（5）出纳付款。在任务上岗切换岗位为中心出纳岗，点击开始任务进入智能商旅审批平台。点击"结算"选择公司名称和期间进行查询，点击"待结算"打开单据，勾选相应凭证，点击"支付>网上转账"，点击"确定"，即完成差旅费报销单的结算工作。（图 3-47）

（6）审核记账凭证。在任务上岗切换岗位为总账主管岗，点击开始任务进入智能商旅审批平台。点击"凭证审核"选择账簿类型和期间进行查询，勾选相应凭证，点击"审核"，即完成差旅费报销单的审核工作。（图 3-48）

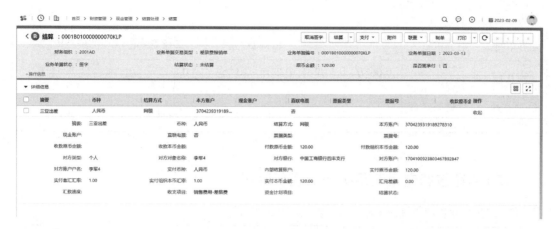

图 3-47 出纳付款

图 3-48 记账凭证审核

五、专项费用报销业务

(一)专项费用报销业务介绍

专项费用适用于因工作需要发生的广告、宣传、印刷、咨询、会议、培训等费用。专项费用实行的是预算单项控制,报销时必须对应正确的预算项目。

超过 1 万元(含)的市场活动、培训等所有的费用必须事前进行专项预算审批。(《鸿途集团费用管理制度》第三条)

鸿途集团的专项费用标准如表 3-1 所示。

表 3-1 鸿途集团专项费用标准

业务审批人	财务审批人	交通费/通信费/元	招待费/元	差旅费/元	其他支出/借款/元
部门经理	分管财务会计财务经理	0.04万(不含)以下	0.1万(不含)以下	0.5万(不含)以下	1万(不含)以下
总经理		0.04万~0.06万(不含)	0.1万~0.2万(不含)	0.5万~0.8万(不含)	1万~3万(不含)

续表

业务审批人	财务审批人	交通费/通信费/元	招待费/元	差旅费/元	其他支出/借款/元
副总裁	分管财务会计财务经理	0.06万~0.1万（不含）	0.2万~0.3万（不含）	0.8万~1万（不含）	3万~5万（不含）
公司总裁/董事长		≥0.1万	≥0.3万	≥1万	≥5万

（二）鸿途集团专项费用报销的现状流程

鸿途集团专项费用报销流程（现状）如图3-49所示。

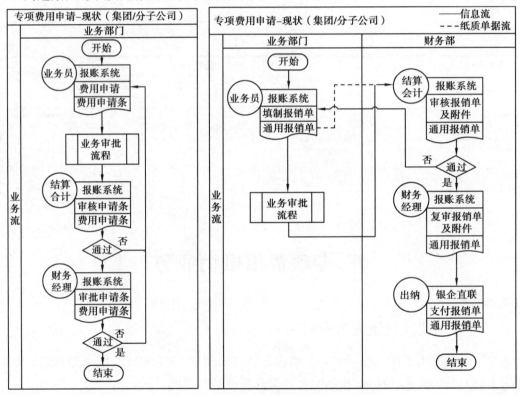

图3-49　鸿途集团专项费用报销流程（现状）

（三）规划设计

1.需求假设

（1）专项费用发生前需进行申请审批

（2）为了简化学生的构建测试工作,共享后流程中的审批环节最高只设计到子公司总经理

（3）专项费用属于集团强控项目,原则上是集团统筹管理,按照"谁受益谁承担"的原则承担费用

2.共享后流程所用到的业务单据(表 3-2)

表 3-2　共享后流程所用到的单据

序号	名称	是否进 FSSC	是否属于作业组工作	流程设计工具
1	费用申请单	N	–	工作流
2	通用报销单	Y	Y	工作流

任务实践要求

水泥协会 2023 年 3 月 15 日在大连举办 2023 年水泥技术及装备展览会,鸿途集团水泥有限公司组织大连属地的子公司参加,会务费 2 万元,鸿途集团水泥有限公司统一支付,但具体由大连鸿途水泥有限公司等 5 家子公司承担。具体分摊比例如表 3-3 所示。

表 3-3　分摊比例

公司	分摊比例/%
大连鸿途水泥有限公司	30
鸿途集团京北水泥有限公司	15
鸿途集团金州水泥有限公司	46
大连金海建材集团有限公司	3
海城市水泥有限公司	6

2023 年 3 月 5 日,鸿途集团水泥有限公司综合办公室专员发起费用申请,费用承担部门是各家单位的销售服务办公室,经鸿途集团水泥有限公司综合办公室经理、总经理和业务财务审批,通过后生效。

3 月 16 日,鸿途集团水泥有限公司综合办公室专员发起会务费支付,支付给会展承办方白云国际会议中心;由上述五家公司的销售服务办公室承担各家公司的会务费。

注意事项:

外部原始凭证(会议费分摊表、会议费发票等),作为本课程的教辅资源,在上课时以物理单证的形式发放给学生。

任务实战

(1)填制费用申请单。在任务上岗切换为综合办公室专员,点击开始任务。点击费用申请单,按照任务要求进行填报,填报完毕后点击右上方"保存"按钮,点击"保存>提交"正式提交,点"完成任务"。(图 3-50)

(2)综合办公室经理审批。在任务上岗切换为综合办公室经理,点击开始任务。点击"未处理",检查单据信息是否正确,点击"综合办公室经理角色批准",完成审批工作。(图 3-51)

(3)总经理审批。在任务上岗切换为总经理,点击开始任务。点击"未处理"打开单据,检查单据信息是否正确,点击"总经理角色批准",完成审批工作。(图 3-52)

(4)业务财务初审。在任务上岗切换为业务财务,点击开始任务。点击"未处理"打开单据,检查单据信息是否正确,点击"业务财务角色批准",检查审批即完成审批工作。(图 3-53)

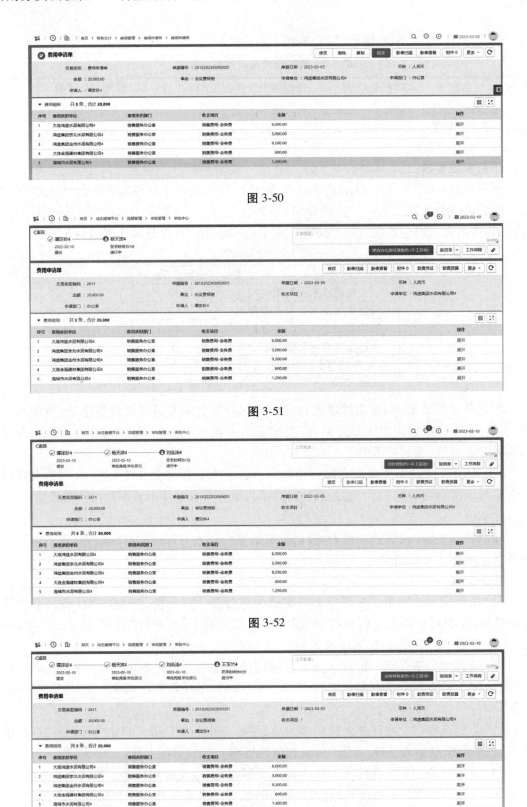

图 3-50

图 3-51

图 3-52

图 3-53

第四章　采购管理—应付共享

学习目标

知识目标：

熟悉采购的概念、采购的分类。

理解采购业务流程现状，设计财务共享服务建设后的流程。

理解采购应付共享服务模式及价值。

能力目标：

了解采购的概念、流程、现状，能分析采购到应付管控点。

能在 NCC 系统中配置采购应付共享服务。

能够在 NCC 系统中处理采购应付单据制单、审核，凭证生成、审核、记账。

素质目标：

紧跟智能技术时代脚步，适应企业费用管理变革，培养学生数据思维。

培养学生企业采购成本控制意识。

培养学生团队协作精神。

一、采购业务总体介绍

(一)采购业务介绍

1.采购的概念

采购，是指购买物资(或接受劳务)及支付款项等相关活动。采购概念的两个方面：

(1)采购的标的为物资(或接受劳务)；

(2)采购要支付与采购标的物相对应的款项。

2.典型采购业务流程

典型采购业务包含 6 个环节，其流程如图 4-1 所示。

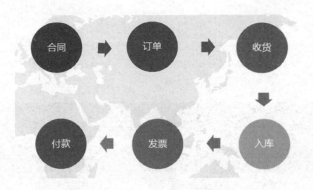

图 4-1　采购业务流程

3.常见采购业务物资分类

不同物资类别,业务特征不同,采购业务控制关键点有所不同。

工业企业的物资,一般分为生产主要原材料、辅材、资产设备、备品备件与工具、办公劳保等低值易耗品;商业企业的物资一般就是商品;服务型行业的物资,可以分为资产设备、项目物资、运维物资等。

(二)案例企业采购业务

1.鸿途集团物资类别及其特征

(1)大宗原材料类物资

一般种类少,采购数量大、金额较高,通常按合同采购。

(2)备品备件类物资

数量少,品类多,易产生库存。

(3)消耗性物资

办公、劳保等低值易耗品,通常计入企业经营或管理费用。

(4)设备资产类物资

单件价值高,全生命周期管理。

集团统管采购与子公司自采相结合。

集团统管采购范围:A 类物资、B 类物资—大宗物资采购;子公司自采范围:C 类物资—小额零星物资采购、D 类物资——一般物资采购。

2.集团统管的采购业务

(1)统管物资中的原煤采购管理

1)集团确定入围的年度供应商,供应商保证供货价格不高于市场平均价;

2)水泥公司每次采购,均需在年度供应商名单内,经过询价、比价进行采购。

(2)其他统管物资的采购管理

1)集团统一进行采购招标,确定物资供应商,统一签订集团采购合同;

2)水泥公司参照采购合同,直接下单订货。

统管物资包括天然石膏、水泥包装袋、耐火砖、火浇注料、铸钢高铬球钢锻、耐热钢件

（含锚固钉）、收尘滤袋、喷码机油墨清洗剂、破碎机锤头、输送胶带、斜槽帆布、球磨机衬板、复合耐磨板、链条、料斗、皮带机托辊、余热发电水处理药剂、润滑油脂、轴承、工作服等，由水泥公司物资部通过招标进行采购。

工程装备部统管一部分物资目录：维修、小型电器等，由工程装备部直接招标购买。

（3）管理问题

集团采购合同与分子公司自采，采购合同没有使用 NCC 系统进行控制与管理，手工操作，因此不能对合同条款、合同执行、合同监控等各方面进行有效管理与控制。

3.分子公司自采业务

（1）自采业务的采购

执行"供应商管理制度"，在招标的过程中对供应商的资质进行审核，审核标准参照准入规则和管理办法；对供应商的考核指标包括价格、质量、信誉度、售后服务、交货能力；统管的供应商考核需要打分，自采的没有考核打分，只进行评价。

（2）管理问题

采购日常业务：总部与分子公司之间无法实现采购数据、供应商、采购价格的共享。采购一般都没经济批量，采购数量的控制比较严格，不允许超请购计划采购；采购计划的跟踪，只关注库存数量，不关注采购计划执行后是否使用，长时间不使用的物资计划不进行考核。

采购计划分配到多个部门，流程繁琐、效率不高；采购过程采用比质比价、优质优价的原则。

（三）采购业务的结算

1.统管—原燃料结算

根据供应商应付账款余额，由采购部门核定本月付款金额，供应商开具收据，公司领导签批付款的流程。采购付款周期较长，在一定程度上影响了供应商供货积极性，增加了采购成本；采购付款周期长的原因是历史形成的，任何采购付款都需要有采购发票、合同、到货验收单，三者缺一不可。

2.自采—备品备件结算

购进物资需经过使用部门派人质检后才能验收入库，仓库管理员核对型号、数量后完成入库。供应商开具增值税专用发票，按采购部领导签批意见入账、会计核对采购发票、入库单后处理付款。

（四）采购到应付管控点

鸿途集团原煤的采购由物资装备部统一管理，水泥公司物资部通过询价、比价进行采购；天然石膏、水泥包装袋、耐火砖、火浇注料、铸钢高铬球钢锻、耐热钢件（含锚固钉）、收尘滤袋、喷码机油墨清洗剂、破碎机锤头、输送胶带、斜槽帆布、球磨机衬板、复合耐磨板、链条、料斗、皮带机托辊、余热发电水处理药剂、润滑油脂、轴承、工作服等都是通过招标采购模式执行。上述物资分类之外的物资目录，由分子公司组织自采。采购到应付管控点的一般流程如图 4-2 所示。

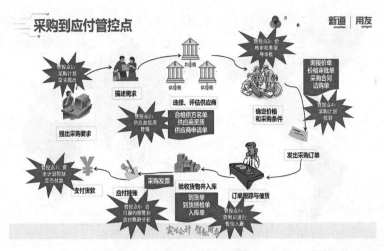

图 4-2　采购到应付管控点的流程

二、备品备件采购业务

(一)理解目标

1.流程现状概述

鸿途集团备品备件采购需要经过以下四个步骤：

(1)采购订货。对于备品备件的采购,由各子公司的供应处直接向供应商下达订单、启动采购流程,采购订货的流程如图 4-3 所示。

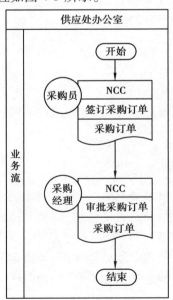

图 4-3　采购订货的流程图

（2）订货入库。收到供应商发来的采购货物后，进行验货、质检并登记入库，订货入库的流程如图4-4所示。

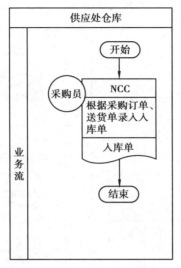

图4-4　订货入库的流程图

（3）应付挂账。收到供应商的采购发票后，根据双方约定的付款条件延后付款，鸿途集团确认对供应商的应付账款，应付挂账处理流程如图4-5所示。

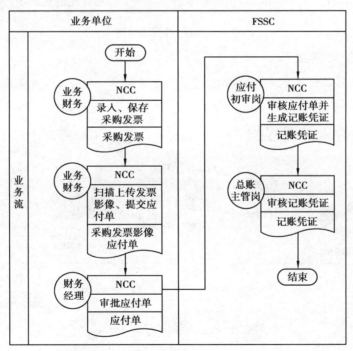

图4-5　应付挂账处理流程图

（4）应付付款。达到对供应商付款条件后，发起支付流程、冲销应付账款，应付付款的流程如图4-6所示。

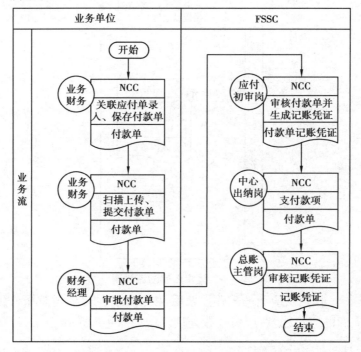

图4-6　应付付款流程图

2.备品备件采购流程

鸿途集团备品备件采购业务需要经过多个业务环节，备品备件采购业务具体的流程如图4-7所示。

图4-7　备品备件采购流程图

（二）备品备件采购业务规划设计

1.需求假设

（1）建立财务共享服务中心后,尽量保持现状业务流程的稳定性。

1）根据传递到 FSSC 的业务单据,确定流程中业务单位与 FSSC 的边界,该业务单据都需要经过 FSSC 的审核或初审。

2）FSSC 接收业务单据所随附的原始凭证,均由制单人在制单后立即扫描上传;此后需要审核该业务单据的环节,均同时审核该业务单据的原始单据影像。

3）保留在业务单位的工作,流程和职责不变,但原业务单位财务部的工作除财务经理职责外均由业务财务承担。

（2）案例企业鸿途集团的所有收付款,均以网银（银企直联）方式完成。

（3）案例企业鸿途集团最终选择的是单共享中心模式。

（4）为了让财务共享服务中心审核有据,所有进入 FSSC 审核的业务单据,必须随附外部原始凭证的影像。

1）走作业组的业务单据,用影像上传的方法随附影像。

2）不走作业组而走重量端的业务单据,用拍照后添加附件的方法随附影像。

（5）为了简化学生的构建测试工作,共享后流程中审批环节最高只设计到子公司总经理。

2.共享后流程所用到的业务单据

案例企业鸿途集团财务共享后流程所用到的业务单据有采购订单、入库单、采购发票、应付单和付款单,不同的单据性质不同,所涉及的流程也不尽相同,几种业务单据的具体情况如表 4-1 所示。

表 4-1　共享后流程所用到的业务单据

序号	名称	是否进 FSSC	是否属于作业组工作	流程设计工具
1	采购订单	N	–	审批流
2	入库单	N	–	审批流
3	采购发票	N	–	审批流
4	应付单	Y	Y	工作流
5	付款单	Y	Y	工作流

（三）构建测试

1.备品备件采购测试用例

（1）采购物资

2019 年 7 月 1 日,鸿途集团水泥有限公司提出物资采购需求,请购信息如表 4-2 所示（其中单价含有 13%的增值税）。

表 4-2 物资请购信息

物料名称	需求数量/个	单价/个	供应商
公制深沟球轴承	100	1 130	东莞市大朗昌顺五金加工厂

（2）应付挂账

2019 年 7 月 10 日,"公制深沟球轴承"到货并检验入库,采购发票随货同到。备注:发票中的购货单位全称:东莞市大朗昌顺五金加工厂;纳税人识别号:6456797928193820××;地址电话:东莞市大朗镇美景中路××号,0769-226208××;开户行及账号:中国工商银行东莞大朗支行 34550902130093××××。

（3）支付货款

2019 年 7 月 15 日,公司完成该笔款项支付。

（4）联查采购计划执行情况（选做）

查询上述 2019 日 7 月 1 日提出采购需求的这笔采购订单,联查预算数和执行数。

（5）采购计划控制（选做）

2019 年 7 月 16 日,鸿途集团水泥有限公司再次提出物资采购需求,请购信息如表4-3所示（其中单价含有 13% 的增值税）。采购申请审批时受采购计划刚性控制,刚性控制提示:采购数量超出采购计划数量。

表 4-3 物资请购信息

物料名称	需求数量/个	单价/个	供应商
公制深沟球轴承	500	1 130	东莞市大朗昌顺五金加工厂

2.操作步骤

（1）备品备件采购-采购挂账

1）采购员-录入采购订单

根据测试用例更改业务日期。（图 4-8）

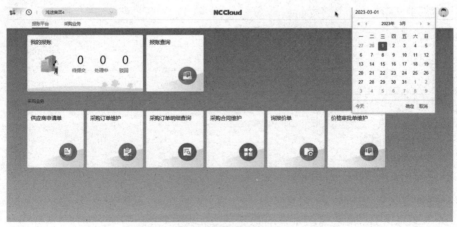

图 4-8 更改业务日期

点击"采购订单维护"。（图4-9）

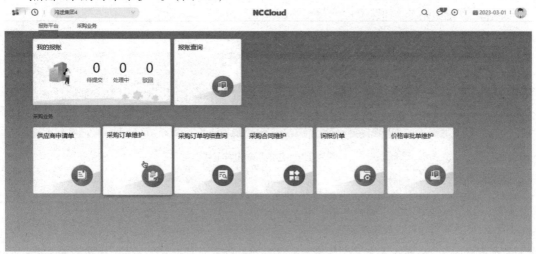

图4-9 采购订单维护

点击"新增"，选择"自制"。（图4-10）

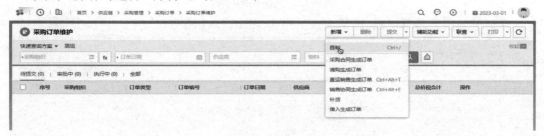

图4-10 选择"自制"

根据测试用例填写相关信息，点击"保存提交"。（图4-11）

图4-11 保存提交

2）采购经理-审批采购订单

点击"审批中心"。（图4-12）

图 4-12　点击"审批中心"

选择采购订单。（图4-13）

图 4-13　选择采购订单

检查单据信息是否正确，确认无误后点击"批准"。（图4-14）

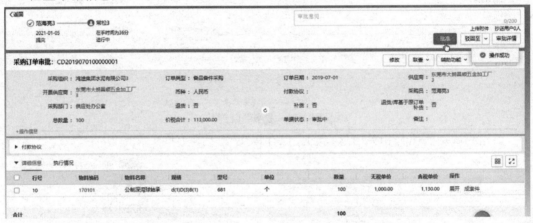

图 4-14　批准订单

3）仓管员-录入入库单

点击"采购入库"。（图4-15）

点击"新增"，选择"采购业务入库"。（图4-16）

选择采购订单，点击"生成入库单"。（图4-17）

根据测试用例补充相关信息，确认无误后点击"保存"。（图4-18）

确认签字。（图4-19）

4）业务财务-录入保存采购发票

点击"采购发票维护"。（图4-20）

点击"新增"，选择"采购收票"。（图4-21）

选择采购入库单，点击生成发票。（图4-22）

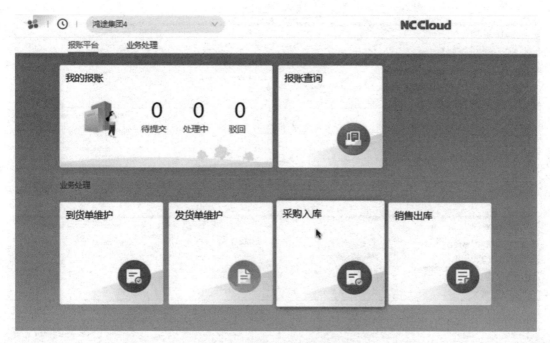

图 4-15　点击"采购入库"

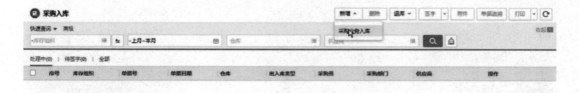

图 4-16　新增"采购业务入库"

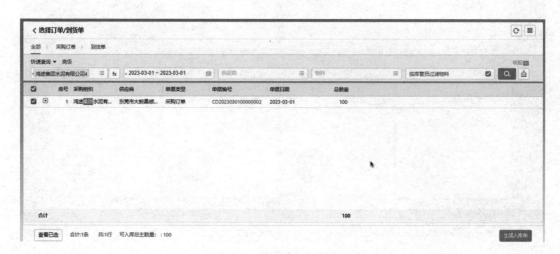

图 4-17　点击"生成入库单"

图 4-18　保存"入库单"

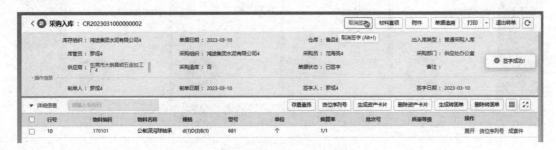

图 4-19　"生成入库单"确认签字

图 4-20　点击"采购发票维护"

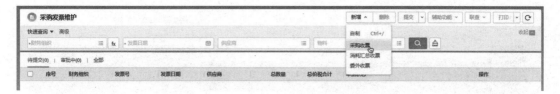

图 4-21 新增"采购发票"

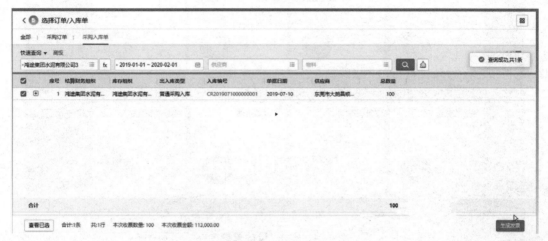

图 4-22 生成发票

检查单据信息是否正确,确认无误后点击"保存"并提交。(图 4-23)

图 4-23 保存发票

(2)备品备件采购-应付付款

1)业务财务-提交付款单

点击"付款单管理"。(图 4-24)

点击"新增",选择"应付单"。(图 4-25)

选择应付单,点击"生成下游单据"。(图 4-26)

根据测试用例补充相关信息,点击"保存","提交"。(图 4-27)

2)财务经理-审批付款单

点击"审批中心"。(图 4-28)

选择付款单,确认无误后点击"批准"。(图 4-29)

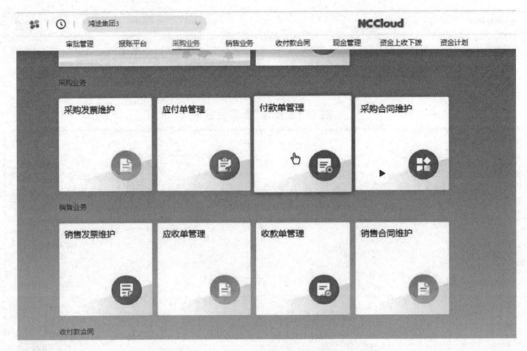

图 4-24 点击"付款单管理"

图 4-25 新增"应付单"

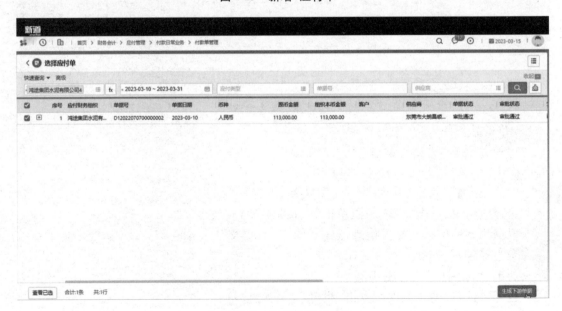

图 4-26 生成下游单据

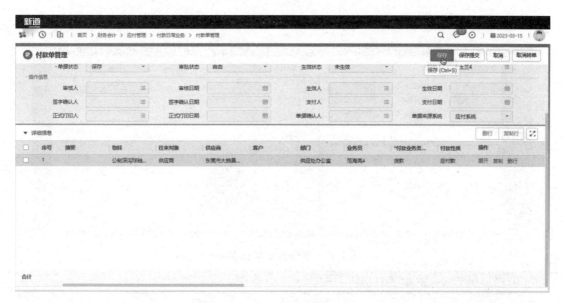

图 4-27　单据保存

图 4-28　点击"审批中心"

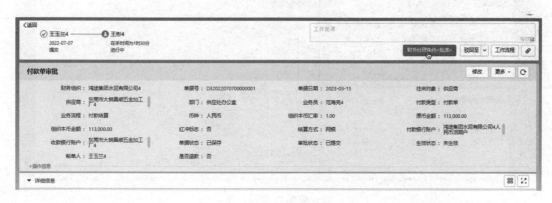

图 4-29　批准付款单

3）应付初审岗-审核付款单

点击"我的作业-提取任务"。（图 4-30）

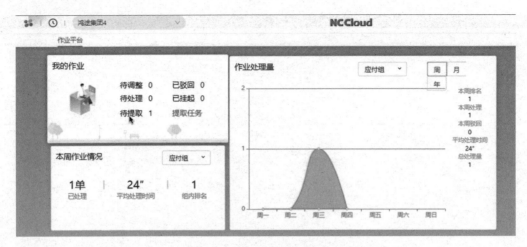

图 4-30   审核付款单任务启动

选择付款单,确认无误后点击"批准"。(图 4-31)

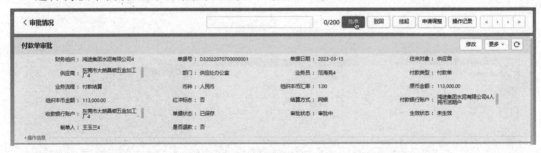

图 4-31   审核付款单

4)应付复核岗-复核付款单

点击"我的作业-提取任务"。(图 4-32)

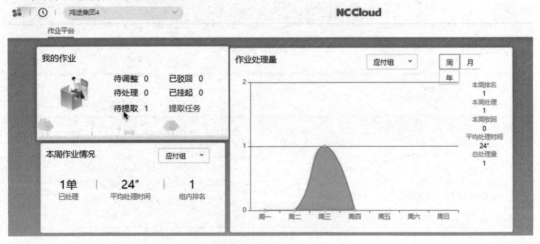

图 4-32   复核付款单任务启动

选择付款单,确认无误后点击"批准"。(图 4-33)

106

图4-33　付款单复核批准

(四)拓展学习

1.集团企业集中采购业务场景

集团企业集中采购的典型流程如图4-34所示。

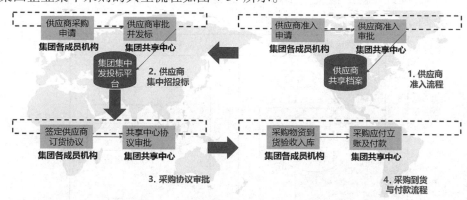

图4-34　集团企业集中采购业务流程图

2.集团企业电子招投标业务场景

集团企业电子招投标的典型流程如图4-35所示。

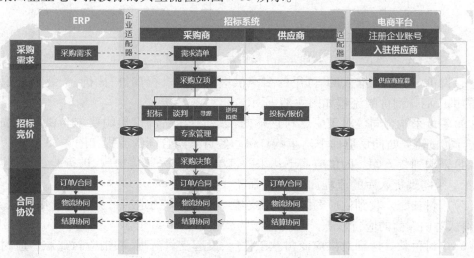

图4-35　集团企业电子招投标采购业务设计图

3.作业

讨论规划面向公司(2B)采购业务的社会化服务解决方案,设计完成后提交集中采购和电子招投标社会化服务策划 PPT 方案。

三、原燃料采购业务

(一)理解目标

1.流程现状概述

鸿途集团原燃料采购需要经过以下六个步骤:

(1)供应商准入。对于拟发生采购交易的、新的供应商需要审批。供应商准入的流程如图 4-36 所示。

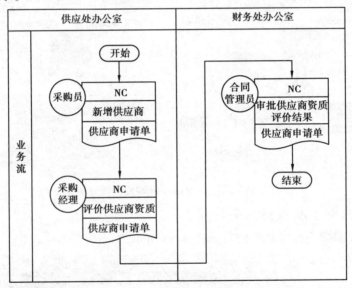

图 4-36　供应商准入流程图

(2)询价。在已经准入的、可用的多家供应商之间进行询价、比价,最终确定拟进行交易的供应商。询价的流程如图 4-37 所示。

(3)签订采购合同。对于原燃料这样的大宗原材料,鸿途集团要求与供应商按年度签订合同、按需要时向供应商下达采购订单。签订采购合同的流程如图 4-38 所示。

(4)采购到货入库。向供应商下达采购订单且收到采购货物后,进行验货、质检并登记入库。采购到货入库的流程如图 4-39 所示。

(5)应付挂账。收到供应商的采购发票后,根据双方约定的付款条件延后付款,鸿途集团确认对供应商的应付账款。应付挂账的流程如图 4-40 所示。

(6)应付付款。达到对供应商付款条件后,发起支付流程、冲销应付账款。应付付款的流程如图 4-41 示。

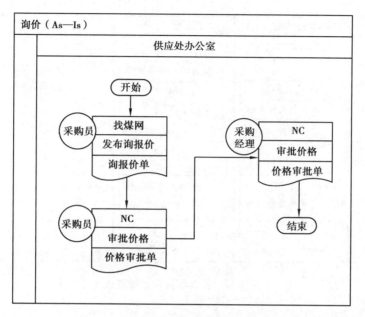

图 4-37 询价流程图

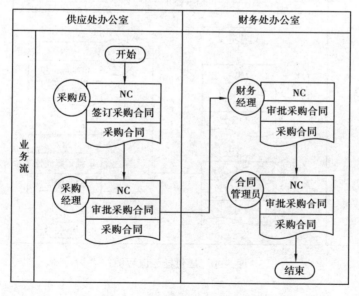

图 4-38 签订采购合同的流程图

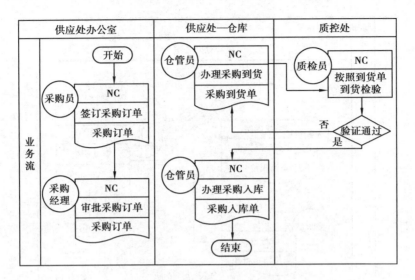

图 4-39　采购到货入库流程图

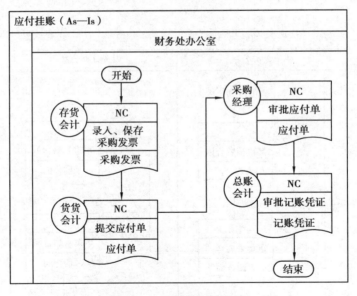

图 4-40　应付挂账流程图

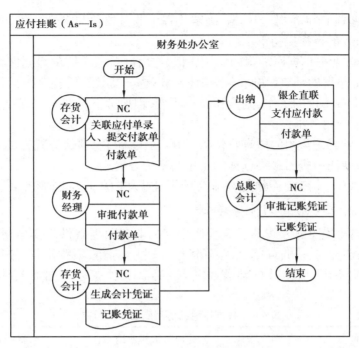

图 4-41　应付付款流程图

2.原燃料采购流程

鸿途集团原燃料采购业务需要经过多个业务环节,原燃料采购业务具体的流程如图 4-42 所示。

图 4-42　备品备件采购流程图

(二)原燃料采购业务规划设计

1.需求假设-共同

(1)建立财务共享服务中心后,尽量保持现状业务流程的稳定性。

1）根据传递到 FSSC 的业务单据,确定流程中业务单位与 FSSC 的边界,该业务单据都需要经过 FSSC 的审核或初审。

2）FSSC 接收业务单据所随附的原始凭证,均由制单人在制单后立即扫描上传;此后需要审核该业务单据的环节,均同时审核该业务单据的原始单据影像。

3）保留在业务单位的工作,流程和职责不变,但原业务单位财务部的工作除财务经理职责外均由业务财务承担。

（2）案例企业鸿途集团的所有收付款,均以网银（银企直联）方式完成。

（3）案例企业鸿途集团最终选择的是单共享中心模式

只使用了 NCC 系统中已经预置的、业务单元编码为 1003 的"鸿途财务共享服务中心"。

2.共享后流程所用到的业务单据

案例企业鸿途集团财务共享后流程所用到的业务单据有供应商申请单、询报价单、价格审批单、采购合同、采购订单、采购到货单、采购入库单、采购发票、应付单和付款单,不同的单据性质不同,所涉及的流程也不尽相同,几种业务单据的具体情况如表 4-4 所示。

表 4-4 共享后流程所用到的业务单据

序号	名称	是否进 FSSC	是否属于作业组工作	流程设计工具
1	供应商申请单	Y	Y	工作流
2	询报价单	N	–	审批流
3	价格审批单	N	–	审批流
4	采购合同	Y	N	审批流
5	采购订单	N	–	审批流
6	采购到货单	N	–	审批流
7	采购入库单	N	–	审批流
8	采购发票	N	–	审批流
9	应付单	Y	Y	工作流
10	付款单	Y	Y	工作流

注:为了让共享中心审核有据,所有进入 FSSC 审核的业务单据,必须随附外部原始凭证的影像。

（1）走作业组的业务单据,用影像上传的方法随附影像。

（2）不走作业组而走重量端的业务单据,用拍照后添加附件的方法随附影像。

（三）构建测试

1.测试用例

（1）供应商准入

2019 年 7 月 3 日,鸿途集团水泥有限公司根据业务需要,申请新增一家石膏供应商:郑州瑞龙有限公司(联系人:刘捷;职位:销售代表;手机联系方式:××××××××××),连带此供应商的营业执照副本(复印件)提交审批。经过审定,决定将此供应商纳入公司正式供应商名录(供应商准入目的组织为集团;供应商编码:G300550),有效期截至 2019 年 12 月 31 日。

(2)询价

2019 年 7 月 5 日,公司进行下半年原煤价格评估,下半年计划采购量 6 000 吨,并在找煤网上进行询价,有三家供应商发来价格信息。(表4-5)

表 4-5　供应商价格信息

供应商	含税单价(元/吨)
陕西黑龙沟矿业有限责任公司	553.7
中煤集团有限公司	565
神华乌海能源有限公司	621.5

最后经过综合评估,将下半年的原煤价格确定为 565 元/吨(含税单价,税率 13%),并由中煤集团有限公司负责供应。并签订原煤供应合同。

(3)签订采购合同

2019 年 7 月 10 日鸿途集团水泥有限公司与中煤集团有限公司签署"采购合同(合同编码:PC20190100)",签约信息详见纸质合同。

(4)采购到货入库

1)2019 年 7 月 15 日,鸿途集团水泥有限公司提出物资采购订单需求,订单信息如表4-6 所示。

表 4-6　物资请购信息

项目名称	需求数量/吨	供应商
原煤	1 000	中煤集团有限公司

2)2019 年 7 月 21 日,"原煤"过磅,到货并检验入库,发票随货同到。到货信息如表4.7 所示。

表 4-7　到货信息

项目名称	需求数量/吨	含税单价/元	价税合计/元	税率/%	税额/元	供应商
原煤	1 000	565	565 000	13	65 000	中煤集团有限公司

(5)应付挂账

2019 年 7 月 29 日,公司确认应付账款。

(6)应付付款

2019 年 7 月 31 日,公司完成付款。付款信息如表4-8 所示。

表 4-8　付款信息

供应商名称	付款金额/元	收款账户
中煤集团有限公司	565 000	中国工商银行股份有限公司东城支行

2.操作步骤

（1）原燃料采购-系统流程配置

之前已全部启用无需配置。

（2）原燃料采购-供应商准入

1）采购员-新增供应商申请单

点击"我的报账"。（图4-43）

图4-43　点击"我的报账"

点击"供应商申请单"，根据测试用例填写相关信息，点击"保存"。（图4-44）

图4-44　点击"供应商申请单"

点击"影像扫描"，通过扫描仪扫描上传或导入原始凭证，点击"保存"，点击"提交"。（图4-45）

2）采购经理-审批供应商申请单

点击"审批中心"。（图4-46）

检查单据信息是否正确，点击批准。（图4-47）

3)档案综合岗—供应商档案归档

点击"我的作业",点击"提取任务"。(图 4-48)

点击"影像提取",检查单据信息和影像是否正确,点击批准。(图 4-49)

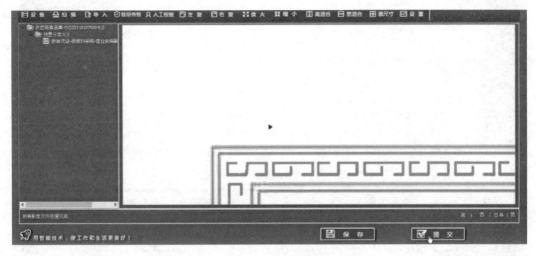

图 4-45 影像扫描

图 4-46 点击"审批中心"

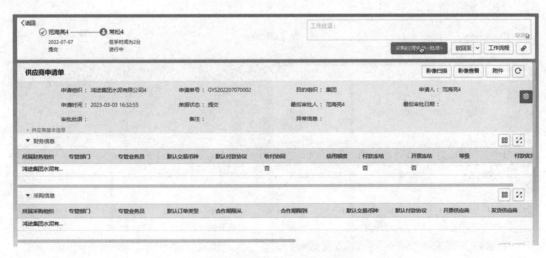

图 4-47 批准供应商申请单

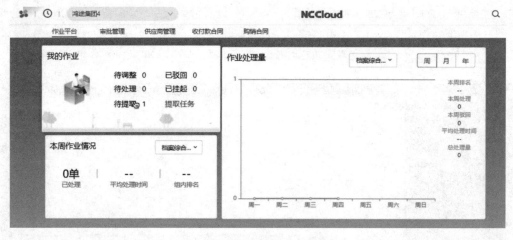

图 4-48　供应商归档任务启动

图 4-49　影像提取

（3）原燃料采购–询价

1）采购员–填写询报价单

点击"询报价单"。（图 4-50）

图 4-50　填写询报价单任务启动

点击"新增",选择"自制",根据测试用例填写相关信息,点击保存。(图 4-51)

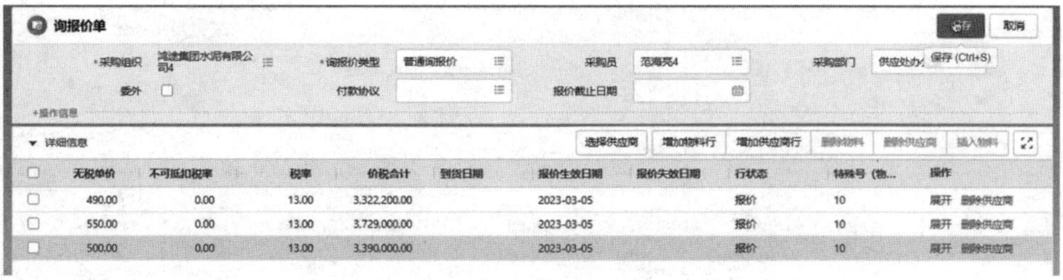

图 4-51 新增询报价单

2)采购员–录入价格审批单

点击"价格审批单维护"。(图 4-52)

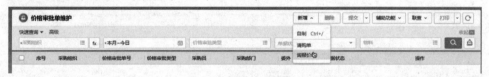

图 4-52 价格审批单维护

点击"新增",选择"询报价单"。(图 4-53)

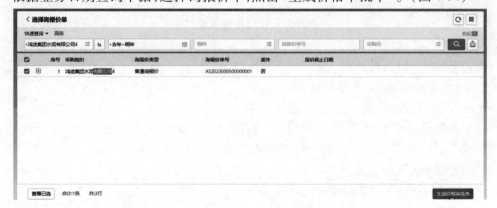

图 4-53 新增询报价单

根据业务日期查询单据,选择询报价单,点击"生成价格审批单"。(图 4-54)

图 4-54 生成价格审批单

根据测试用例进行订货,点击"保存提交"。(图 4-55)

图 4-55　保存价格审批单

3)采购经理-审批价格审批单

点击"审批中心"。(图 4-56)

图 4-56　审批价格审批单

检查单据信息是否正确,点击"批准"。(图 4-57)

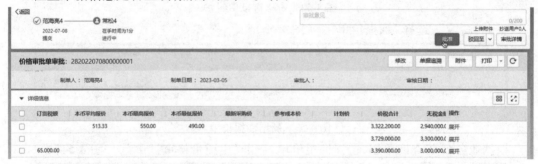

图 4-57　批准价格审批单

(4)原燃料采购-应付付款

1)业务财务-提交付款单

点击"付款单管理"。(图 4-58)

点击"新增",选择"应付单"。(图 4-59)

根据业务日期查询单据,选择应付单,点击"生成下游单据"。(图 4-60)

根据测试用例填写相关信息,点击"保存提交"。(图 4-61)

2)财务经理-审批付款单

点击"审批中心"。(图 4-62)

检查单据信息是否正确,点击"批准"。(图 4-63)

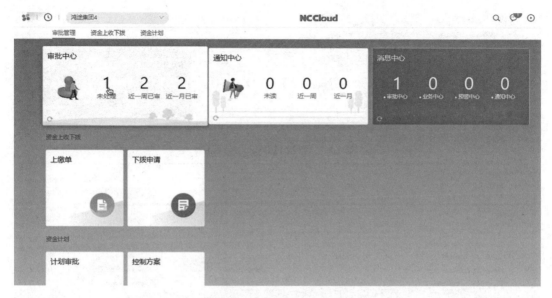

图 4-58　付款单管理任务启动

图 4-59　新增应付单

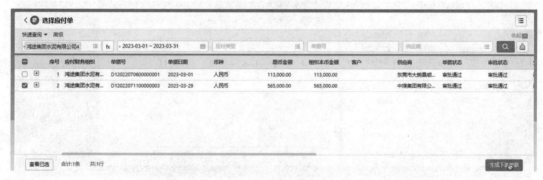

图 4-60　生成下游单据

图 4-61　保存付款单

图 4-62　审批付款单任务启动

图 4-63　审核批准付款单

3）应付初审岗-审核付款单

点击"我的作业"，点击"提取任务"。（图 4-64）

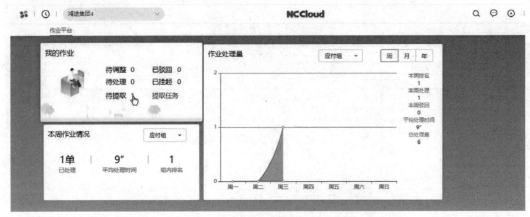

图 4-64　审核付款单任务启动

检查单据信息是否正确，点击批准。（图 4-65）

图 4-65　批准付款单

4) 中心出纳岗-出纳付款

点击"结算"。(图 4-66)

图 4-66　出纳付款任务启动

根据业务日期查询单据,点击"待结算"并打开单据。(图 4-67)

图 4-67　选择待结算单据

点击"支付",选择"网上支付"。(图 4-68)

图 4-68　网上支付结算

(5) 原燃料采购-采购到货入库挂账

1) 采购员-签订采购订单

点击"采购订单维护"。(图 4-69)

点击"新增",选择"采购合同生成订单"。(图 4-70)

根据业务日期查询单据,选择采购合同,点击"生成采购订单",点击"保存提交"。(图 4-71)

图 4-69　采购订单任务启动

图 4-70　新增根据采购合同生成的订单

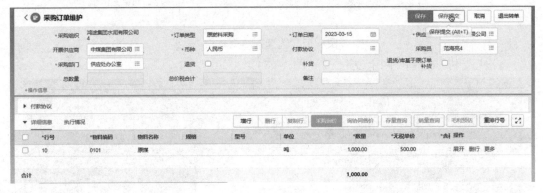

图 4-71　生成采购订单

2)采购经理-审批采购订单

点击"审批中心"。(图 4-72)

图 4-72　审批采购订单任务启动

检查单据信息是否正确,点击批准。(图 4-73)

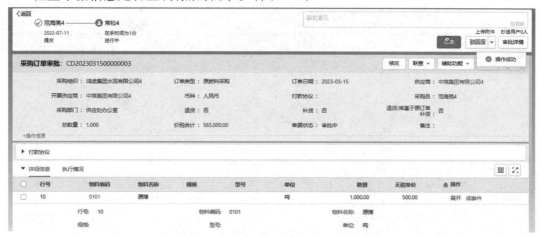

图 4-73 审批采购订单

3)仓管员–办理采购到货

点击"到货单维护",点击"收货"。(图 4-74)

图 4-74 收货业务启动

根据业务日期查询单据,选择订单,点击"生成到货单"。(图 4-75)

根据测试用例填写相关信息,点击"保存提交"。(图 4-76)

4)质检员–按照到货单到货检验

点击"到货单检验"。(图 4-77)

根据业务日期查询单据,选择到货单,点击"检验"。(图 4-78)

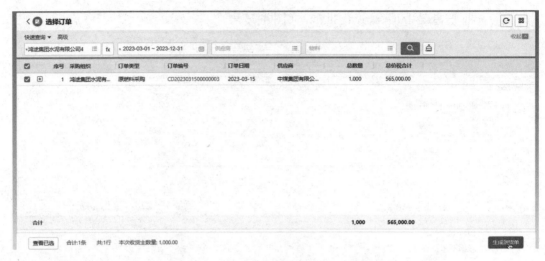

图 4-75 生成到货单

图 4-76 到货单保存提交

图 4-77 到货单检验业务启动

图 4-78　到货单检验

（6）原燃料采购-签订采购合同

1）采购员-录入采购合同

点击"采购合同维护"。（图 4-79）

图 4-79　采购合同业务启动

点击"新增"，选择"价格审批单"。（图 4-80）

图 4-80　新增价格审批单

根据采购组织查询单据，选择价格审批单，点击生成采购合同。（图 4-81）

图 4-81 生成采购合同

根据测试用例填写相关信息,点击"保存"。(图 4-82)

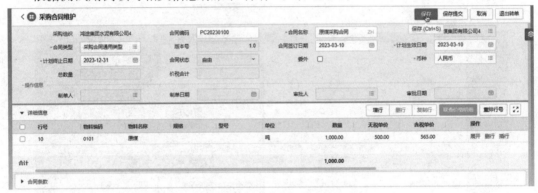

图 4-82 保存采购合同

点击"影像",选择"影像扫描"。(图 4-83)

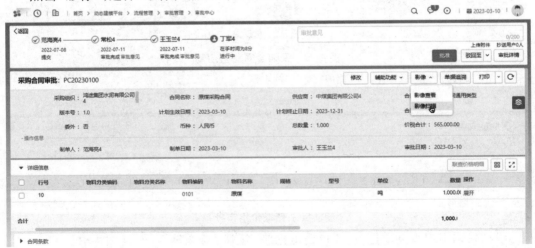

图 4-83 影像扫描

通过扫描仪扫描上传或导入原始凭证,点击"保存""提交"。(图 4-84)

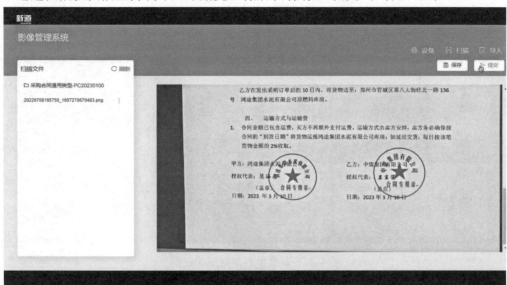

图 4-84 保存提交影像扫描文件

2)采购经理-审批采购合同

点击"审批中心"。(图 4-85)

图 4-85 审批采购合同业务启动

检查单据信息是否正确,点击批准。(图 4-86)

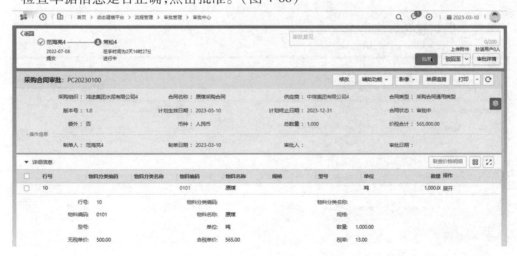

图 4-86 批准采购合同

3)业务财务-审批采购合同

点击"审批中心"。（图4-87）

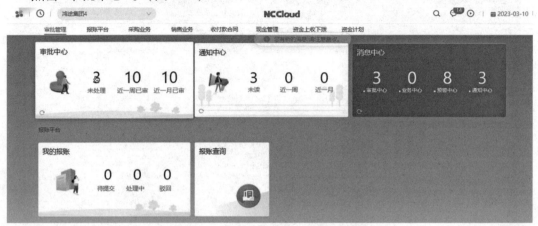

图4-87 审批中心审批采购合同

点击"影像"，选择"影像查看"。（图4-88）

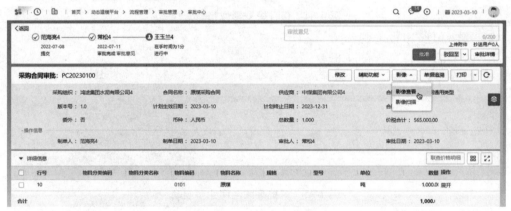

图4-88 审批中心影像查看

检查单据信息和影像是否正确，点击"批准"。（图4-89）

图4-89 批准采购合同

4）档案综合岗–审核采购合同
点击"审批中心"。（图4-90）

图4-90　审批中心审核采购合同业务启动

点击"影像"，选择"影像查看"。（图4-91）

图4-91　审批中心影像查看

检查单据信息和影像是否正确，点击"批准"。（图4-92）

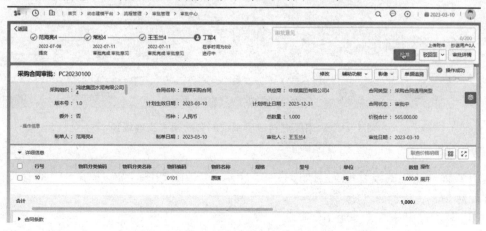

图4-92　审批中心批准

点击"采购合同维护",根据公司查询单据,点击"生效"。(图 4-93)

图 4-93 采购合同生效

(四)拓展学习

1.自助领卡

大宗原燃料过磅系统的自助领卡实地场景如图 4-94 所示。其主要的控制点如下:

(1)司机刷二代身份证系统自动制卡。

(2)无日(送货)计划或计划未审核不能发卡。

(3)可选择使用二维码识别车辆发卡。

图 4-94 大宗原燃料过磅系统的自助领卡实地场景

2.门禁管理

门禁管理系统的设计原理图如图 4-95 所示,实景图如图 4-96 所示。门禁管理的主要管控点为:

(1)车辆过磅未完成禁止出场。

(2)车卡不符禁止出厂。

注：RFID 是 Radio Frequency Identification（射频识别）的缩写，其原理为阅读器与标签之间进行非接触式的数据通信，达到识别目标的目的。

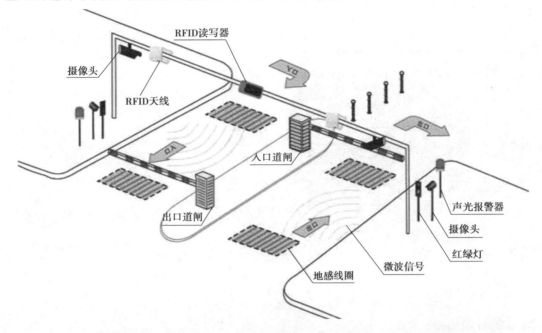

图 4-95　门禁管理系统的设计原理图

图 4-96　门禁管理系统的实景图

3.计量质检
（1）计量质检-设计（图4-97）

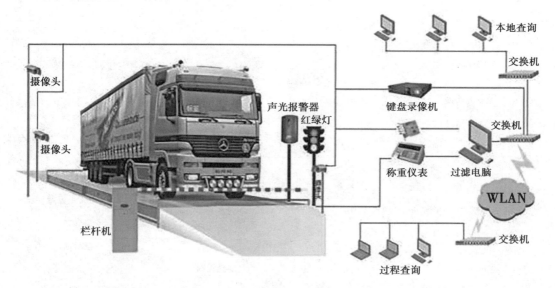

图4-97　计量质检系统的设计图

（2）计量质检-称重

计量质检的计量（称重）环节实景图及信息系统操作界面，如图4-98所示。

图4-98　计量质检的计量（称重）环节实景图及信息系统操作界面

（3）计量质检-化验（图4-99）

化验业务流程

采样员	送样员	组样员	化验员
采样员用手持机根据过磅卡生成采样卡			
把采样卡与样品绑定		组样人员取出采样卡，根据系统提示进行组样	根据化验卡生成化验单号
把样品放到指定的样品箱中	指定时间从样品箱中取出样品送到组样室	组样后系统生成化验卡	根据化验单号进行化验
		指定时间从样品箱中取出样品送到组样室	化验结果出来后，根据化验单号录入化验结果

□ 采样人员根据过磅卡生成采样卡
□ 采样卡与样品进行绑定
□ 把样品放到样品箱中

图4-99　采样化验流程图

4.划价结算

所谓划价结算，是指信息系统中根据合同、过磅单、化验单自动计算结算结果。采购划价结算的信息系统界面如图4-100所示。

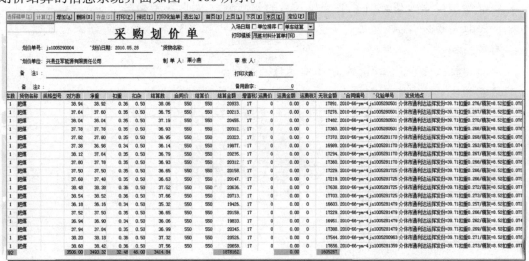

图4-100　采购划价结算的信息系统界面

5.作业

小组研讨如何杜绝大宗物资采购过程中的舞弊行为，撰写PPT并提交。

第五章　销售管理—应收共享

知识目标：

掌握生产制造企业产成品销售到收款业务的典型流程,熟悉电子发票的概念。

掌握生产制造企业其他商品销售到收款业务的典型流程,熟悉电子发票的概念。

理解销售到收款业务的概念和各种业务场景。

能力目标：

能在财务共享信息系统中完成销售发票信息登记工作。

能在财务共享信息系统中完成销售到收款流程中业务单据的审核工作并生成记账凭证。

能够绘制出企业实施财务共享模式后的销售到收款业务流程图。

参照教学视频,能够初步在财务共享信息系统中配置共享后的销售到收款流程。

素质目标：

培养学生热爱会计工作、忠于职守的敬业精神。

培养学生熟悉最新财税法规,严格进行会计核算并实施会计监督的工作作风。

培养学生熟悉企业销售业务流程,财务主动服务业务的职业操守。

一、销售管理概述

(一)销售管理的相关概念

1.业务概述

应收账款作为企业非常重要的资产,是关系企业发展的重要因素之一,对于保障企业的持续经营和发展起着非常重要的作用。目前,我国企业应收账款管理存在的主要问题包括赊销比例较高、企业内部没有设立有效的信用管理制度、企业内部会计管控不严以及应收账款的信息化管理不当等。究其本质原因在于企业在应收账款管理过程中缺乏量化数据支持,即使应收账款相关管理制度比较完善的企业,在管理过程中也更多的是依靠会计人员以及管理层的职业判断,难以科学有效地实现企业应收账款的实时管理,从而降低其财务风险。

在"互联网+人工智能"时代,国内许多中大型企业采用财务共享服务中心作为集团企业财务核算工具,通过运用财务共享服务中心的海量数据为集团企业实现应收账款的量化管理提供了可能。

2.销售业务类型

(1)销售的概念

销售,是指企业出售商品(或提供劳务)及收取款项等相关活动。

(2)销售类型的划分

从企业销售的标的物形态划分,可以分为有形标的物(产品)销售和无形标的物(劳务或服务)销售。本课程主案例是生产制造企业,销售标的物是有形的产品,因此下面的销售类型划分都限定在产品销售的范畴。

直销与分销:区分取决于产品从生产者到达最终消费者之前是否经过中间环节。直销不经过中间环节,分销则需要经过中间环节。

单组织销售与跨组织销售:区分取决于销售的过程中涉及几个卖方组织。单组织销售,指开具的发票与销售的产品属于同一组织;跨组织销售,指开具的发票与销售的产品不属于同一财务组织。

接单销售与销售补货:区分取决于谁是购销需求的发起方。接单销售,指购买方发起购买需求;销售补货,指销售方先铺货后销售。

现销与赊销:区分取决于销售双方付款义务及产品交付义务履行的顺序先后。现销,指先全额收款才开票和发货;赊销,指以购买方信用为基础的销售,即先发货,后开票和收款。

3.接单销售(赊销)总体流程

典型销售业务包含签订合同或订单、销售发货安排、销售开票登记、出库或发票立账和销售收款5个环节,其流程如图5-1所示。

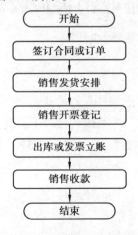

图 5-1　销售业务流程

(二)财务共享服务下应收账款业务的管理变革

1.财务共享服务中心集中对企业的客户资料进行分类

随着共享服务中心的不断演变和发展,共享服务已经逐渐渗透到企业全部供应链中,企业信息流的管理成为重点,使管理层能够得到及时、高质量的供应链信息。财务共享服务中心配备专门人员对客户资料进行更新和完善,有利于客户关系的维护和实现对客户资信情况的准确把握。公司在客户发展阶段时,就首先需要对客户信息进行充分了解,对各个客户的主营业务、资产状况、资信状况等进行详细记录,形成系统的客户信息资料库。经过对上述客户信息进行分析,进而有针对性地制定不同的信用标准或不予赊欠款项,而不是盲目地承诺准予每一个客户赊欠款项。由此实现了事前风险防范,可防止客户故意欺诈。

2.保证应收款项回收的安全性和完整性

财务共享服务中心作为独立的会计核算机构,对应收账款管理的专业化程度高、职责分工明确,能够有效地避免企业各个业务单元中会计人员与其他业务人员之间的串通舞弊,降低回收资金被侵占、挪用的风险,而且还能够降低各业务单元私设小金库的风险。企业应收账款回收的安全性和完整性在财务共享服务中心得到了有效的保证,从而维护了企业整体的利益。财务共享服务中心会计的独立性比分公司会计的独立性更强,因而与应收账款相关的资金管控风险相对降低。

3.能够更好地对应收账款进行集中催收管理,减少坏账风险

实现对应收账款的跟踪管理,并且建立行之有效的收账政策是财务共享服务中心的重要目标。相对于以前不同业务单元各自处理本实体应收账款业务,集中管理各类收款业务,可以通过更加专业化的服务让款项更快、更好地周转,减少资金在途和收款安全的隐忧。

二、案例企业销售应收总体介绍

(一)案例企业销售业务

鸿途集团为多元化经营的企业集团,主营业务为水泥及熟料销售,另外有铸造、焦化、发电等业务,旅游板块有旅游景点、酒店及娱乐业务,如图5-2所示。

主营销售应收业务包括以下内容:水泥销售、熟料销售、铸件销售、酒店客房销售、景点门票销售等。

1.水泥板块

目前销售管理业务的现状如下:

(1)已实施 ERP 系统的企业基本已实现供应链业务的业务财务一体化;

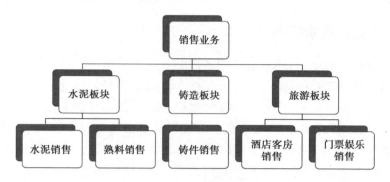

图 5-2　鸿途集团业务板块

（2）销售业务流程基本一致，业务关键控制点略有不同；

（3）销售价格多样化，审批、执行及监管不便捷；

（4）手工工作量大，较易出现错误（客户余额计算、返利计算）；

（5）工厂布局、硬件不同，发货流程无固定形式、单据格式不同、流转不统一，不便于统一化和精细化管理；

（6）统计报表以手工为主，工作量大，及时性较差。

2.其他板块

旅游板块的销售收入核算采用票务软件与 NCC 系统对接，根据票务软件中的收入报表进行推单，推单生成内容不涉及供应链中的物资，即不通过供应链单据进行核算。其他板块，除水泥板块销售业务使用 ERP 系统供应链模块外，均采用手工录入应收单核算的方式进行销售核算。

鸿途集团总体销售流程如图 5-3 所示。

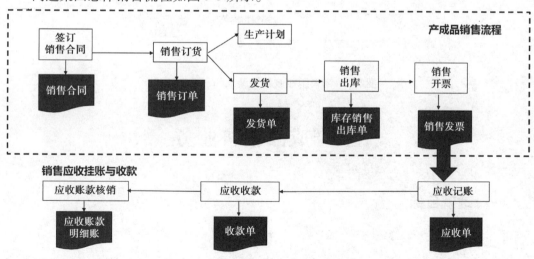

图 5-3　鸿途集团总体销售流程

（二）销售到应收管控点

在销售流程未开始阶段,建立有效的客户准入管理机制,能降低因客户信用不良、经营不善带来的不良影响及经济损失,在客户准入阶段对客户信用等级进行评价是企业第一个管控点。鸿途集团的销售流程由客户提出订货开始,订单审批是企业第二个管控点,重点包括价格方面的询价、确定最低售价环节和信用检查环节,其中信用检查主要包括信用额度和应收账期两方面。资金方面的管控主要通过资金占用和资金计息两方面来进行。发货流程方面,企业采用订单直接出库、发运日计划出库、发运单出库三种方式进行管控。应收管理方面的管控则包含基于业务应收的催款、账龄分析等环节。销售到应收管控涉及的一般流程如图 5-4 所示。

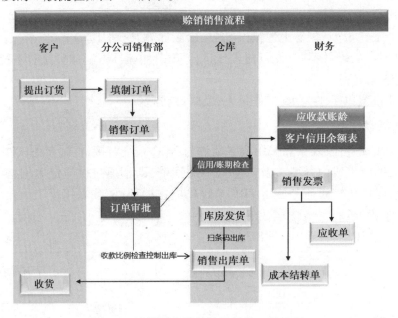

图 5-4　销售到应收管控涉及的一般流程

三、产成品销售业务

（一）理解目标

1.产成品销售业务

产成品,又称"成品",是指在一个企业内已完成全部生产过程、按规定标准检验合格、可供销售的产品。产成品销售到收款业务,往往是企业的核心业务。在建立财务共享中心前,鸿途集团成品销售业务流程一般如以下四个步骤所示。

（1）签订销售合同（图5-5）

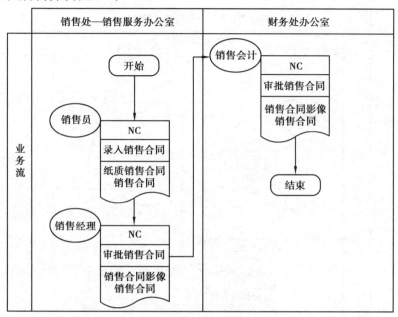

图 5-5　签订销售合同流程图

（2）销售发货出库（图5-6）

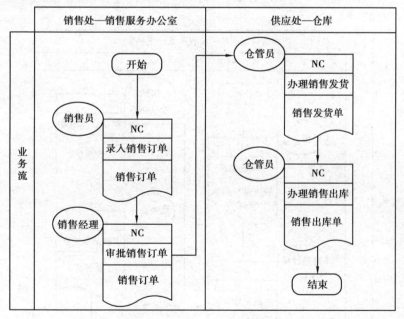

图 5-6　销售发货出库流程图

（3）应收挂账（图 5-7）

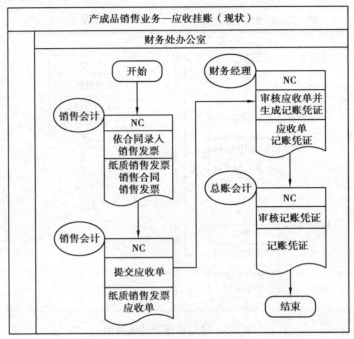

图 5-7   应收挂账流程图

（4）应收账款（图 5-8）

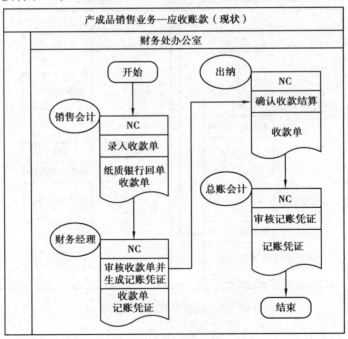

图 5-8   应收账款流程图

2.总体现状流程

鸿途集团产成品销售的总体现状流程如图 5-3 所示。

(二)产成品销售业务规划设计

1.需求假设

(1)建立财务共享服务中心后,尽量保持现状业务流程的稳定性。

根据传递到 FSSC 的业务单据,确定流程中业务单位与 FSSC 的边界,该业务单据都需要经过 FSSC 的审核或初审。

FSSC 接收业务单据所随附的原始凭证,均由制单人在制单后立即扫描上传;此后需要审核该业务单据的环节,均同时审核该业务单据的原始单据影像。

保留在业务单位的工作,流程和职责不变,但原业务单位财务部的工作除财务经理职责外均由业务财务承担。

(2)案例企业鸿途集团的所有收付款,均以网银(银企直联)方式完成。

(3)案例企业鸿途集团最终选择的是单共享中心模式。只使用了 NCC 系统中已经预置的、业务单元编码为 1003 的"鸿途财务共享服务中心"。

2.共享后流程所用到的业务单据

在产成品销售业务中,案例企业鸿途集团财务共享后流程所用到的业务单据有销售合同、销售订单、销售发货单、销售出货单、销售发票、应收单、收款单,不同的单据性质不同,所涉及的流程也不尽相同,几种业务单据的具体情况如表 5-1 所示。

表 5-1　共享后流程所用到的业务单据

序号	名称	是否进 FSSC	是否属于作业组工作	流程设计工具
1	销售合同	Y	N	审批流
2	销售订单	N	–	审批流
3	销售发货单	N	–	审批流
4	销售出库单	N	–	审批流
5	销售发票	N	–	审批流
6	应收单	Y	Y	工作流
7	收款单	Y	Y	工作流

3.共享后流程设计操作指导

财务共享中心成立后,鸿途集团产成品销售业务流程有所改进,按照签订销售合同到应收账款的先后顺序,流程设计图如图 5-9—图 5-12 所示。

（1）签订销售合同（图 5-9）

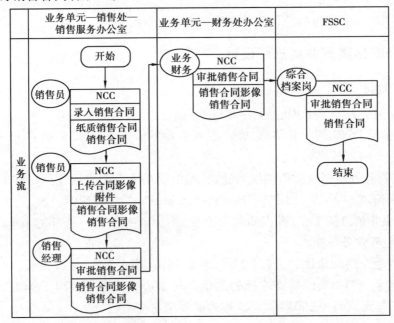

图 5-9 鸿途集团产成品销售共享后流程－签订销售合同

（2）销售发货出库（图 5-10）

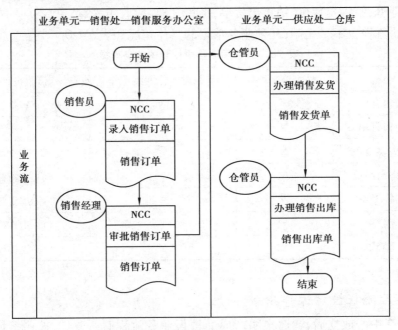

图 5-10 鸿途集团产成品销售共享后流程－销售发货出库

（3）应收挂账（图 5-11）

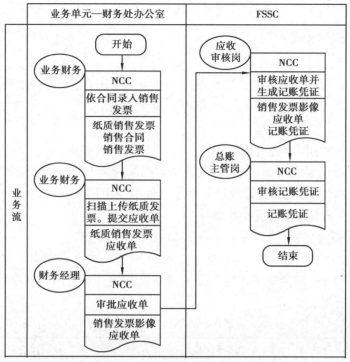

图 5-11　鸿途集团产成品销售共享后流程-应收挂账

（4）应收账款（图 5-12）

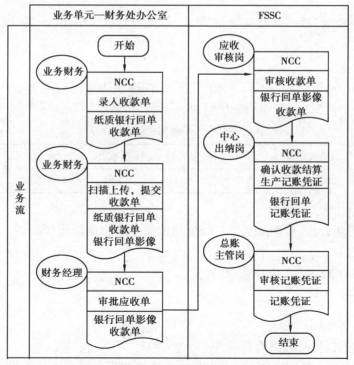

图 5-12　鸿途集团产成品销售共享后流程-应收账款

(三)构建测试

1.产成品销售测试用例

(1)签订销售合同

2023年3月1日,鸿途集团水泥有限公司与天海集团总公司签署"销售合同(合同编码:SC20190182)",签约信息如下(详细信息参见纸质合同):

合同甲方:天海集团总公司

合同乙方:鸿途集团水泥有限公司

乙方为甲方提供通用水泥产品,供应天海集团的袋装PC32.5水泥价格为300元/吨,月供应数量为1 000吨左右,实际数量依据每月的要货申请。

发票随货,并于当月底完成收款结算。

此合同有效期为2023年3月1日到2023年12月31日。

(2)销售发货出库

2023年3月5日,鸿途集团水泥有限公司与天海签订一笔销售订单并录入系统。相关信息如表5-2所示。

表5-2　销售订单信息

项目名称	需求数量/吨	单价/元	客户
PC32.5 水泥	1 000	300	天海集团总公司

销售订单审批通过后,2023年3月6日,办理"PC32.5水泥"出库,并通过公路运输发货。

(3)应收挂账

2023年3月6日,针对"PC32.5水泥"发货,鸿途集团水泥有限公司开具增值税专用发票,票随货走。表5-3是开票相关信息。

表5-3　开票相关信息

项目名称	需求数量/吨	含税单位	价税合计/元	税率/%	税额	客户
PC32.5 水泥	1 000	300	300 000	13%	34 513.27	天海集团总公司

开具发票的同日,鸿途集团水泥有限公司完成了应收挂账流程。

(4)应收账款

2023年12月31日,客户打款30万元。

2.操作步骤

(1)签订销售合同

1)第一步:销售员录入销售合同。

"销售员角色"进入NCC系统,修改系统登录日期为业务发生日期2023年3月1日。

单击"供应链",选择"销售管理",双击"销售合同维护",如图 5-13 所示。

打开销售合同维护单

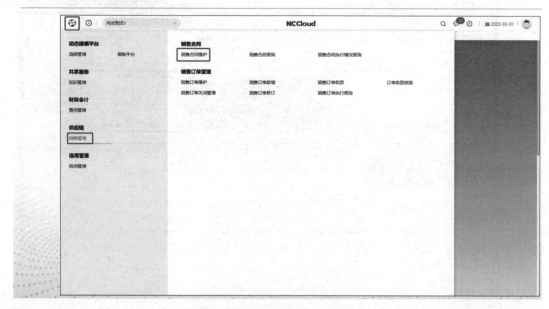

图 5-13　销售员进入 NCC 系统

点击左上角"新增",选择"自制"(图 5-14),销售组织选择"鸿途集团水泥有限公司",合同编码、名称、合同签订时间、计划生效日期和计划终止日期等依据测试案例中的信息以及单据手册中的纸质销售合同进行补充,填写完毕之后点击"保存",如图 5-15 所示。

录入销售合同

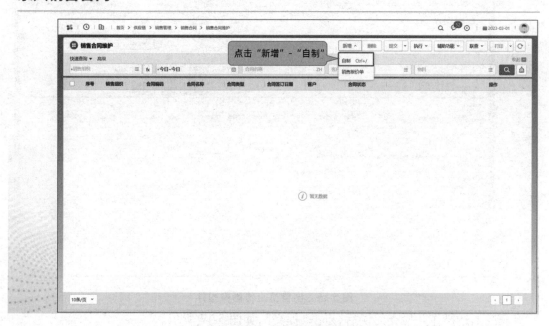

图 5-14　销售员自制销售合同

录入销售合同

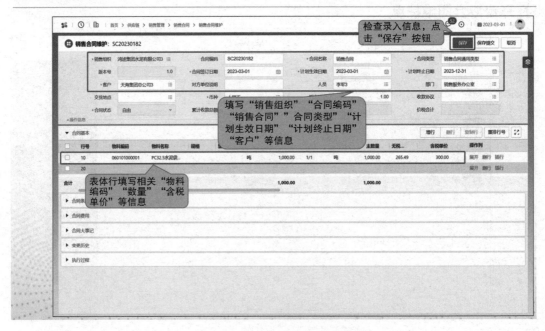

图 5-15 销售员填写销售合同明细

点击"影像"找到"影像扫描"按钮,进入影像管理系统扫描上传合同附件,点击"保存","影像扫描"操作入口位置如图 5-16 所示。

录入销售合同

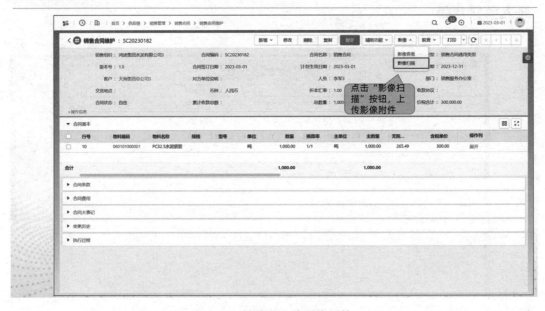

图 5-16 销售员上传影像附件

完成上述操作并检查无误后,点击"提交",如图 5-17 所示。

录入销售合同

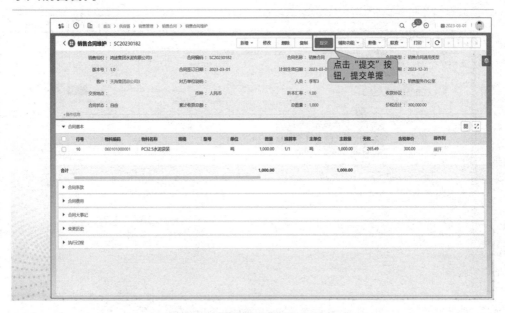

图 5-17 销售员提交销售合同

2）第二步，销售经理审批销售合同。

"销售经理角色"进入 NCC 系统，修改系统登录日期为业务发生日期 2023 年 3 月 1 日，在"审批中心"点击"未处理"。在"处理状态"中"未审"位置看到"销售员角色"提交的待审批销售合同单据信息，点击单据信息进入单据详情界面查看单据信息及影像是否正确，如图 5-18、图 5-19 所示。

销售经理审批销售合同

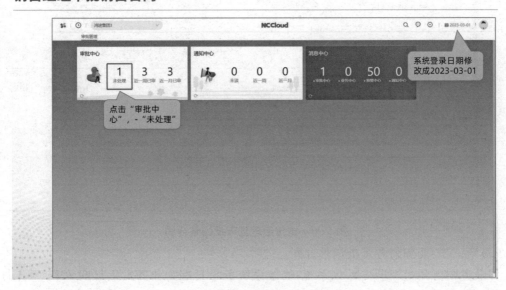

图 5-18 销售经理进入 NCC 系统

销售经理审批销售合同

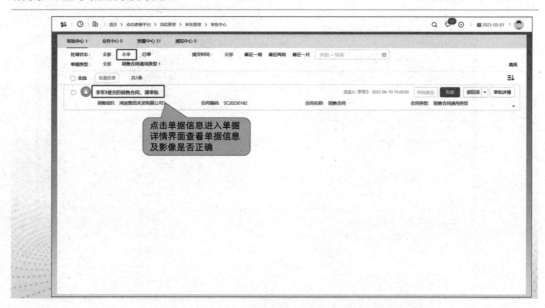

图 5-19　销售经理查询销售合同

在检查合同详情及影像附件并确认无误之后,点击"批准",如图 5-20 所示。

销售经理审批销售合同

图 5-20　销售经理查审批销售合同

3)第三步:业务财务审批销售合同。

"业务财务角色"进入 NCC 系统,修改系统登录日期为业务发生日期 2023 年 3 月 1 日。点击"审批中心""未处理",在"处理状态"中"未审"位置看到"销售经理角色"提交的待审批销售合同单据信息,点击单据信息进入单据详情界面查看单据信息及影像是否正确,如图 5-21、图 5-22 所示。

业务财务审批销售合同

图 5-21　业财人员进入 NCC 系统

业务财务审批销售合同

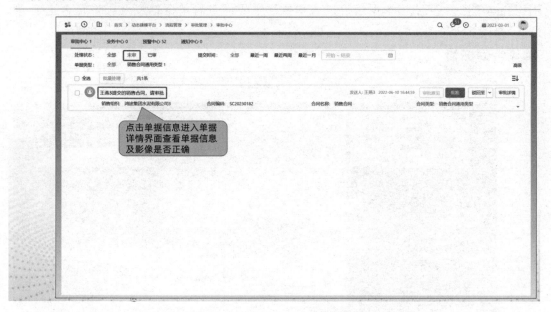

图 5-22　业财人员查询销售合同

在检查合同详情及影像附件并确认无误之后,点击"批准",如图 5-23 所示。

业务财务审批销售合同

图 5-23　业财人员审批销售合同

4）第四步：档案综合岗审批销售合同。

"档案综合岗角色"进入 NCC 系统，修改系统登录日期为 2023 年 3 月 1 日。在"审批中心"点击"未处理"，在"处理状态"中"未审"位置看到"业务财务角色"提交的待审批销售合同单据信息，点击单据信息进入单据详情界面查看单据信息及影像是否正确，如图 5-24、图 5-25 所示。

销售合同归档

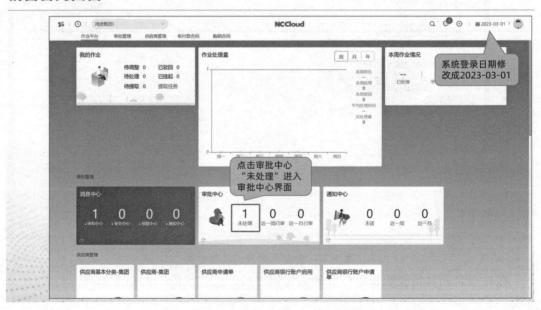

图 5-24　档案综合岗进入 NCC 系统

销售合同归档

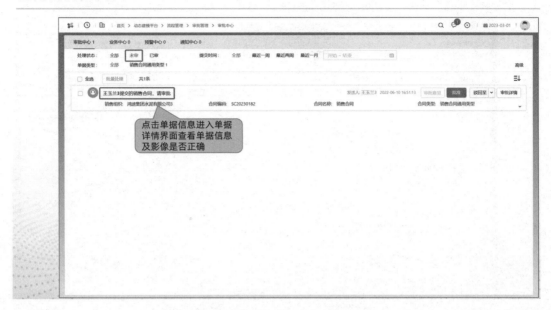

图 5-25　档案综合岗查询销售合同

在检查合同详情及影像附件并确认无误之后,点击"批准",如图 5-26 所示。

销售合同归档

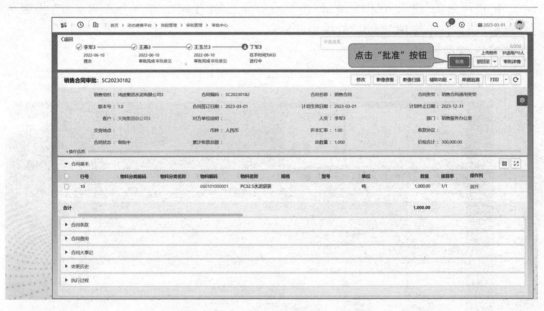

图 5-26　档案综合岗批准销售合同

审核完之后,选择"鸿途集团水泥有限公司"和相应日期,点击"生效",此时采购合同才会生效,如图 5-27 所示。

销售合同归档

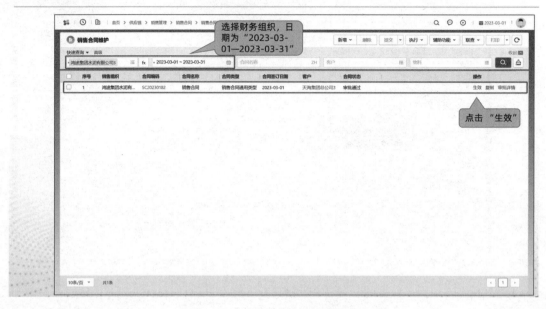

图 5-27　档案综合岗生效销售合同

（2）销售发货出库

1）第一步：销售员录入销售订单。

"销售员角色"进入 NCC 系统，修改系统登录日期为 2023 年 3 月 5 日。在"报账平台"点击"销售订单维护"，如图 5-28 所示。

打开销售订单维护

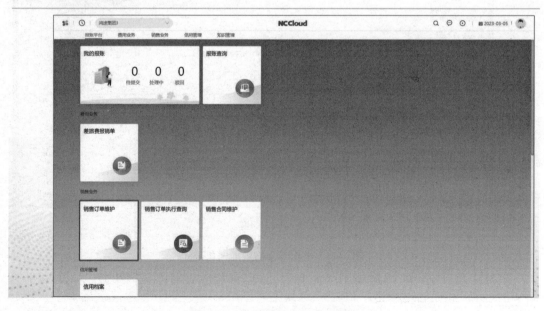

图 5-28　销售员进入 NCC 系统

点击"新增",选择"销售合同生成订单",如图 5-29 所示。

录入销售订单

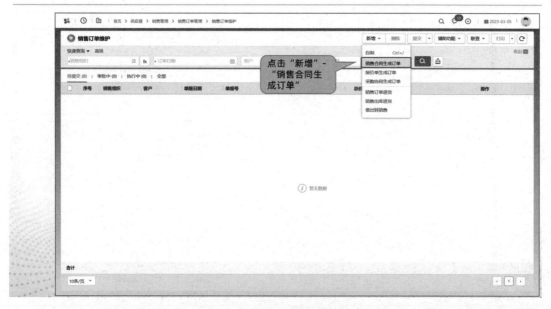

图 5-29 销售员新增销售订单

选择结算财务组织"鸿途集团水泥有限公司"和相应日期,点击"查询",并勾选销售合同,点击右下角"生成销售订单",如图 5-30 所示。

录入销售订单

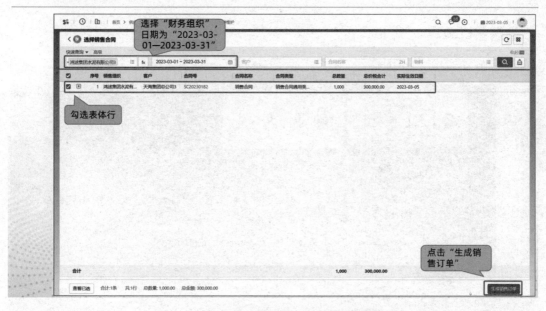

图 5-30 销售员依据销售合同生成销售订单

进入销售订单页面,根据案例资料审核销售订单日期、含税单价、计划发货日期等信息,点击"保存提交",如图5-31所示。

录入销售订单

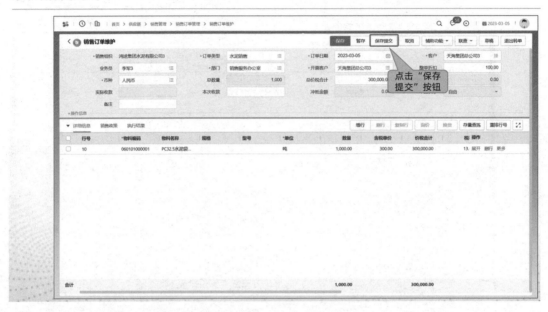

图 5-31　销售员保存提交销售订单

2)第二步:销售经理审批销售订单。

"销售经理角色"进入 NCC 系统,修改系统登录日期为 2023 年 3 月 5 日。在"审批中心"点击"未处理",进入"审批中心"审核无误之后点击"批准",如图 5-32—图 5-34所示。

审批销售订单

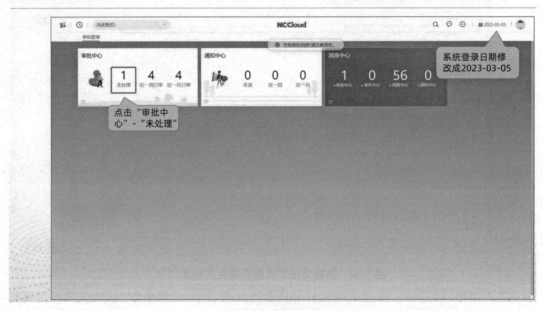

图 5-32　销售经理进入审批中心

审批销售订单

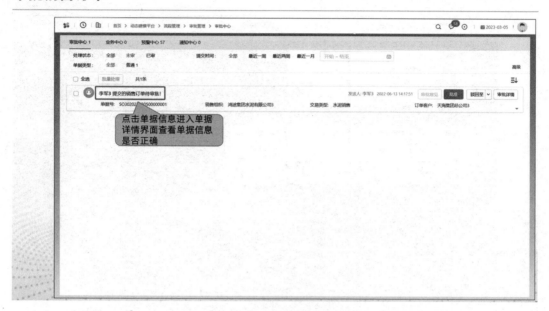

图 5-33　销售经理审核销售订单

审批销售订单

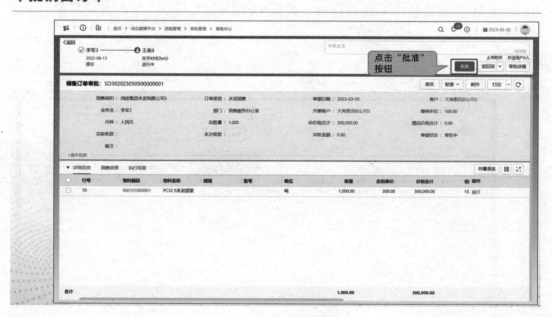

图 5-34　销售经理批准销售订单

3）第三步：仓管员办理销售发货。

"仓管员角色"进入 NCC 系统，修改系统登录日期为 2023 年 3 月 5 日，点击"发货单维护"，如图 5-35 所示。

销售发货

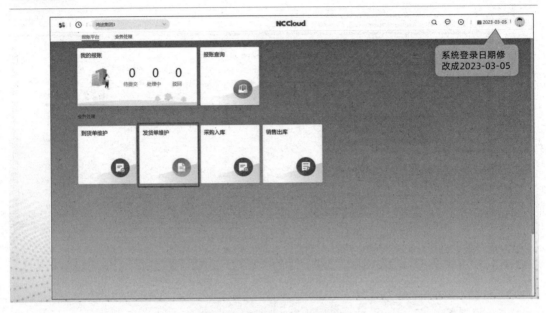

图 5-35 仓管员维护发货单

点击"发货",选择销售组织"鸿途集团水泥有限公司"和相应日期,勾选销售订单,点击右下角"生成发货单",选择运输方式为"公路运输",点击"保存提交",如图 5-36 所示。

销售发货

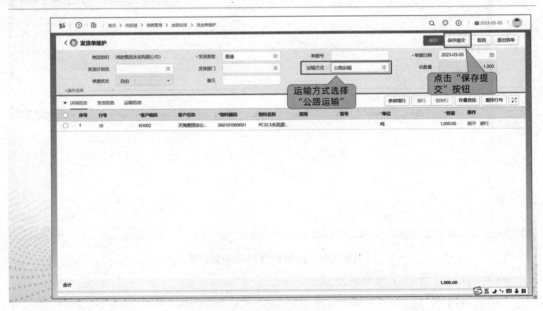

图 5-36 仓管员保存提交发货单

4)第四步:仓管员办理销售出库。

"仓管员角色"进入 NCC 轻量端,修改系统登录日期为 2023 年 3 月 5 日,点击"销售出库",如图 5-37 所示。

销售出库

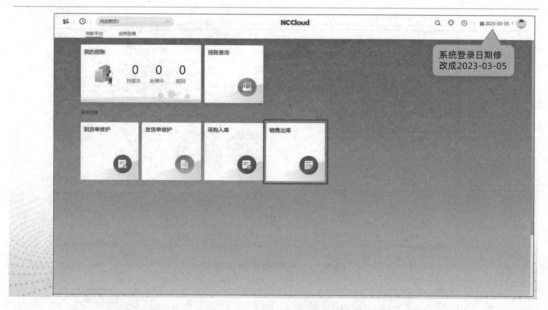

图 5-37　仓管员办理销售出库

点击"新增",选择"销售业务出库",选择发货库存组织"鸿途集团水泥有限公司"和相应日期,"查询"后勾选发货单,点击右下角"生成出库单",如图 5-38 所示。

销售出库

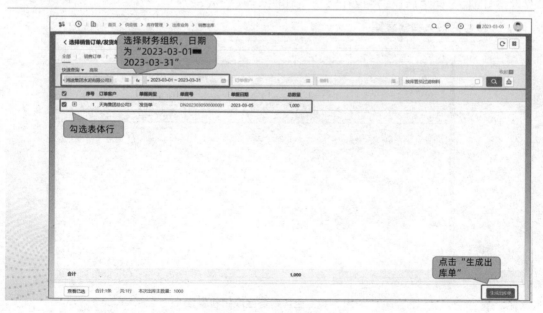

图 5-38　仓管员生成出库单

点击"自动取数实发数量"与"出库日期"自动计算,展开查看详细信息,仓库选择"产成品出库"、出入库类型选择"普通销售出库",审无误后,点击"保存",如图 5-39 所示。点击"签字",完成仓管员操作环节。

销售出库

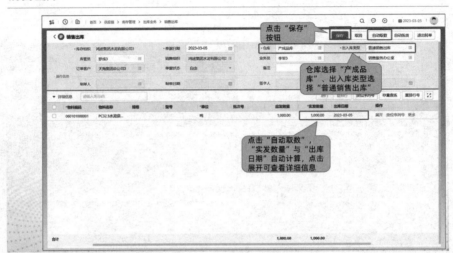

图 5-39 仓管员保存出库单

(3)应收挂账。

1)第一步:业务财务生成销售发票。

"业务财务角色"进入 NCC 系统,系统登录日期修改成 2023 年 3 月 6 日,选择"销售发票维护",点击"销售开票"。选择组织"鸿途集团水泥有限公司"和相应日期,点击"查询"并勾选出库单,点击右下角"生成销售发票"。发票类型选择"增值税专用发票",修改发票日期,无误之后点击"保存提交",如图 5-40 所示。

依合同录入销售发票

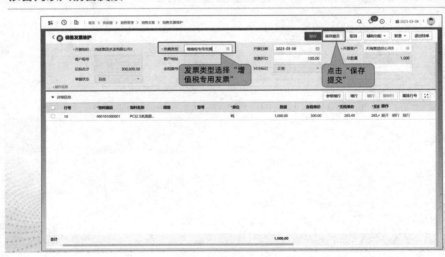

图 5-40 业务财务生成销售发票

2)第二步:业务财务提交应收单。

"业务财务角色"进入 NCC 系统,登录日期修改成 2023 年 3 月 6 日,打开"应收单管理",进入应收单页面。选择财务组织"鸿途集团水泥有限公司"和相应日期,点击"查询",点击"单据号"进入单据界面详情,如图 5-41 所示。

扫描发票提交应收单

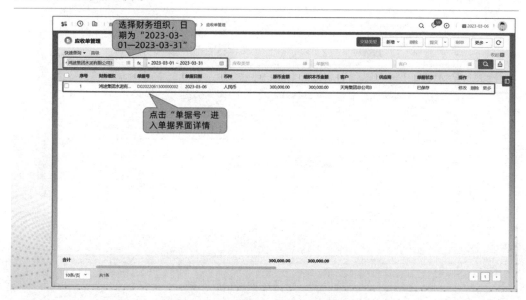

图 5-41　业务财务进入应收单管理

点击"更多""影像扫描",上传销售发票,影像扫描完成后点击"保存"。点击"提交",最终提交应收单,如图 5-42 所示。

扫描发票提交应收单

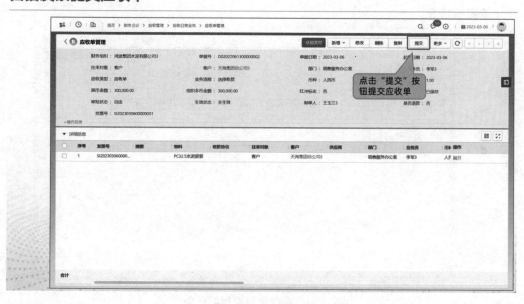

图 5-42　业务财务提交应收单

3）第三步：财务经理审批应收单。

"财务经理角色"进入 NCC 系统,登录日期修改成 2023 年 3 月 6 日,在"审批中心"点击"未处理",进入"审批中心"点击待审批的应收单,打开应收单,查看应收单与原始单据影像是否一致,如果一致,点击"批准",如图 5-43 所示。

审批应收单

图 5-43　财务经理审批应收单

4）第四步：应收审核岗审批应收单。

"应收审核岗角色"进入 NCC 系统,登录日期修改成 2023 年 3 月 6 日,在"我的作业"点击"待提取"。进入待提取界面后,点击右上角"任务提取",点击单据编号可查看单据详情,如图 5-44 所示。

审核应收单

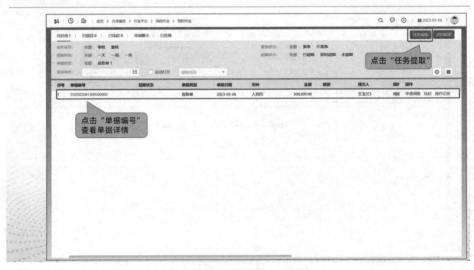

图 5-44　应收审核岗提取任务

在"更多"展开"影像扫描"按钮,上传销售发票,无误后,点击"批准",如图5-45所示。

审核应收单

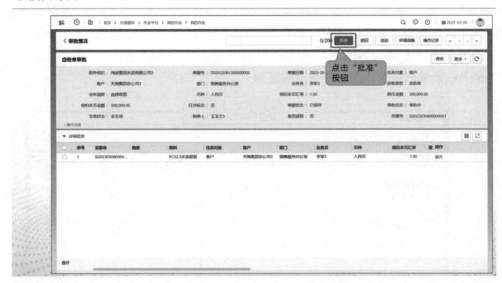

图5-45 应收审核岗审批应收单

5)第五步:总账主管岗审核记账凭证。

"总账主管岗角色"进入NCC系统,登录日期修改成2023年3月6日,点击"凭证审核",选择核算账簿"鸿途集团水泥有限公司-基准账簿"和相应日期,点击"查询"。双击待审核凭证,查看具体凭证信息,包括借贷方科目、金额等,无误后点击"审核",如图5-46所示。

审核记账凭证

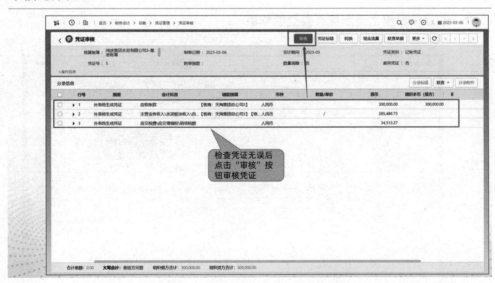

图5-46 总账主管岗审核记账凭证

（4）应收账款。

1）第一步：业务财务生成收款单。

"业务财务角色"进入 NCC 系统，修改系统登录日期为 2023 年 3 月 31 日，选择"收款单管理"。点击"新增"并展开选择"应收单"，进入"选择应付单"页面，选择财务组织"鸿途集团水泥有限公司"和相应单据日期，点击"查询"筛选出之前做的应收单，并点击右下角"生成下游单据"，如图 5-47 所示。

录入收款单扫描上传影像并提交收款单

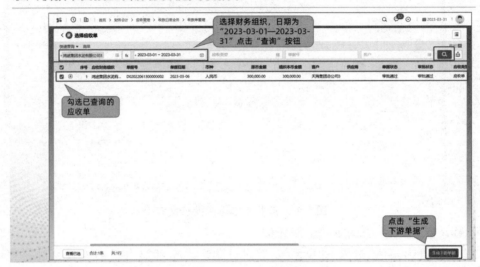

图 5-47　业务财务生成收款单

进入收款单管理页面，修改单据日期，结算方式为"网银"，收款银行账户为"鸿途集团水泥有限公司"，付款银行账户为"天海集团总公司"，部门为"销售服务办公室"，点击"保存"，如图 5-48 所示。

录入收款单扫描上传影像并提交收款单

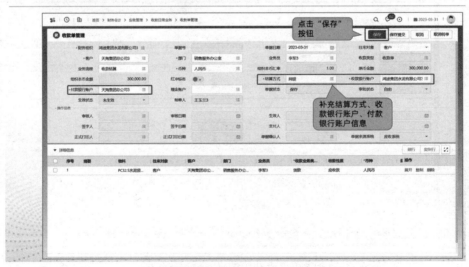

图 5-48　业务财务保存收款单

点击"影像扫描"上传附件并保存,点击"提交"完成该环节,如图 5-49 所示。

录入收款单扫描上传影像并提交收款单

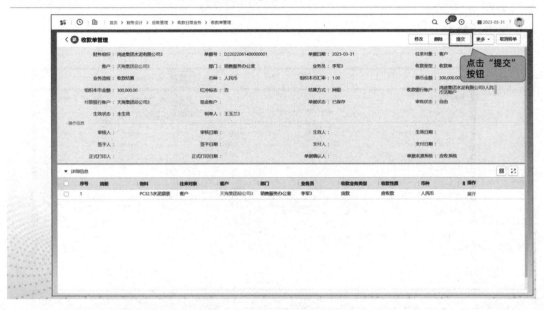

图 5-49　业务财务提交收款单

2)第二步:财务经理审核收款单。

"财务经理角色"进入 NCC 系统,进入"审批中心"点击"未处理",查看未审收款单无误后,点击"批准",如图 5-50 所示。

审批收款单

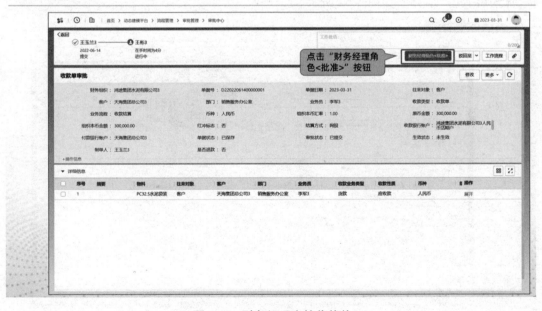

图 5-50　财务经理审核收款单

3）第三步：应收审核岗审批收款单。

"应收审核岗角色"进入 NCC 系统，提取任务，并查看收款单，无误后点击右上角"批准"，如图 5-51 所示。

审核收款单

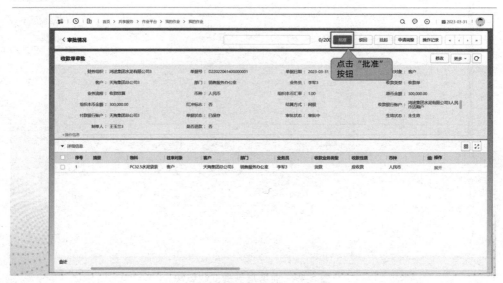

图 5-51　应收账款岗审批收款单

4）第四步：中心出纳岗确认收款结算。

"中心出纳岗角色"进入 NCC 系统，点击"结算"，进入结算页面。选择财务组织"鸿途集团水泥有限公司"和相应日期，点击"查询"，再点击待结算的单据号，查看收款单详情，无误后点击"结算"，如图 5-52 所示。

确认收款结算

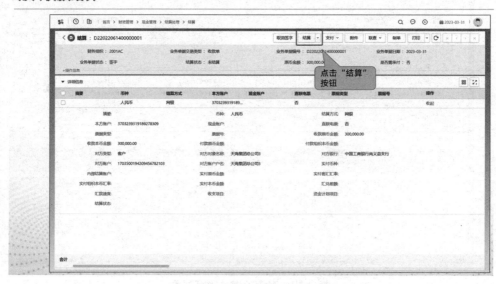

图 5-52　中心出纳岗确认收款结算

5）第五步：总账主管岗审核记账凭证。

"总账主管角色"进入 NCC 系统，选择并点击"凭证审核"，选择财务核算账簿"鸿途集团水泥有限公司-基准账簿"和相应日期，点击"查询"，双击待审核凭证，查看凭证具体内容，无误后点击"审核"，如图 5-53 所示。

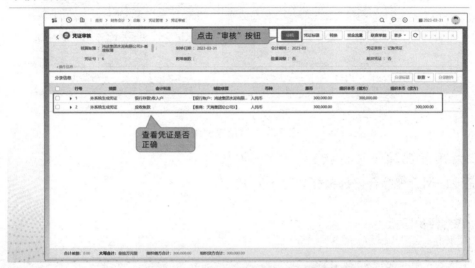

图 5-53　总账主管岗审核记账凭证

（四）拓展学习

1.企业信用管理流程

信用管理是指对在信用交易中的风险进行管理，即对信用风险进行识别、分析和评估。通过制定信用管理政策，指导和协调内部各部门的业务活动，以保障应收账款安全和及时回收，有效地控制风险和用最经济合理的方法综合处理风险，使风险降低到最小程度。企业的信用管理注重对客户信息的收集和评估、信用额度的授予、债权的保障、应收账款的回收等各个交易环节的全面监督。

企业实行信用管理的意义在于两方面。短期来看，可随时监控客户应收账款的回收，对出现的问题及时处理。为了随时监控客户的应收账款，企业一定要与客户保持密切的联系和及时的沟通。此外，在出现客户无法偿还款项时，应当要求其提供担保，减少坏账损失的风险。长期来看，可以有效提升客户的质量。信用管理规范的企业对资信状况良好的企业给予超过市场平均水平的信用额度和信用期。而对于资信状况较差的客户，则进行现款交易或给予较小的信用额度和较短的信用期。对后一类客户，其本来就存在资金周转的问题，在企业不给予融资机会时，一部分会慢慢退出，另一部分则看到资信状况较好的客户能得到更优惠的信用环境，会不断改变自身的资信状况，最终企业会拥有一个稳定守信的客户群，企业的形象也会得到很大提高。这对企业而言，是生存环境的改善，是一个对企业的发展起到推动作用的长期有利因素。

企业实行信用管理的流程如图 5-54 所示。

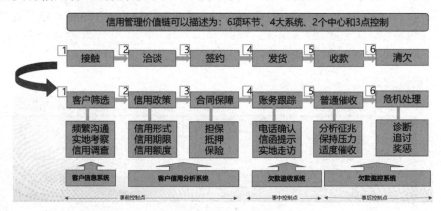

图 5-54   信用管理流程

2.信用管理综合评价指标

企业信用管理综合评价指标如图 5-55 所示。

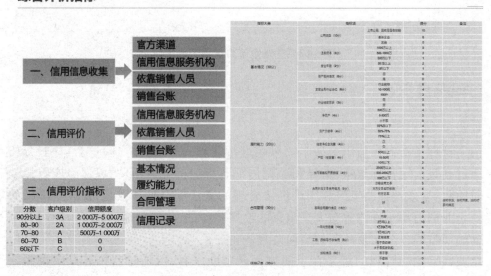

图 5-55   信用管理综合评价指标

3.作业

讨论企业应如何进行新客户的信用信息审批控制并给出解决方案,撰写 PPT 并提交。

四、其他商品销售业务

(一)理解目标

1.其他商品销售业务

其他商品是指企业除了产成品以外的商品,如原材料等。鸿途集团其他商品销售业务主要流程同产成品。

2.鸿途集团其他商品销售的总体现状流程

其他商品销售业务,是指鸿途集团除了产成品外的普通商品销售。其总体现状流程如图 5-56 所示。

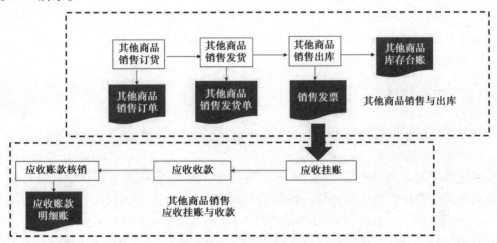

图 5-56 鸿途集团其他商品销售的总体现状流程

(二)其他商品销售业务规划设计

1.需求假设

(1)建立财务共享服务中心后,尽量保持现状业务流程的稳定性

根据传递到 FSSC 的业务单据,确定流程中业务单位与 FSSC 的边界,该业务单据都需要经过 FSSC 的审核或初审。

FSSC 接收业务单据所随附的原始凭证,均由制单人在制单后立即扫描上传;此后需要审核该业务单据的环节,均同时审核该业务单据的原始单据影像。

保留在业务单位的工作,流程和职责不变,但原业务单位财务部的工作除财务经理职责外均由业务财务承担。

(2)案例企业鸿途集团的所有收付款,均以网银(银企直联)方式完成。

(3)案例企业鸿途集团最终选择的是单共享中心模式。只使用了 NCC 系统中已经预置的、业务单元编码为 1003 的"鸿途财务共享服务中心"。

2.共享后流程所用到的业务单据(表5-4)

表 5-4 共享后流程所用到的业务单据

序号	名称	是否进 FSSC	是否属于作业组工作	流程设计工具
1	销售订单	N	–	审批流
2	销售发货单	N	–	审批流
3	销售出库单	N	–	审批流
4	销售发票	N	–	审批流
5	应收单	Y	Y	工作流
6	收款单	Y	Y	工作流

3.共享后流程设计

财务共享服务中心成立后,鸿途集团其他商品销售业务流程有所改进,同产成品改进后流程相同,参照图 5-9—5-12 所示。

(三)构建测试

1.其他商品销售测试用例

(1)销售发货出库

鸿途集团对天海中天精细化工有限公司基本情况、履约能力、合同管理、信用记录四个方面进行综合评估后由集团统一授信,授信额度为 100 万元人民币,有效期 2023 年 3 月 1 日—2023 年 12 月 31 日。2023 年 3 月 5 日,鸿途集团水泥有限公司与天海中天精细化工有限公司订一笔材料销售订单,信息如下:发货时间为 3 月 11 日,价格为 226 元/吨(含增值税),并生成销售发货单。(表5-5)

表 5-5 销售订单需求

项目名称	需求数量/吨	客户
天然石膏	1 000	天海中天精细化工有限公司

2023 年 3 月 11 日,"天然石膏"发货出库。

(2)应收挂账

2023 年 3 月 11 日,针对"天然石膏"发货开具增值税专用发票,票随货走,当日完成了后续的应收挂账流程。(表5-6)

表 5-6 销售订单税价及税额

项目名称	需求数量/吨	含税单位	价税合计/吨	税率/%	税额/元	客户
天然石膏	1 000	226	226 000	13	26 000	天海中天精细化工有限公司

（3）应收账款

2023 年 3 月 31 日,客户打款。收到客户通知,并从网银系统获得银行收款电子回单的打印件后,在系统里录入该笔收款单。（表5-7）

表 5-7　收款金额

客户名称	收款金额/元
天海中天精细化工有限公司	226 000

2.操作步骤

（1）销售订货出库

1）第一步:销售员签订销售订单。

"销售员角色"进入 NCC 系统,系统登录日期修改成 2023 年 3 月 5 日,点击"销售订单维护",点击"新增",选择"自制"。进入销售订单页面,根据案例选择销售组织"鸿途集团水泥有限公司"、销售订单日期、客户、物料等信息,填完内容之后,点击"保存提交",如图 5-57 所示。

签订销售订单

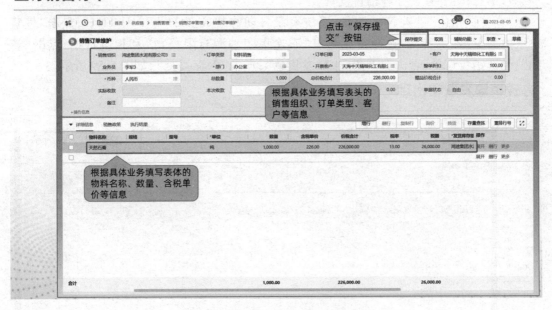

图 5-57　销售员保存提交销售订单

2）第二步:销售经理审批销售订单。

"销售经理角色"进入 NCC 系统,系统登录日期修改成 2023 年 3 月 11 日,在"审批中心"点击"未处理",检查单据内容是否与业务相符,审核无误之后点击"批准",如图 5-58所示。

审批销售订单

图 5-58 销售经理审批销售订单

3)第三步:仓管员办理销售发货。

"仓管员角色"进入 NCC 系统,系统登录日期修改成 2023 年 3 月 11 日,点击"发货单维护",点击"发货"。选择物流组织"鸿途集团水泥有限公司"和相应日期,点击"查询",勾选销售订单,点击右下角"生成发货单",点击"保存提交",如图 5-59 所示。

办理销售发货和出库

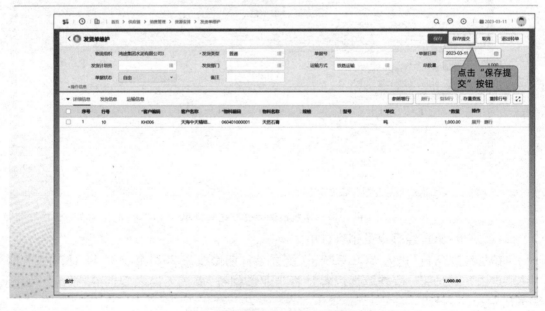

图 5-59 仓管员保存提交发货单

4）第四步：仓管员办理销售出库。

"仓管员角色"进入 NCC 系统，系统登录日期修改成 2023 年 3 月 11 日，点击"销售出库"，点击"新增"，选择"销售业务出库"。选择发货库存组织"鸿途集团水泥有限公司"和相应日期，取消勾选"按库管员过滤物料"并点击"查询"，勾选发货单，点击右下角"生成出库单"，如图 5-60 所示。

办理销售发货和出库

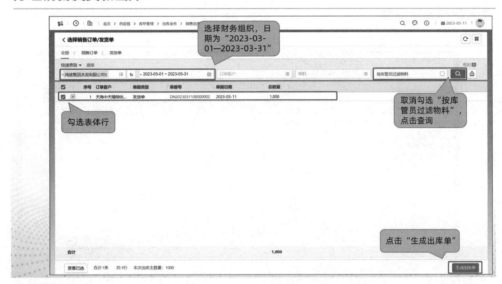

图 5-60　仓管员生成出库单

补充仓库、出入库类型等信息，点击"自动取数"，实发数量、出库日期自动计算。点击"保存"，点击"签字"，如图 5-61 所示。

办理销售发货和出库

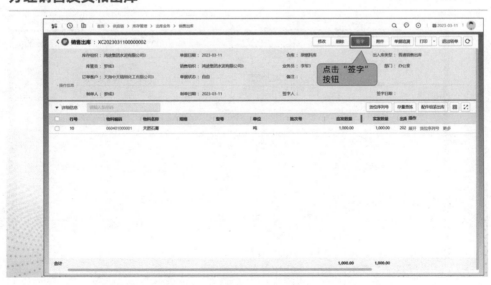

图 5-61　仓管员保存出库单并签字

（2）应收挂账

1）第一步：业务财务录入、保存销售发票

"业务财务角色"进入 NCC 系统，系统登录日期修改成 2023 年 3 月 11 日。选择"销售发票维护"，点击"销售开票"进入选择订单界面。选择结算财务组织"鸿途集团水泥有限公司"和业务相应日期，点击"查询"，勾选出库单，点击右下角"生成销售发票"，如图 5-62 所示。

录入保存销售发票

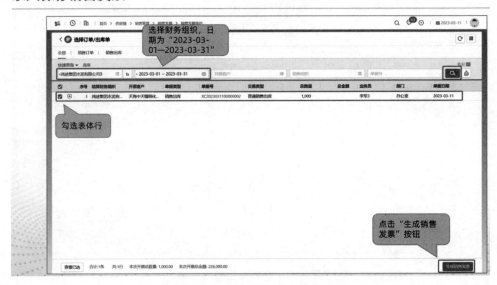

图 5-62　业务财务生成销售发票

发票类型选择"增值税专用发票"，确认无误后点击"保存提交"，如图 5-63 所示。

录入保存销售发票

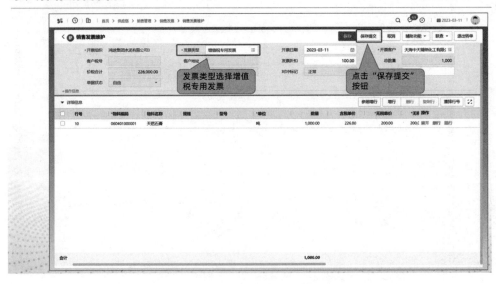

图 5-63　业务财务提交销售发票

2）第二步：业务财务提交应收单。

业务财务人员进入 NCC 系统，系统登录日期修改成 2023 年 3 月 11 日，在"报账平台"选择"应收单管理"，进入应收单页面。选择财务组织"鸿途集团水泥有限公司"和业务相应日期，点击"查询"，点击单据号信息进入单据界面。点击"影响扫描"上传影像并保存。点击"提交"，提交应收单，如图 5-64 所示。

上传影像提交应收单

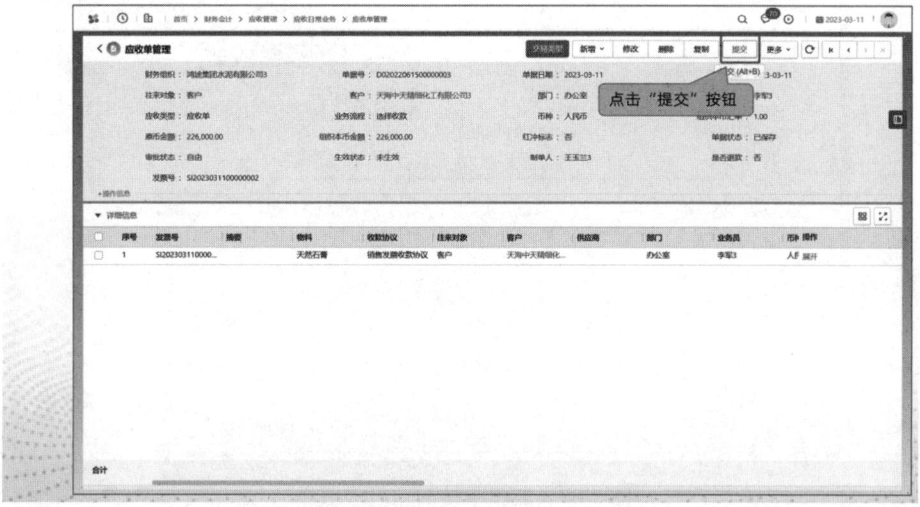

图 5-64　业务财务提交应收单

3）第三步：财务经理审批应收单。

"财务经理角色"进入 NCC 系统，系统登录日期修改成 2023 年 3 月 11 日，在"审批中心"点击"未处理"。在"未审"栏点击待审批的应收单，打开应收单，查看应收单和销售发票影像是否一致，如果一致，点击"批准"，如图 5-65 所示。

审批应收单

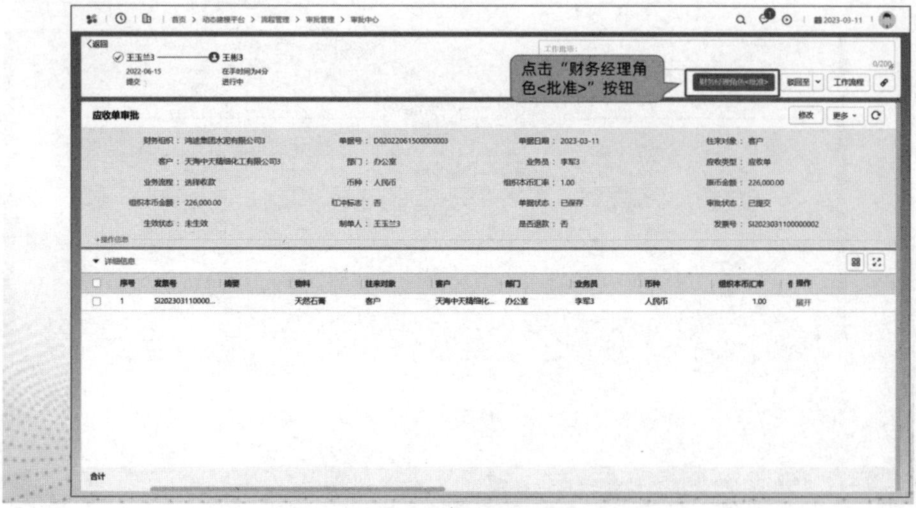

图 5-65　财务经理审批应收单

4）第四步：应收审核岗审批应收单。

"应收审核岗角色"进入 NCC 系统，系统登录日期修改成 2023 年 3 月 11 日，在"我的作业"中点击"待提取"，点击"任务提取"。点击单据编号进入单据界面，点击"影像查看"确认无误后，点击"批准"，如图 5-66 所示。

审核应收单

图 5-66　应收审核岗审批应收单

5）第五步：总账主管岗审核记账凭证。

"总账主管岗角色"进入 NCC 系统，系统登录日期修改成 2023 年 3 月 11 日，点击"凭证审核"。选择核算账簿"鸿途集团水泥有限公司–基准账簿"和业务相应日期，点击"查询"。双击待审核凭证，查看具体凭证信息，包括借贷方科目、金额等，无误后点击"审核"，如图 5-67 所示。

审核记账凭证

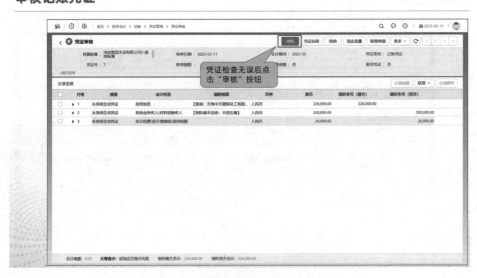

图 5-67　总账主管审核记账凭证

（3）应收账款

1）第一步：业务财务录入提交收款单。

"业务财务角色"进入 NCC 系统，系统登录日期修改成 2023 年 3 月 31 日，选择"收款单管理"，点击"新增"，选择"应收单"。进入"选择应收单"页面，选择财务组织"鸿途集团水泥有限公司"和业务相应日期，然后点击"查询"，筛选出之前做的应收单，点击右下角"生成下游单据"，如图 5-68 所示。

提交收款单

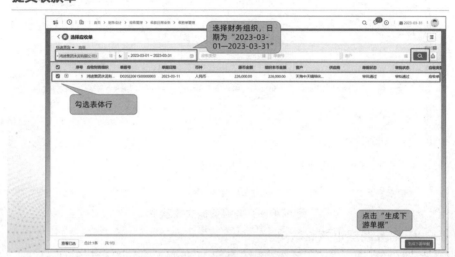

图 5-68　业务财务生成收款单

进入收款单管理页面，根据具体业务填写结算方式、收款银行账户、付款银行账户等信息，结算方式为网银，收款银行账户为"鸿途集团水泥有限公司"，付款银行账户为"海天中天精细化工有限公司"银行账户，部门为"销售服务办公室"，点击"保存"，如图 5-69所示。

提交收款单

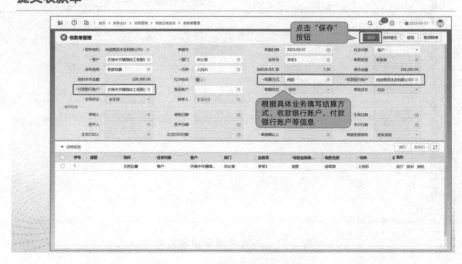

图 5-69　业务财务生成收款单

　　点击"影像扫描",影像扫描完成后点击"保存",点击"提交",提交收款单,如图 5-70 所示。

提交收款单

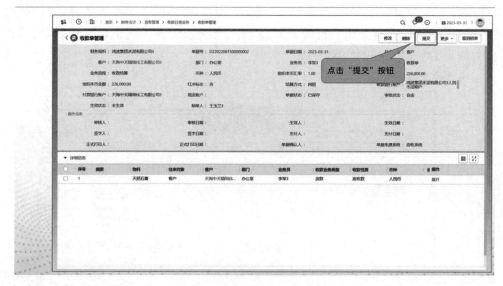

图 5-70　业务财务提交收款单

2)第二步:财务经理审核收款单。

　　"财务经理角色"进入 NCC 系统,系统登录日期修改成 2023 年 3 月 31 日,在"审批中心"点击"未处理"。查看待审核收款单,在"影像查看"处审核确认无误后,点击"批准",如图 5-71 所示。

审批收款单

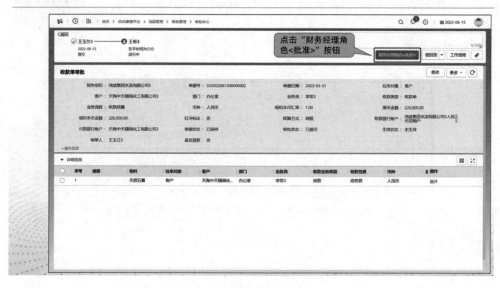

图 5-71　财务经理审核收款单

3）第三步：应收审核岗审批收款单。

"应收审核岗角色"进入 NCC 系统，系统登录日期修改成 2023 年 3 月 31 日。提取任务，并查看收款单，无误后点击右上角"批准"，如图 5-72 所示。

审核收款单

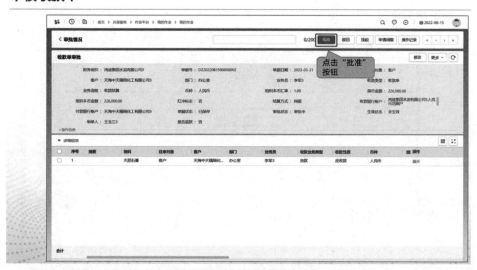

图 5-72　应收审核岗审批收款单

4）第四步：中心出纳岗确认收款结算。

"中心出纳岗角色"进入 NCC 系统，系统登录日期修改成 2023 年 3 月 31 日，点击"结算"。进入结算页面后，选择财务组织"鸿途集团水泥有限公司"和相应日期，点击"查询"，点击"待结算"，找到未结算单据。点击业务单据编号进入单据界面，点击"结算"，如图 5-73 所示。

确认收款结算

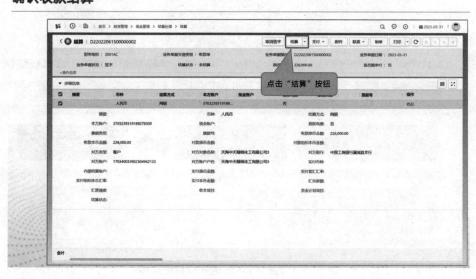

图 5-73　中心出纳岗确认收款结算

5）第五步：总账主管岗审核记账凭证。

"总账主管角色"进入 NCC 系统，系统登录日期修改成 2023 年 3 月 31 日，点击"凭证审核"。选择财务核算账簿为"鸿途集团水泥有限公司–基准账簿"和相应日期，点击"查询"，双击待审核凭证，查看凭证具体内容，无误后点击"审核"，如图 5-74 所示。

审核记账凭证

图 5-74　总账主管岗审核记账凭证

（四）拓展学习

1.企业信用/账期管控系统架构（图 7-65）

信用/账期管控系统架构

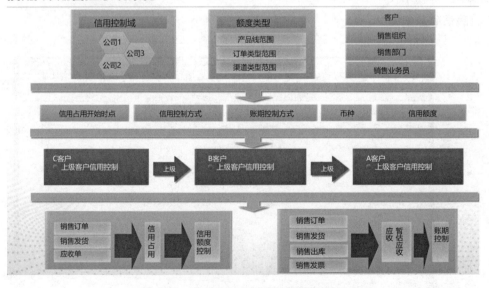

图 5-75　企业信用/账期管控系统架构

2.企业账期控制关键点(图 5-76)

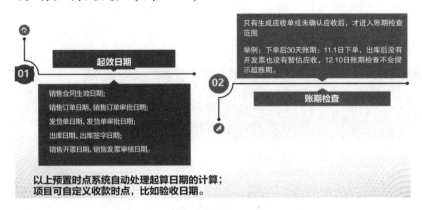

图 5-76　企业账期控制关键点示意图

3.作业

讨论企业应如何进行客户信用控制并给出解决方案,撰写 PPT 并提交。

第六章 资金结算共享

学习目标

知识目标：

掌握企业资金（收付款）结算的概念、收付款合同结算与管理的概念、不同收付款合同结算应用场景及其流程。

理解收款结算的现状流程分为合同签订、合同挂账、合同结算业务流程现状以及付款结算的现状流程分为合同签订、合同挂账、合同结算业务流程现状，设计财务共享服务建设后的流程。

理解其他收付款结算业务概念、痛点和结算应用场景。

能力目标：

了解资金结算流程、现状，能分析资金结算的痛点问题。

能在 NCC 系统中配置资金结算共享服务方案，并在 NCC 系统中进行实施和验证测试。

能够在 NCC 系统中处理付款合同录入、付款合同审批、生成应付单、审核应付单、审核付款单等等。

能在 NCC 系统中进行其他收付款结算业务的设计、配置和处理。

素质目标：

能够适应企业资金计算与管理的发展趋势与素质要求，建立财务大数据思维。

能够具有大数据财务处理与设计能力。

能够建立大数据财务中的业务员协作精神与意识。

一、资金结算概述

（一）资金结算相关概念

1.资金管理

资金管理是企业对资金来源和资金使用进行预算、控制、监督、考核等工作的总称。

在经济实践中,对于公司财务管理来讲,其关注重点即为资金。确定资金管理体制,制定资金管理的方针、政策和制度,因时因地采取资金管理措施,对资金需要量及其合理配置、有效利用所进行的事前、事中、事后控制等管理工作,统称为资金管理。资金管理是企业制定战略目标的基础,资金管理内容包括流动资金管理、固定资金和专项资金管理,重点是流动资金管理。进行资金管理的目标为:确保资金的正常流通,使相应的生产经营活动能够正常进行;逐步优化资金的使用效率,减少不必要资金的浪费;给出如何分配资金的方式,推动生产、经营与相关技术水平的优化。

2.资金结算

资金结算是指在财务市场中,双方完成交易后,由双方经过确认后进行资金的实际流动,以达成双方的交易目的的一个过程,分为现金结算和非现金结算。用现金直接进行的收付,称现金结算。通过金融机构划拨转账或票据流通转让完成的收付,称非现金结算,是资金结算的主要方式。资金结算的正确与否,直接关系到交易后双方的利益,如果资金结算不正确,会导致交易双方的利益受损,甚至出现资金损失的情况,因此,资金结算的及时和安全对保证双方利益有着重要的作用。资金结算管理指的是通过企业一系列财务手段和方法,来对资金结算方式进行有效的管理和监督,确保资金结算工作的高效开展,顺利实现资金的收付,帮助企业实现社会效益和经济效益的最大化。加强对资金结算的管理,有助于提升企业财务管理的效率和水平,并且降低财务风险,保证资金的周转率和使用效率。

在资金结算管理的过程中,需要遵循以下两个原则:一是要确保企业的合法权益,不管采取哪种方式都必须要确保资金的安全,避免企业利益受到影响;二是要在资金结算的过程中确保时效性,根据不同的内容做好相应的信息和数据记录,为后续的资金审核工作打下坚实基础。

3.资金结算方式

现阶段,资金结算业务常见的结算方式有现金、电汇、转账支票、转账(即业财一体化平台中使用的银行网银、银企直联)、金融产品(包括银行承兑汇票、商业承兑汇票、供应链金融)几大类。

(1)现金

主要是指使用现金进行资金收付款业务。现金结算主要有两种渠道:一种是付款人直接将现金支付给收款人,不通过银行等中介机构;另一种是付款人委托银行和非银行金融机构或非金融机构如邮局将现金支付给收款人。现金结算范围:

1)职工工资、津贴;

2)个人劳务报酬;

3)根据国家规定颁发给个人的科学技术、文化艺术、体育等各种奖金;

4)各种劳保、福利费用以及国家规定的对个人的其他支出;

5)向个人收购农副产品和其他物资的价款;

6)出差人员必须随身携带的差旅费;

7）结算起点以下的零星支出；

8）中国人民银行确定需要支付现金的其他支出。

（2）电汇

电汇是目前使用较多的一种汇款方式，汇款人将一定款项交存汇款银行，汇款银行通过电报或电传给目的地的分行或代理行（汇入行），指示汇入行向收款人支付一定金额的一种汇款方式。业务流程是：先由汇款人电汇申请书并交款付费给汇出行，再由汇出行拍加押电报或电传给汇入行，汇入行给收款人电汇通知书，收款人接到通知后去银行兑付，银行进行解付，解付完毕汇入行发出借记通知书给汇出行，同时汇出行给汇款人电汇回执。业务上分为前 T/T（预付货款）和后 T/T（装船后或收货后付款）。电汇中的电报费用由汇款人承担，银行对电汇业务一般均当天处理，不占用邮递过程的汇款资金，所以，对于金额较大的汇款或通过 SWIFT 或银行间的汇划，多采用电汇方式，还可适用个人对异地单位所支付的有关款项。

电汇与信汇的凭证传递方式不同，凭证的格式也不同。不论金额大小，电汇均需编密押。汇出行接到汇款单位交来的三联电汇委托书，按照信汇手续审查凭证，第一联加盖业务公章作回单退汇款单位，第二联代转账付出传票，从汇款单位账户支付，根据第三联编制联行电寄收方报单，凭以拍发电报。

（3）转账支票

主要是指使用转账支票进行资金收付款业务。转账支票是由单位签发的，通知银行从其账户上支取款项的凭证。转账支票只能用于转账，不能提取现金。它适用于各单位之间的商品交易、劳务供应和其他经济往来的款项结算。转账支票由付款单位签发后交收款单位，不准委托收款单位代签；不准签发空头支票和远期支票；不准出租出借支票。各单位使用转账支票必须遵守银行的有关规定。注意事项：支票正面不能有涂改痕迹，否则本支票作废；受票人如果发现支票填写不全，可以补记，但不能涂改；支票的有效期为 10 天，日期首尾算一天，节假日顺延；支票见票即付，不记名。

（4）转账

指业财一体化平台中使用的银行网银、银企直联。

1）银行网银。主要是指使用网银盾进行资金收付款业务。

2）银企直联。主要是指一种网上银行系统与企业财务系统在线直接联接的接入方式。无需插网银盾，银企直联通过互联网或专线连接方式，实现了银行和企业信息系统的有机融合和平滑对接。这也是财务共享服务中心目前主要使用的一种结算形式。

（二）财务共享服务中心模式下的资金结算特征

1.财务共享对资金管理的影响

强化资金管理理念，由资金分散化管理向资金集中管理过渡。资金集中管理下，企业的一切资金付款活动都集中在财务共享服务中心，资金支出的审批权高度集中在总部管理者手中，通过实行"收支两条线"的管理模式，将企业资金收入及时划拨入总部账户，总部按资金预算统一调配资金，资金的控制权归总部所有。总部可以在一览资金状况全局的高度,在各分支机构之间合理调配资金。如果现有的营运资金满足日常经营需求,资金集中管理模式下,总部还可以将闲置资金用于再投资,从而通过投资获利为企业带来额外收益。

财务共享服务中心能够将各业务板块的财务数据通过系统集成进行统一处理。在财务共享服务模式下,财务管理更加标准化、流程化,通过对财务核算系统与资金管理、债权债务等信息系统的集成,将财务与业务更加紧密地结合,增强总部对资金的集中管控。利用流程再造财务共享服务中心对财务基本业务进行归集,凭借规模效益和流水生产流水作业不仅降低了财务审核工作的成本,还提高了工作效率,并且让一些财务人员可以摆脱部门烦琐的工作,有更多的时间参与到资金管理中较为有价值的工作中。通常企业在建设财务共享服务中心的过程中,会对业务流程、规则进行标准化管理,通过资金管理系统与外部银行系统的集成,将资金结算与财务核算流程紧密衔接,从而达到与银行互联互通的目的,完成审批支付全程在线处理。

2.财务共享服务中心给资金结算带来的优势

（1）资金结算流程优化

在共享模式实施后,企业能够明显完善资金结算流程,首先在会计核算过程中,精简财务部门人员,仅保留审核人员、报税人员及财务经理岗位,原财务部门负责的费用及资金管理则全部交由财务共享服务中心统一管理。其次在资金支付过程中,根据相关业务信息准确填写资金申请单,并经过审核,在核实无误后传送至财务共享服务中心进行资金支付前的最后核实,最后由财务共享服务中心将资金申请单中的金额划拨至各业务部,随即展开资金支付工作。

（2）资金结算信息化提高

财务共享服务中心实施后,能够借助互联网、大数据、人工智能等技术对各业务板块的会计核算及票据审核等工作展开远程操作或集中至财务共享服务中心统一管理,在一定程度上统一并规范了各业务板块资金结算管理流程,再加上资金结算信息化平台的建立,资金管理系统可以提高资金支付效率,可以通过系统自动对账功能规避资金重复支付的风险;资金管理系统的用户分权限使用功能可以落实财务不兼容岗位制度的要求,加之例如 ERP 系统、资金支付与监管系统、银企直联系统、网络系统等有效整合,不仅帮助实现了各业务板块资金结算业务的数据集成,而且还实现了不同业务模块跨区域对接。

（3）资金结算内部控制

在共享模式实施后,资金结算流程及相关制度渐趋标准化,且明确了资金结算过程安全可靠、资金周转循环合理性等资金结算内部控制目标。在资金监督方面,共享模式的实施使集团内部费用、预算实现共享,各业务板块的付款申请、报销申请及预算申请均需通过相应财务人员及财务共享服务中心的层层审核,审核无误后由财务共享服务中心完成支付。同时,可通过财务共享服务中心对业务部门的资金支出、预算执行情况进行实时监督与控制。

3.财务共享服务中心实施资金结算要求

(1)系统建设是基础

财务共享服务中心需要一套完整的信息系统为其提供支撑和保障,实现各信息系统的互联互通是财务共享高效运行的保障,如果系统集成与整合能力不足则产生相关功能不足,直接降低用户体验感。财务共享服务中心在进行资金结算的时候存在较大风险的主要原因之一是系统的建设不足。因此,需要设定科学的建设目标,规范财务共享服务中心运营的具体内容,并建立良好的运行监督机制。

(2)流程管理是关键

财务共享作为新的组织管理模式,引起企业业务流程变革、管理制度变革、人员转型等系列变革,一定程度上直接影响资金结算,给企业和财务人员带来直观的冲击,业务流程化,流程规范化,规范标准化,工作模式的变更会使财务与业务部门短时期内不适应,无法达到预想的工作效率。因此,进行流程梳理、科学划定并进行系统培训是财务共享服务中心实施好资金结算的关键。

(3)内控体系是保障

财务共享模式下共享财务、业务财务责任划分不清,信息不对称、沟通不畅增大资金结算风险。财务共享实施过程中更多地考虑业务的合规性,一定程度上可能与实际业务环境存在理解上的偏差,业务财务则关注业务的真实性,更多地考虑实际的业务需求,单据的流转过程中因信息的不对称、沟通不畅,大大降低了单据的时效性,影响资金结算的效率。因此,不仅仅是需要文字阐述的内控体系,而应该制定较全面且更新及时的相应的流程图以及配套表单,帮助员工直观且清晰地了解整个制度,在流程图的揭示过程中也能帮助企业发现财务结算中的风险,进一步加强对企业结算的管控。

二、资金结算整体介绍

(一)企业资金结算场景教学目标

企业资金结算场景教学目标主要有以下几点:

①能够描述企业资金(收付款)结算的含义。

②阅读鸿途集团在财务共享建设前的资金结算流程描述,加以理解并能够用 Visio 工具进行绘制。

③能够根据财务共享服务中心的建设规划,设计财务共享服务中心建成后的企业资金结算流程,绘制 Visio 流程图,并上传系统进行研讨交流、方案分享、学生间互评。

④能够学习用友 NCC 工作流与审批流设置操作视频,并将本组设计的企业资金结算流程方案在 NCC 上进行设置。

⑤能够通过分岗协同的方式,在 NCC 中对本组设置的企业资金结算流程进行测试验证,并将验证结果录屏上传、分享,进行学生间互评。

（二）企业资金结算的含义

企业资金结算业务,用来处理不涉及往来的收付款,即不涉及供应链合同或收付款合同的收付款业务,主要包括:

①不涉及往来的收款,从业务发生到审批以及结算完成的整个业务流程,例如罚没收入,直接收到现金。

②不涉及往来的收款,从银行获得到账信息后及时进行核算确认,例如,对方采用网银转账等方式支付的款项,进行收款到账认领。

③不涉及往来的内部划账,公司内外部账户之间的划账业务。

④不涉及往来的付款,从业务发生到审批以及结算完成的整个业务流程,例如水电费支出,银行主动扣款,进行付款到账认领。

⑤不涉及往来的付款,从业务发生到审批以及直连支付完成的整个业务流程,例如日常支出,通过银企直联向供应商支付款项。

⑥不涉及往来的付款,如薪资发放,发放上月职工薪酬。

（三）案例企业资金结算业务现状及痛点

案例企业资金结算业务现状:

鸿途集团的资金结算业务,用来处理不涉及往来的收付款,即不涉及供应链合同或收付款合同的收付款业务。目前都是由各业务单位自行完成资金结算业务。

付款结算单,主要用于处理不涉及往来的资金流出业务,如水电费支出、银行手续费支出等。通常由业务单位出纳或者会计人员操作完成。

收款结算单,主要用于处理不涉及往来的资金流入业务,如利息收入等,通常由业务单位财务人员或者业务人员操作完成。

案例企业资金结算业务痛点:

不能进行集团级统一的结算处理,无法满足付款应用的方便性。

不能将资金支付与审批流程、CA认证和数字签名等进行有效整合,无法满足付款的安全性。

成员单位每天都会有大量的银行对账单来生成到账通知,财务共享服务中心需要对各个成员单位的到账通知进行发布,这将耗费财务共享服务中心出纳大量的精力,且容易出错。

（四）资金结算之薪资发放

薪资发放流程主要包括由人事专员对员工个人银行账户信息维护开始,然后薪酬专业首先确定发薪项目发放的工资卡,并进行一系列数据操作,最后财务主管生成工资清单并进行薪资发放操作。（图6-1）

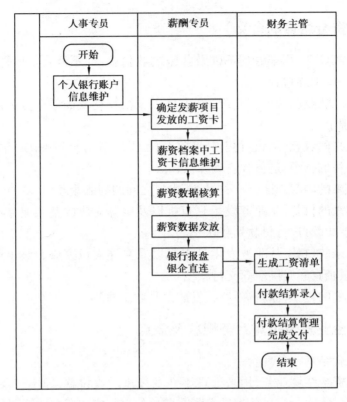

图 6-1 薪资发放流程图

注意:

(1)人员的工资卡信息必须完整才能够生成工资清单。

(2)"薪资发放"节点执行"发放"操作之后才能够执行"银企直连"操作向资金结算共享里传递工资清单。

(3)工资清单传递至资金结算共享后,后续业务在资金结算共享完成。

(4)工资清单生成并提交审批后在"现金管理"模块生成付款结算单,可通过付款结算单发起工资网银支付。支付完成后在"工资清单"部分可看到网银支付状态。

(5)为保证生成的工资清单一经生成后不得篡改数据,系统提供了数字签名保障,即工资清单提交后,如果因不明原因篡改数据,再审核会自动弹出警告界面,如在审核后发生篡改,则后续资金支付单据无法启动支付流程。

(6)在后续支付流程中,点击"支付"后,系统强制弹出 CA 认证框,需操作人员插入 CA 硬件证书正确输入 CA 密钥后才能发起网银电子支付,保障电子支付安全。

(五)到账通知发布及认领

到账通知自动发布机器人应用场景介绍:

处理财务共享服务中心所有委托单位的到账通知业务,包括对业务单位的到账通知进行全员发布或定向发布,然后由业务人员进行认领生单。(图 6-2)

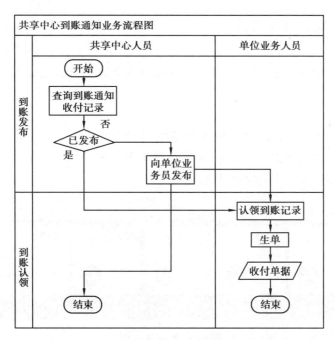

图 6-2　财务共享服务中心到账通知业务流程图

到账通知是根据银企直连模块中的银行对账单生成,对于成员单位委托财务共享服务中心办理结算的业务,财务共享服务中心出纳需要将到账通知发布给各个成员单位,成员单位对到账通知进行认领并补填相关信息后,财务共享服务中心根据认领的到账通知生成单据。成员单位每天都会有大量的银行对账单生成到账通知,财务共享服务中心也需要对各个成员单位的到账通知进行发布,这将耗费财务共享服务中心出纳大量的精力,且容易出错,那么这一困扰如何解决呢? 到账通知自动发布机器人可以查询出指定单位的未发布的到账通知进行自动发布操作。启动机器人之后,你就等着收结果吧,全部由机器人帮您搞定,又快又准确! 下面,我们就一起来试一试小友 RPA 到账通知自动发布机器人!

到账通知自动发布机器人配置及运行如图 6-3 所示。

图 6-3　到账通知自动发布机器人配置及运行

(六)构建测试

在用友 NCC 系统中对小组所设计的共享后资金结算流程进行实施和验证测试,记录实施和测试的过程与结果并进行分享。

1.RPA 客户端下载与安装

任务描述：

按照角色进行上岗，点击"开始任务"按钮进入 NCC 系统，完成 RPA 客户端下载与安装。

操作步骤：

（1）点击"任务资料"，参照"示例操作视频"完成。

（2）参照"示例操作视频"完成 RPA 客户端下载与安装。

具体操作截图如图 6-4、图 6-5 所示。

图 6-4　机器人下载

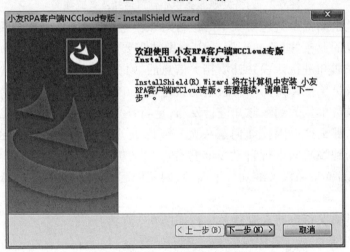

图 6-5　机器人安装

安装完成后，双击打开"小友 RPA 客户端 NCCloud 专版"客户端，按照"到账发布机器人操作手册"进行相应设置。

2.到账通知发布系统操作

任务描述：

按照角色进行上岗，点击"开始任务"按钮进入 NCC 系统，完成机器人管理配置。

操作步骤：

（1）点击"任务资料"查看到账通知自动发布机器人 NCC 系统操作手册和实训任务-到账通知自动发布测试用例。

（2）按照角色进行上岗，然后点击"开始任务"按钮进入 NCC 系统，完成机器人管理配置，具体操作过程详见"示例操作视频"。

（3）注意：登录 NCC 系统后需要先将"业务日期"切换为测试用例中要求的日期。（图6-6—图6-10）

图 6-6　基本信息设置

图 6-7　选择模板

图 6-8　参数配置

图 6-9　设置报告接收人

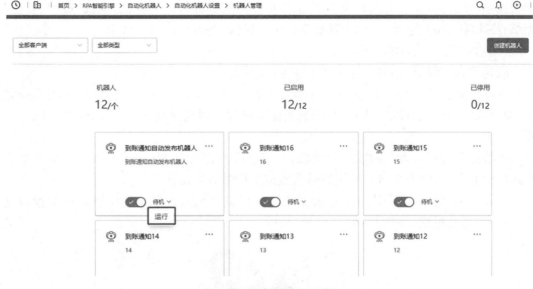

图 6-10　到账机器人启用

三、收付款合同结算业务

(一) 理解目标

1.收付款合同结算场景教学目标

(1)收付款合同结算场景教学目标

1)能够描述收付款合同结算的含义。

2)阅读鸿途集团在财务共享建设前的收付款合同结算流程描述,加以理解并能够用 Visio 工具进行绘制。

3)能够根据财务共享服务中心的建设规划,设计财务共享服务中心建成后的收付款合同结算流程,绘制 Visio 流程图,并上传系统进行研讨交流、方案分享、学生间互评。

4)能够学习用友 NCC 工作流与审批流设置操作视频,并将本组设计的收付款合同结算流程方案在 NCC 上进行设置。

5)能够通过分岗协同的方式,在 NCC 中对本组设置的收付款结算流程进行测试验证,并将验证结果录屏上传、分享,进行学生间互评。

(2)收付款合同结算与管理的含义

收付款合同,是指企业签署的、具有收款或付款条款的、不属于销售合同/采购合同/项目合同等的合同。

收付款合同结算,是指企业依据收付款合同的收款或付款条款进行结算的行为。

收付款合同管理是以合同为主线,帮助企业财务部门加强合同收付款业务的过程管

191

理与控制。它支持企业对以自身为当事人的合同依法进行录入登记、审批、履约、变更、冻结、终止等一系列活动,有助于降低企业资金风险,提高部门协作效率。

(3)收付款合同结算应用场景

收付款合同结算,通常会经过3个业务阶段:

①收付款合同签订。企业的业务部门与客户或供应商经过协商、谈判并达成一致后,拟定收款或付款合同,合同在按照企业合同审批流程通过后正式生效,同时合同进入履行状态。

②收付款合同立账(应收/应付挂账)。当企业与合同中指定的客户或供应商发生应收或应付业务时,财务部参照合同进行应收或应付账款的确认。

③收付款结算。合同执行人可根据相应收付款计划或按照企业结算审批流程通过后,进行收款或付款。(图6-11)

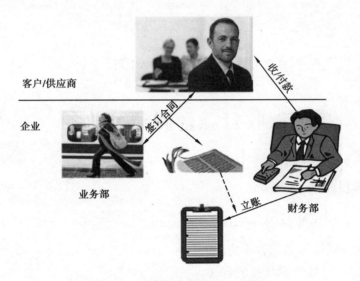

图6-11　收付款合同结算业务阶段

2.鸿途集团收付款合同结算现状

(1)合同管理现状

业务系统合同管理现状:

鸿途集团在业务系统部署了多个合同管理模块,包括销售合同、采购合同、项目合同等。在结算环节,需要整合业务表单,实现合同控制,在供应链、项目管理录入的合同,在结算时单据根据客户/供应商名称自动带出同一客户/供应商的系统合同(合同订单)供制单人选择。各级审核人员根据合同编号查询系统合同,结算时不再需要业务人员上传合同复印件。

收付款合同管理现状:

未实行业务系统录入的合同,如总部管理的合同、下属公司的服务合同,由各级财务人员在收付款合同模块录入合同,自动控制结算。财务系统(收付款)合同执行中的相关岗位如表6-1所示。

表 6-1 财务系统(收付款)合同执行中的相关岗位

岗位名称	工作内容
总账会计	总账管理,审核记账,月末结账
结算会计	票据审核、费用结算及统计
出纳	资金系统管理及银行对账、融资等业务

(2)收付款合同结算痛点

收付款合同的签订流程,各子公司各自为政、流程不统一。

集团无法及时获得准确的收付款合同执行情况。

对于超合同金额的收付款控制,集团没有统一的控制点,增加了合同执行风险。

3.鸿途集团收款/付款结算的现状流程图

(1)收款结算的现状流程

收款结算的现状流程分为合同签订、合同挂账、合同结算。

1)收款合同签订

第一,结算会计收到业务人员提交的服务销售的纸质收款合同,在信息系统中录入收款合同;第二,财务经理在信息系统中审批收款合同;第三,负责公司纸质合同管理的综合办公室专员审批收款合同。(图 6-12)

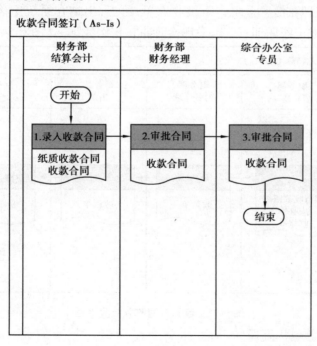

图 6-12 收款合同签订流程

2)收款合同应收挂账

第一,公司给客户开具服务销售发票后,结算会计在信息系统中依收款合同生成应

收单;第二,财务经理在信息系统中审批应收单,系统自动生成记账凭证;第三,总账会计审核记账凭证。(图6-13)

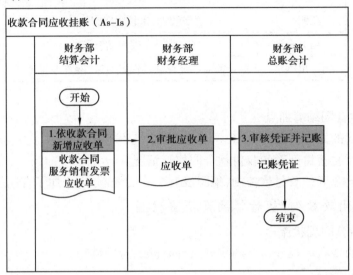

图6-13　收款合同应收挂账流程

3)收款合同收款结算

第一,结算会计收到出纳提交的纸质银行电子回单,在信息系统中依应收单新增收款单;第二,财务经理在信息系统中审批收款单;第三,出纳在系统中确认该收款单已经结算,系统自动生成记账凭证;第四,总账会计审核记账凭证。(图6-14)

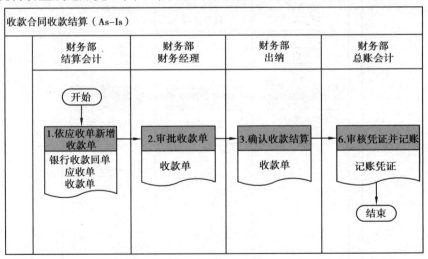

图6-14　收款合同收款结算流程

(2)付款结算的现状流程

付款结算的现状流程分为合同签订、合同挂账、合同结算。

1)付款合同签订

第一,结算会计收到业务人员提交的服务采购纸质付款合同,在信息系统中录入付款合同;第二,财务经理在信息系统中审批付款合同;第三,负责公司纸质合同管理的综合办公室专员审批付款合同。(图 6-15)

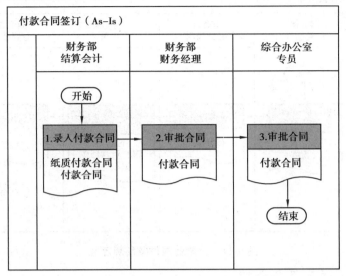

图 6-15 付款合同签订流程

2)付款合同应付挂账

第一,结算会计收到业务单位提交的服务采购发票,在信息系统中依付款合同生成应付单;第二,财务经理在信息系统中审批应付单,系统自动生成记账凭证;第三,总账会计审核记账凭证。(图 6-16)

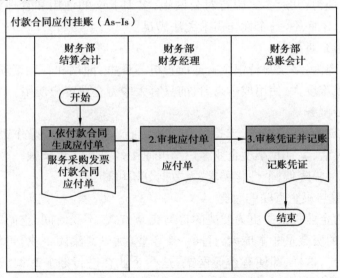

图 6-16 付款合同应付挂账流程

3)付款合同付款结算

第一,结算会计在信息系统中依应付单新增付款单;第二,财务经理在信息系统中审批付款单;第三,出纳在系统中使用网银结算进行支付,系统自动生成记账凭证;第四,总

账会计审核记账凭证。（图6-17）

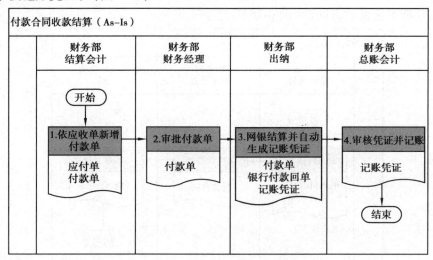

图 6-17　付款合同付款结算流程

4.用友银企联云服务介绍

（1）企业结算发展四阶段

第一阶段：柜面阶段

主要特点表现为：必须去开户行对公网点办理；办理效率低下、人员浪费。

第二阶段：网络银行

主要特点表现为：开通多家银行对公网银，多 U-Key 的使用和管理繁琐；账户分散，资金信息碎片化，家底不清；个性化需求无法满足。

第三阶段：银企直连

主要特点表现为：多家银行银企直连前置机与证书，使用和管理繁琐；多家银行分别对接，开发与运维难度大；使用成本高，目前只有大中型企业客户使用。

第四阶段：云服务

主要特点表现为：一点接入，支持所有主流银行；一套 U-Key 操作银行资金结算，使用与管理安全、灵活；大、中、小型企业客户均可使用，实现"普惠金融"；软硬件采购、专线网络及维护成本大幅降低；个性化需求、大数据分析可期。

（2）企业网银与银企直联的对比

企业网银：为企业提供了更为便捷的自助交易方式，不受时间、空间的限制。一些大型企业日常处理的资金量非常庞大，且同一个企业（尤其是集团企业）可能在不同的银行开立多个结算账户，这样，即使有企业网银，这些企业在进行账务查询、资金清算时还是要逐一登录不同的银行网银系统。大型企业都会有企业管理信息系统，通过企业网银实现的交易信息还需要在管理信息系统中重复录入。

银企直联：通过互联网或专线连接的方式，使企业的管理信息系统与银行综合业务系统实现对接，企业无需专门登录网上银行，就可以在管理信息系统内自主完成对其银行账户包括分（子）公司银行账户的查询、转账、资金归集、信息下载等功能，并在管理信息系统中自动登记账务信息。企业要开通银企直联,需要事先与银行签订协议,再在管理信息系统中启用银企直联的功能,或将管理信息系统与第三方支持银企直联的服务整合起来。

(3)什么是银企联(图6-18)

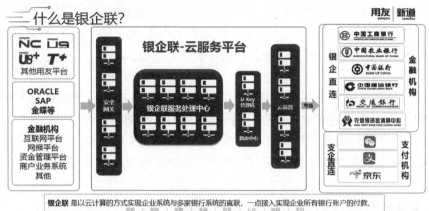

图6-18   银企联云服务平台示意

(4)银企联-产品模式(图6-19)

图6-19   银企联-产品模式

(二)收付款合同结算业务规划设计

基于案例企业财务共享服务建设后的角色与职责设置,初步设计并提交共享后的收付款合同结算流程。

1.需求假设

(1)建立财务共享服务中心后,尽量保持现状业务流程的稳定性。

根据传递到 FSSC 的业务单据,确定流程中业务单位与 FSSC 的边界,该业务单据都需要经过 FSSC 的审核或初审。

FSSC 接收业务单据所随附的原始凭证,均由制单人在制单后立即扫描上传;此后需要审核该业务单据的环节,均同时审核该业务单据的原始单据影像。

保留在业务单位的工作,流程和职责不变,但原业务单位财务部的工作除财务经理职责外均由业务财务承担。

(2)案例企业鸿途集团的所有收付款,均以网银(银企直联)方式完成。

(3)案例企业鸿途集团最终选择的是单共享中心模式。只使用了 NCC 系统中已经预置的、业务单元编码为 1003 的"鸿途财务共享服务中心"。

注意事项:

为了让财务共享服务中心审核有据,所有进入 FSSC 审核的业务单据,必须随附外部原始凭证的影像走作业组的业务单据,用影像上传的方法随附影像。

(1)不走作业组而走重量端的业务单据,用拍照后添加附件的方法随附影像。

(2)为了简化学生的构建测试工作,共享后流程中审批环节最高只设计到子公司总经理。

2.共享后流程所用到的业务单据(图6-20)

序号	名称	是否进FSSC	是否属于作业组工作	流程设计工具
1	付款合同	Y	Y	工作流
2	应付单	Y	Y	工作流
3	付款单	Y	Y	工作流
4	收款合同	Y	Y	工作流
5	应收单	Y	Y	工作流
6	收款单	Y	Y	工作流

图 6-20　共享后流程所用到的业务单据

3.共享后流程设计-参考答案

以下是共享后收款/付款结算业务流程的一种参考答案,该流程已经经过测试,可以在 NCC 中成功构建和运行。(图6-21—图6-26)

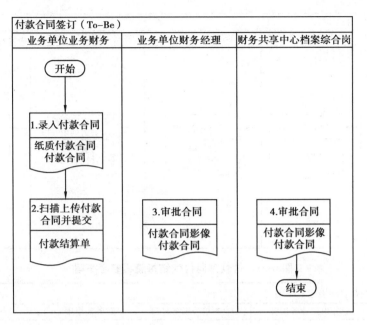

图 6-21　付款合同签订流程参考答案

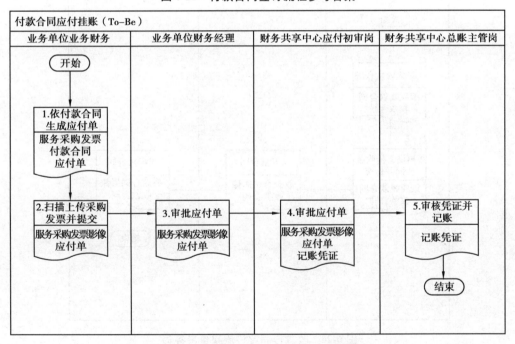

图 6-22　付款合同应付挂账流程参考答案

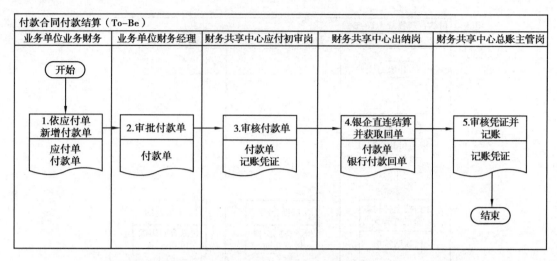

图 6-23　付款合同付款结算流程参考答案

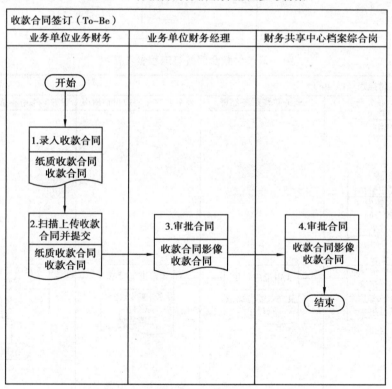

图 6-24　收款合同签订流程参考答案

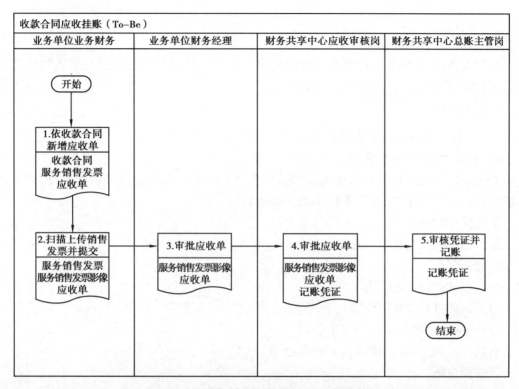

图 6-25　收款合同应收挂账流程参考答案

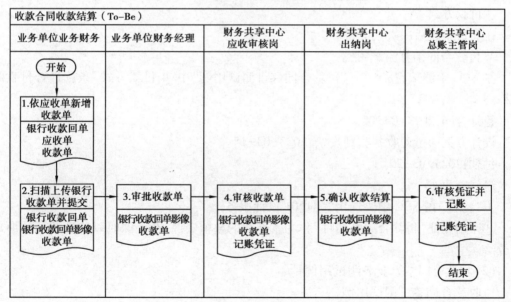

图 6-26　收款合同收款结算流程参考答案

(三)构建测试

在用友 NCC 系统中对小组所设计的共享后收付款合同结算流程进行实施和验证测试,记录实施和测试过程与结果并进行分享。

1. 测试用例

(1)付款合同结算业务测试用例

1)付款合同签订测试用例

鸿途集团水泥有限公司销售处拟聘请广东万昌印刷包装有限公司为服务方,为本公司设计新产品广告文案,双方签订了设计服务合同。

①合同标的内容

新产品广告文案设计服务。

②合同信息

合同名称:设计服务合同。

合同编码:FK-202303012。

合同甲方:鸿途集团水泥有限公司。

合同乙方:广东万昌印刷包装有限公司。

③合同金额

5.30 万元,其中包括增值税额 0.30 万元(增值税税率 6%)。

④付款方式

在项目验收后一次性支付。

2)付款合同结算测试用例

在 NCC 中测试完成"(一)付款合同签订测试用例"中"4.付款方式"条款进行付款的流程。

签订合同:2023-03-01。

设计方案通过验收并收到发票:2023-03-15。

付款:2023-03-20。

3)注意事项

①"物料"在 NCC 中要选用"541601 设计服务"。

②原始凭证"付款合同纸质件"作为本课程的教辅资源,在上课时以物理单证的形式发放给学生。

(2)收款合同结算业务测试用例

1)收款合同签订测试用例

天海中天精细化工有限公司要设计和试制一种新型水泥石,特聘请鸿途集团水泥有限公司为其提供水泥石研制方法培训,合同金额 4.24 万元(其中增值税率 6%,增值税额 0.24 万元),期限一周。合同详细信息参见原始凭证。

①合同信息

合同名称:培训服务合同。

合同编码:SK-202303005。

合同甲方:天海中天精细化工有限公司。

合同乙方:鸿途集团水泥有限公司。

②合同标的与金额

乙方为甲方提供水泥石研制方法培训,培训结束后收取含税金额4.24万元。

③收款方式

培训结束后一次性收取。

2)收款合同结算测试用例

合同登记日:2023年3月8日。

开票确立应收日:2023年3月22日。

收款日:2023年3月30日。

3)注意事项

①"物料"在NCC中要选用"541701培训服务"。

②原始凭证(收款合同纸质件、银行回单打印件)作为本课程的教辅资源,在上课时以物理单证的形式发放给学生。

2.操作演示

按照角色进行上岗,点击"开始任务"按钮进入NCC系统,完成收付款合同的系统流程配置。

(1)收付款合同-付款合同签订

点击页面左侧任务上岗,在弹出岗位选择界面中,按照角色进行上岗,点击"开始任务"按钮进入NCC系统,完成付款合同签订。做完任务后点击"完成任务",继续完成下一个角色的任务操作。任务流程如图6-27—图6-42所示。

图6-27 修改登录日期

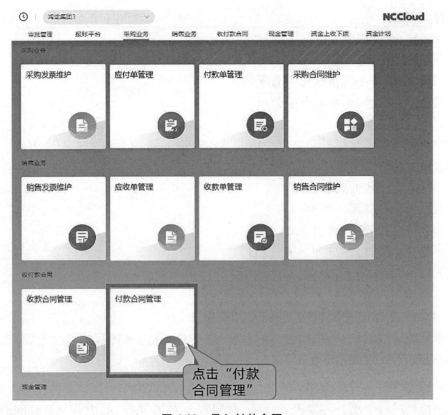

图 6-28　录入付款合同

图 6-29　录入付款合同

图 6-30　录入付款合同

图 6-31　录入付款合同

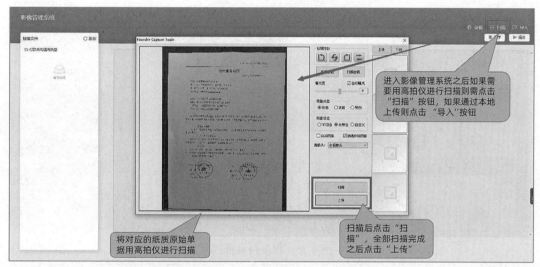

图 6-32　录入付款合同

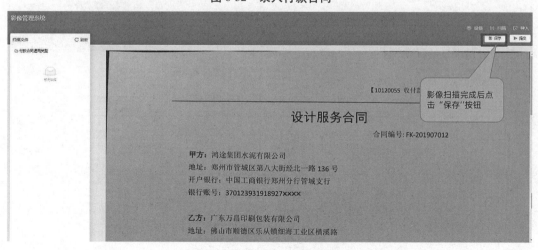

图 6-33　录入付款合同

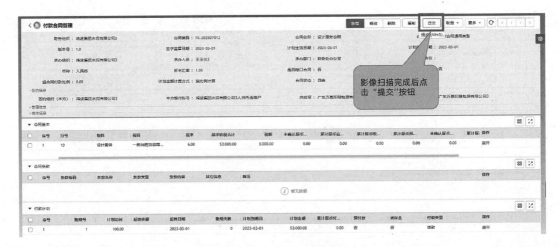

图 6-34　录入付款合同

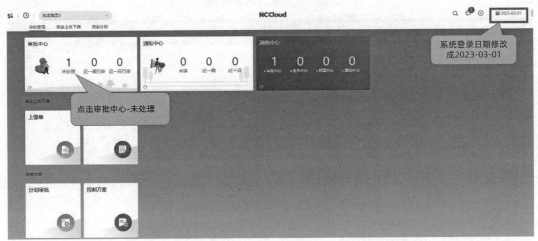

图 6-35　审批付款合同

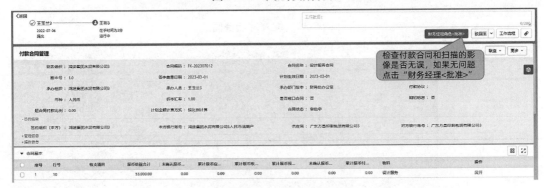

图 6-36　审批付款合同

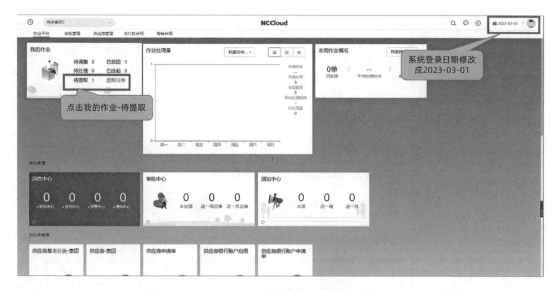

图 6-37　付款合同归档

图 6-38　付款合同归档

图 6-39　付款合同归档

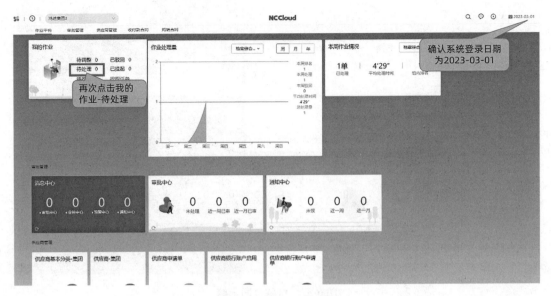

图 6-40　付款合同归档

图 6-41　付款合同归档

图 6-42　付款合同归档

（2）收付款合同-付款合同应付

点击页面左侧任务上岗，在弹出岗位选择界面中，按照角色进行上岗，点击"开始任务"按钮进入 NCC 系统，完成付款合同应付。做完任务后点击"完成任务"，继续完成下一个角色的任务操作。任务流程如图 6-43—图 6-59 所示。

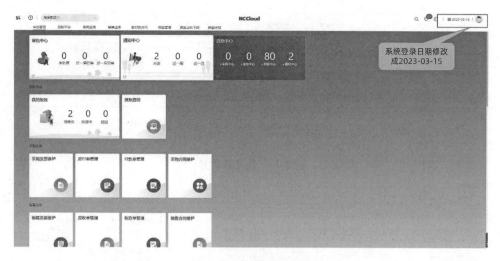

图 6-43　修改登录日期

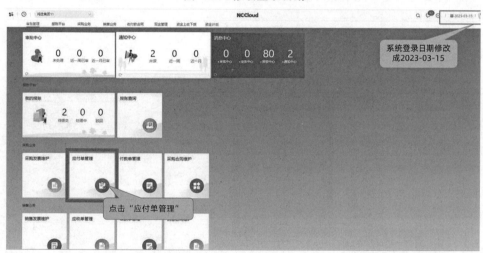

图 6-44　生成应付单

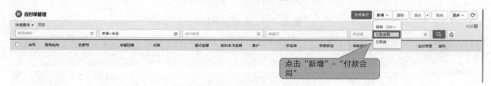

图 6-45　生成应付单

图 6-46　生成应付单

图 6-47　生成应付单

图 6-48　生成应付单

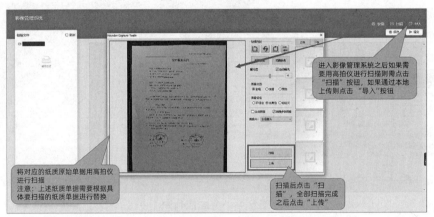

图 6-49　生成应付单

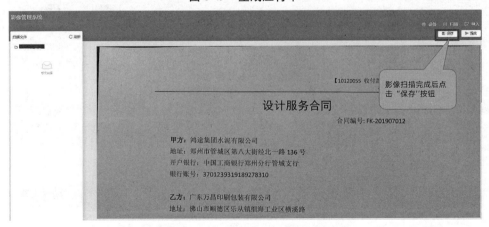

图 6-50　生成应付单

图 6-51　生成应付单

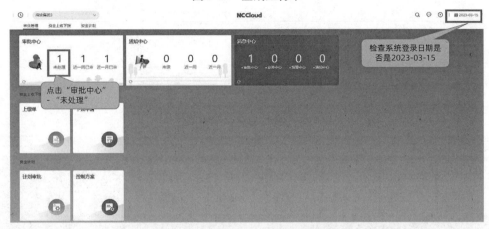

图 6-52　财务经理审批应付单

图 6-53　财务经理审批应付单

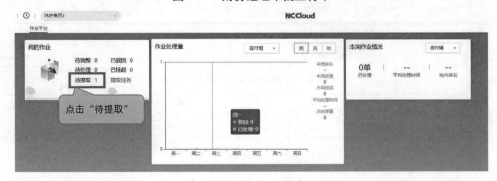

图 6-54　应付初审岗审核应付单

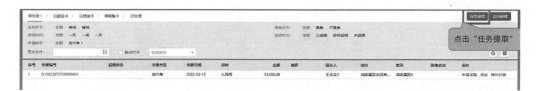

图 6-55　应付初审岗审核应付单

图 6-56　应付初审岗审核应付单

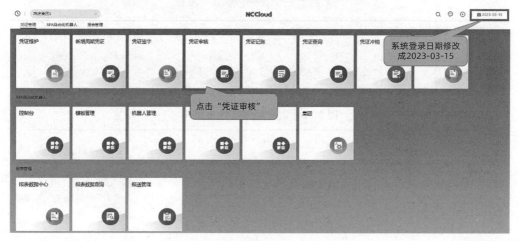

图 6-57　总账主管岗审核记账凭证

图 6-58　总账主管岗审核记账凭证

图 6-59　总账主管岗审核记账凭证

（3）收付款合同–付款合同结算

点击页面左侧任务上岗,在弹出岗位选择界面中,按照角色进行上岗,点击"开始任务"按钮进入 NCC 系统,完成付款合同结算。做完任务后点击"完成任务",继续完成下一个角色的任务操作。任务流程如图 6-60—图 6-77 所示。

图 6-60　修改登录日期

图 6-61　业务财务新增付款单

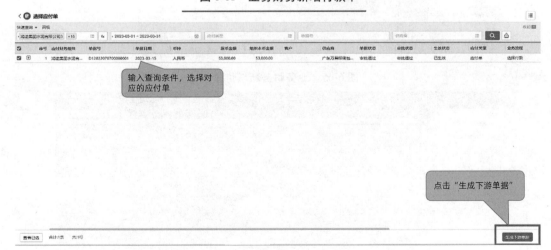

图 6-62　业务财务新增付款单

图 6-63　业务财务新增付款单

图 6-64　业务财务新增付款单

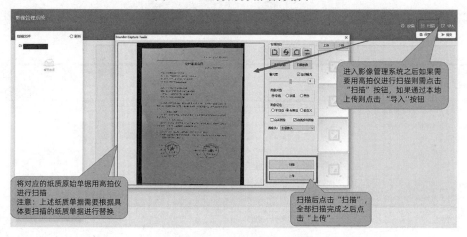

图 6-65　业务财务新增付款单

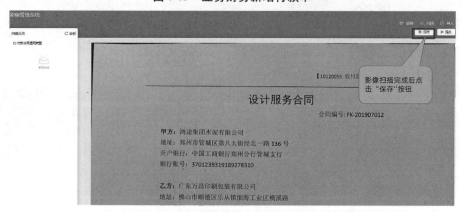

图 6-66　业务财务新增付款单

图 6-67　业务财务新增付款单

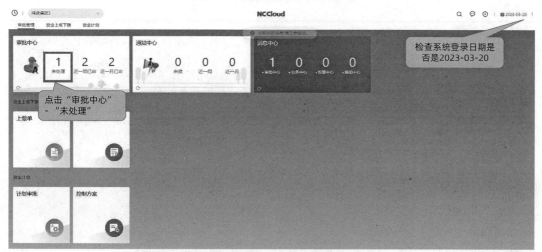

图 6-68　财务经济审批付款单

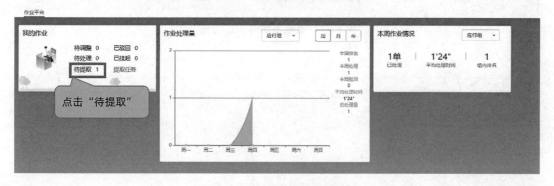

图 6-69　应付初审岗审核付款单

图 6-70　应付初审岗审核付款单

图 6-71　应付初审岗审核付款单

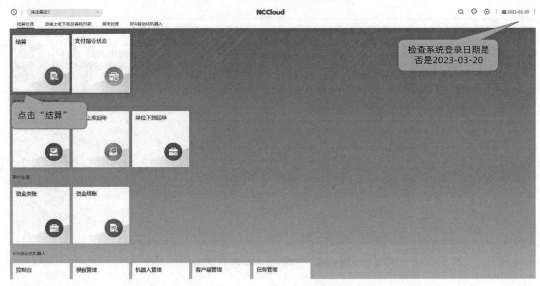

图 6-72　中心出纳岗出纳付款

图 6-73　中心出纳岗出纳付款

图 6-74　中心出纳岗出纳付款

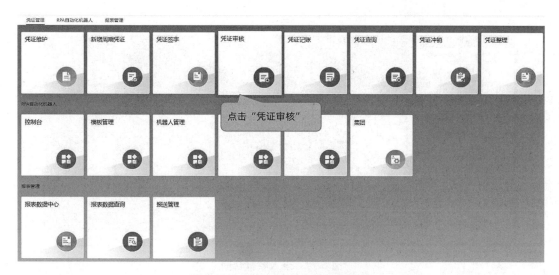

图 6-75　总账主管岗审核记账凭证

图 6-76　总账主管岗审核记账凭证

图 6-77　总账主管岗审核记账凭证

（4）收付款合同–收款合同签订

点击页面左侧任务上岗,在弹出岗位选择界面中,按照角色进行上岗,点击"开始任务"按钮进入 NCC 系统,完成收款合同签订。做完任务后点击"完成任务",继续完成下一个角色的任务操作。任务流程的主要截图摘录部分如图 6-78—图 6-80 所示。

（5）收付款合同–收款合同挂账

点击页面左侧任务上岗,在弹出岗位选择界面中,按照角色进行上岗,点击"开始任务"按钮进入 NCC 系统,完成收款合同挂账。做完任务后点击"完成任务",继续完成下一个角色的任务操作。任务流程的主要截图摘录部分如图 6-81—图 6-84 所示。

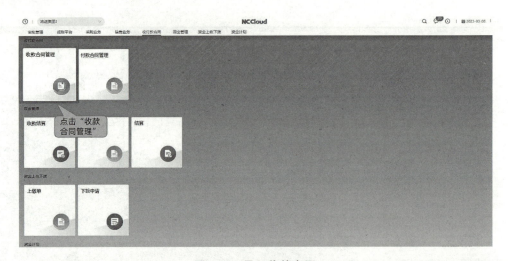

图 6-78　录入收款合同

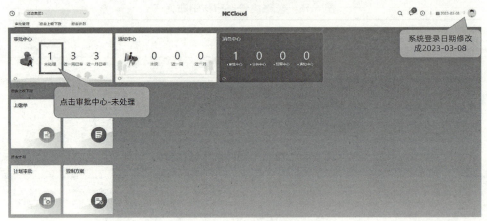

图 6-79　审批收款合同

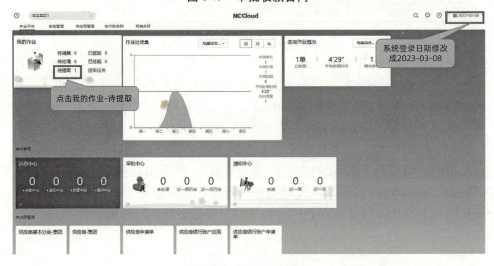

图 6-80　收款合同归档

图 6-81 新增应收单

图 6-82 财务经理审批应收单

图 6-83 应收审核岗审核应收单

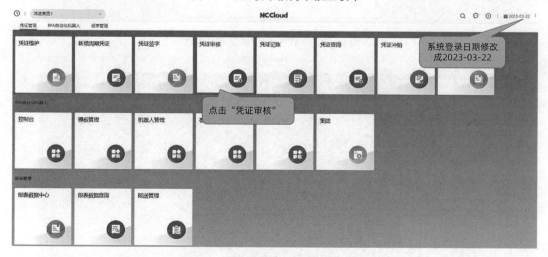

图 6-84 总账主管岗审核记账凭证

(6)收付款合同-收款合同结算

点击页面左侧任务上岗,在弹出岗位选择界面中,按照角色进行上岗,点击"开始任务"按钮进入 NCC 系统,完成收款合同结算。做完任务后点击"完成任务",继续完成下一个角色的任务操作。任务流程的主要截图摘录部分如图 6-85—图 6-89 所示。

图 6-85　业务财务新增收款单

图 6-86　财务经理审批收款单

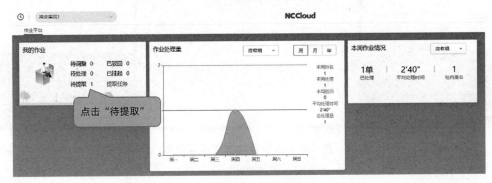

图 6-87　应收审核岗审核收款单

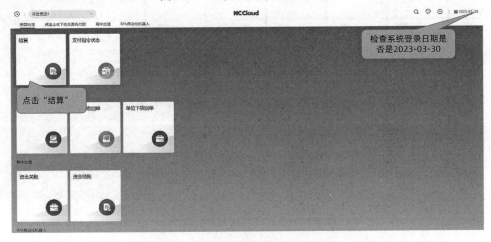

图 6-88　中心出纳岗确认收款结算

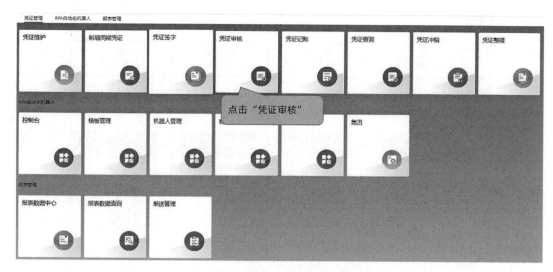

图 6-89 总账主管岗审核记账凭证

四、其他收付款结算业务

(一)理解目标

理解资金结算业务的概念,学习并复盘案例企业资金结算现状。

企业资金结算业务,用来处理不涉及往来的收付款,即不涉及供应链合同或收付款合同的收付款业务,主要包括:

一是,不涉及往来的收款,从业务发生到审批以及结算完成的整个业务流程,例如罚没收入,直接收到现金。

二是,不涉及往来的收款,从银行获得到账信息后及时进行核算确认,例如,对方采用网银转账等方式支付的款项,进行收款到账认领。

三是,不涉及往来的内部划拨,公司内外部账户之间的划账业务。

四是,不涉及往来的付款,从业务发生到审批以及结算完成的整个业务流程,例如水电费支出,银行主动扣款,进行付款到账认领。

五是,不涉及往来的付款,从业务发生到审批以及直连支付完成的整个业务流程,例如日常支出,通过银企直联向供应商支付款项。

1.资金结算业务流程图-现状

(1)付款结算流程现状

第一,单位结算会计在信息系统中发起付款结算单,选择相应的业务的收支项目(如水电费支出);第二,单位财务经理进行财务审批;第三,单位出纳在信息系统中通过银企直联进行在线付款(NCC 中的"支付"功能),并确认收到银行回单;第四,总账会计在信息系统中审核记账凭证并记账。付款结算流程如图 6-90 所示。

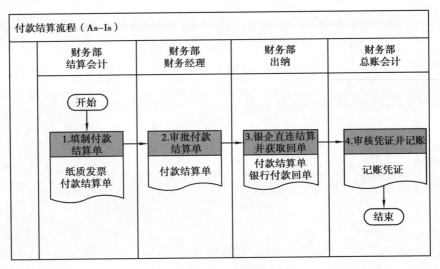

图 6-90 付款结算流程

（2）收款结算流程现状

第一，业务单位财务人员在信息系统中发起收款结算单，选择相应业务的收支项目（如罚款收入）并扫描相关影像文件；第二，财务经理在信息系统中审批应收单；第三，出纳收到罚款收入的现金后，在信息系统中进行收款确认（NCC 中的"结算"功能）；第四，总账会计在信息系统中审核记账凭证并记账。收款结算流程如图 6-91 所示。

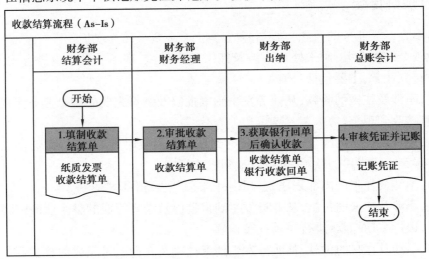

图 6-91 收款结算流程

2.鸿途集团资金结算业务现状

鸿途集团的资金结算业务，用来处理不涉及往来的收付款，即不涉及供应链合同或收付款合同的收付款业务。目前都是由各业务单位自行完成资金结算业务。

付款结算单，主要用于处理不涉及往来的资金流出业务，如水电费支出、银行手续费支出等。通常由业务单位出纳或者会计人员操作完成。

收款结算单，主要用于处理不涉及往来的资金流入业务，如利息收入等。通常由业务单位财务人员或者业务人员操作完成。

3.鸿途集团资金结算业务痛点

不能进行集团级统一的结算处理,无法满足付款应用的方便性。

不能将资金支付与审批流程、CA 认证和数字签名等进行有效整合,无法满足付款的安全性。

(二)其他收付款结算规划设计

基于案例企业财务共享服务建设后的角色与职责设置,初步设计并提交共享后的资金结算流程。

1.需求建设

除了与本章第三节"需求假设"相同的需求假设外,鸿途集团在资金结算方面还有以下的补充需求:

员工罚款收入。

FSSC 系统中采用"营业外收入-罚款净收入"收支项目。

FSSC 设置"人员"交易对象类型来表示与员工进行交易。

行政性费用(如办公楼水电费)支出。

费用归口于"综合办公室"。

FSSC 系统中采用"管理费用"下面的详细收支项目(如"管理费用-水费")。

2.业务单据列表(图 6-92)

序号	名称	是否进FSSC	是否属于作业组工作	流程设计工具
1	付款结算单	Y	Y	工作流
2	收款结算单	Y	Y	工作流

图 6-92 业务单据列表

3.注意事项

为了让财务共享服务中心审核有据,所有进入 FSSC 审核的业务单据,必须随附外部原始凭证的影像:走作业组的业务单据,用影像上传的方法随附影像;不走作业组而走重量端的业务单据,用拍照后添加附件的方法随附影像。

4.团队研讨交流-资金结算共享后流程

图 6-93、图 6-94 是共享后付款结算业务流程的一种参考答案,该流程已经经过测试,可以在 NCC 中成功构建和运行。

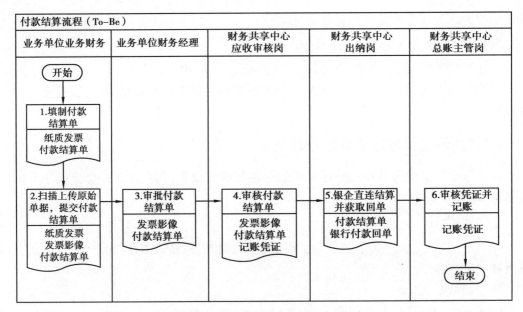

图 6-93　付款结算流程参考答案

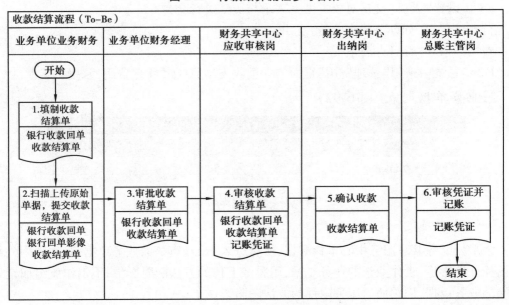

图 6-94　收款结算流程参考答案

（三）构建测试

在用友 NCC 系统中对小组所设计的共享后资金结算流程进行实施和验证测试,记录实施和测试过程与结果并进行分享

1.测试用例

（1）付款结算测试用例

缴纳水费。2023 年 3 月 5 日,鸿途集团水泥有限公司向绿城物业服务集团有限公司

缴纳上个月公司行政办公大楼水费,后者已经开具增值税专用发票,税率(征收率)3%。根据发票所记载的情况,上个月应缴纳的水费总金额为 36 676.24 元(不含税金额为35 608.00元)。

注意事项:增值税专用发票作为本课程的教辅资源,在上课时以物理单证的形式发放给学生。

(2)收款结算测试用例

鸿途集团水泥有限公司综合办公室经理杨天波,在公司 2019 年 3 月 8 日召开中层干部工作会议时无故缺席,被罚款 300 元。3 月 8 日,杨天波已经通过网银将罚款转入公司收入账户。

注意事项:罚款入账的纸质银行回单(打印件),作为本课程的教辅资源,在上课时以物理单证的形式发放给学生。

2.操作演示

按照角色进行上岗,点击"开始任务"按钮进入 NCC 系统,完成其他收付款合同的系统流程配置。

(1)其他收付款-付款结算

点击页面左侧任务上岗,在弹出岗位选择界面中,按照角色进行上岗,点击"开始任务"按钮进入 NCC 系统,完成其他收付款-付款结算。做完任务后点击"完成任务",继续完成下一个角色的任务操作。任务流程的主要截图摘录部分如图 6-95—图 6-102 所示。

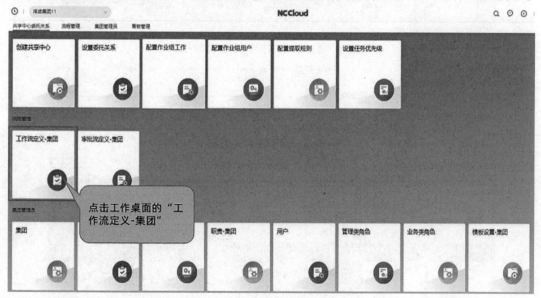

图 6-95　启用工作流

图 6-96　启用工作流

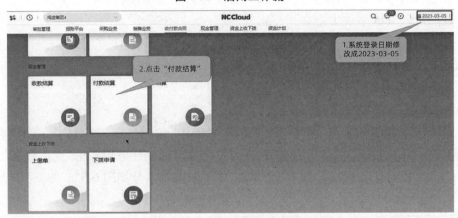

图 6-97　修改登录日期并点击付款结算

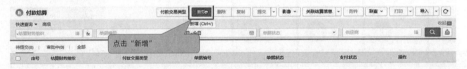

图 6-98　填制付款结算单

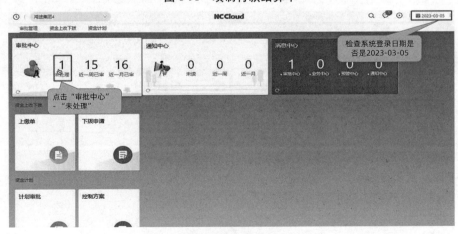

图 6-99　财务经理审批付款结算单

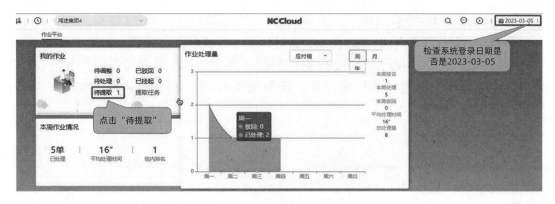

图 6-100　应付审核岗审批收款结算单

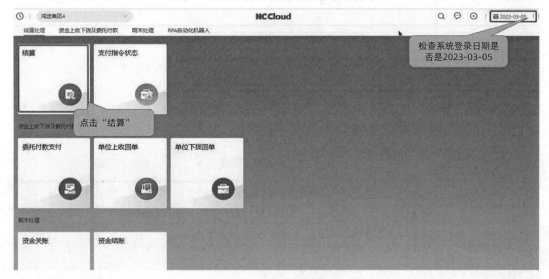

图 6-101　中心出纳岗付款

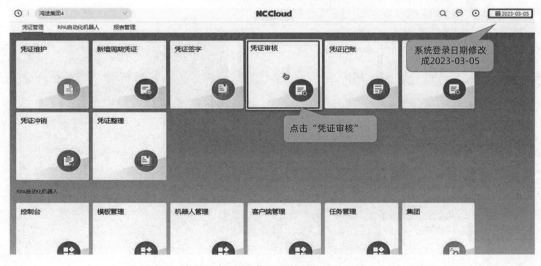

图 6-102　总账主管岗审核记账凭证

（2）其他收付款-收款结算

点击页面左侧任务上岗,在弹出岗位选择界面中,按照角色进行上岗（图 6-49）,点击"开始任务"按钮进入 NCC 系统,完成其他收付款-收款结算。做完任务后点击"完成任务",继续完成下一个角色的任务操作。任务流程的主要截图摘录部分如图 6-103—图 6-108所示。

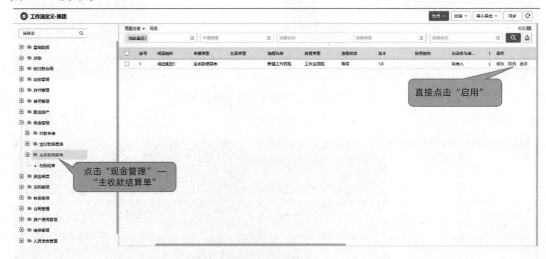

图 6-103　启用工作流

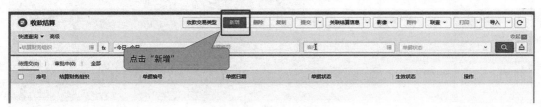

图 6-104　填制收款结算单

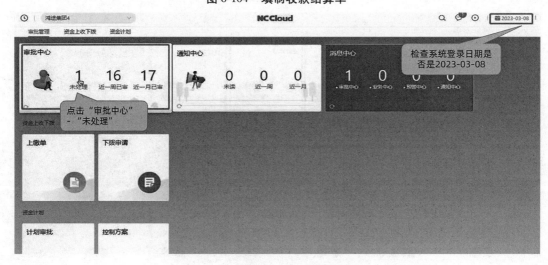

图 6-105　财务经理审批收款结算单

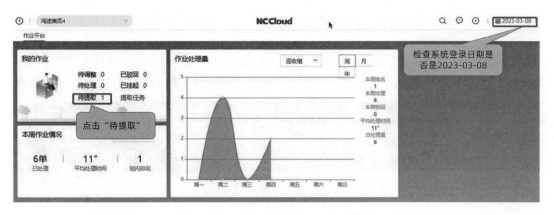

图 6-106　应收审核岗审核收款结算单

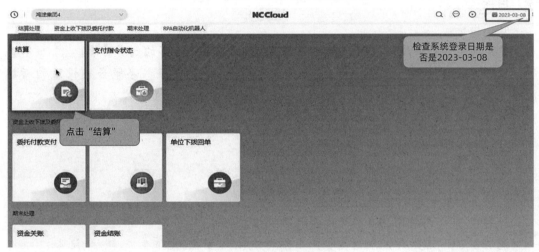

图 6-107　中心出纳岗确认收款

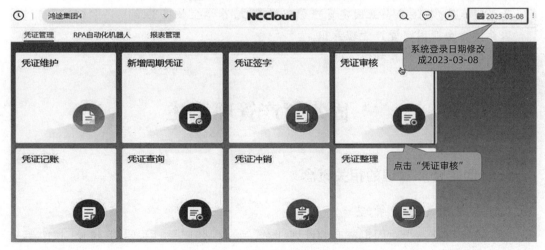

图 6-108　总账主管岗审核记账凭证

第七章　固定资产共享

学习目标

知识目标：

熟悉固定资产共享的范围与类别、管理架构、固定资产共享的典型场景。

理解固定资产新增管理的内容、业务流程现状，设计财务共享服务建设后的新增流程。

理解固定资产变动的内容、业务流程现状，规划设计财务共享服务建设后的变动流程。

能力目标：

能够掌握固定资产共享的处理流程。

能够规划设计固定资产共享服务流程。

能够在 NCC 系统中配置固定资产共享服务。

能够在 NCC 系统中处理固定资产业务单据制单、审核，凭证生成、审核、记账。

素质目标：

紧跟时代脚步，适应企业固定资产管理变革，培养学生数据思维。

培养学生企业固定资产管理意识。

培养学生团队协作精神。

一、固定资产管理概述

（一）固定资产管理的相关概念

1.什么是固定资产管理

固定资产管理是指对固定资产的计划、购置、验收、登记、领用、使用、维修、报废等全过程的管理。财政部对固定资产的管理十分重视。2001 年，国家颁发的《企业会计制度》及有关固定资产新准则相继出台，走在了与国际固定资产会计准则接轨的前沿。

固定资产在企业资产总额中一般都占有较大的比例，确保企业资产安全、完整意义重大。固定资产是企业的主要劳动手段,也是发展国民经济的物质基础。它的数量、质量、技术结构标志着企业的生产能力,也标志着国家生产力发展水平。加强固定资产管理,保护固定资产完整无缺,挖掘固定资产潜力,不断改进固定资产利用情况,提高固定资金使用的经济效益,不仅有利于企业增加产品产量,扩大产品品种,提高产品质量,降低产品成本,而且可以节约国家基本建设资金,以有限的建设资金扩大固定资产规模。

2.固定资产的范围及标准

企业资产是指由企业过去的交易或事项形成的、由企业拥有或者控制的、预期会给企业带来经济利益的资源。不能带来经济利益的资源不能作为资产。资产一般分为固定资产、无形资产、流动资产、长期投资和其他资产。在会计实务中,要厘清固定资产与无形资产、低值易耗品等资产的范围区分。

(1)固定资产

固定资产是指企业为生产产品、提供劳务、出租或者经营管理而持有的、使用时间超过 12 个月的,价值达到一定标准的非货币性资产,包括房屋、建筑物、机器、机械、运输工具以及其他与生产经营活动有关的设备、器具、工具等。具体的判断标准可参照表 7-1。

表 7-1 固定资产的判断标准

判断标准	使用寿命超过一个会计年度的有形资产
	单个金额超过 5 000 元(不含税)(其中电子设备、家具为 2 000 元(不含税))
	包括融资租赁的资产

(2)无形资产

无形资产是公司拥有或者控制的没有实物形态的可辨认的非货币资产,即能够从公司中分离或者划分出来,并能够单独或者与相关合同协议、资产、负债一起用于出售、转移、授权许可、租赁或者交换的,以及源自合同协议性权力或其他法律权利的非货币性资产。无形资产通常包括专利权、非专利技术、商标权、著作权、特许权、土地使用权等。(表 7-2)

表 7-2 无形资产的范围

无形资产	专利权
	非专利技术
	商标权
	著作权
	特许权
	土地使用权

(3)低值易耗品

低值易耗品是指劳动资料中单位价值在 100 元以上、2 000 元以下,或者使用年限在一年以内,不能作为固定资产的劳动资料。

由于低值易耗品价值低,使用期限短,所以采用"一次摊销法",在领用时将其全部价值一次摊入成本费用

通常通过 1411 周转材料二级科目进行核算。

3.固定资产的类别

固定资产可以按其经济用途、使用情况、产权归属、实物形态和使用期限进行分类核算,如表7-3所示。

按经济用途分为生产经营用和非生产经营用两类。

按使用情况分为使用中、未使用、不需用三类。

按产权归属分为自有、接受投资和租入三类。

按实物形态分为房屋及建筑物、机器设备、电子设备、运输设备及其他设备五大类。

按固定资产最短使用期限分为 5 年、10 年、20 年。

表7-3　固定资产的分类

分类标准	类型				
经济用途	生产经营用			非生产经营用	
使用情况	使用中		未使用		不需用
产权归属	自有		接受投资		租入
实物形态	房屋及建筑物	机器设备	电子设备	运输设备	其他设备
使用期限	5 年		10 年		20 年

一般来讲,固定资产通常可以分为六大类。

(1)土地、房屋及构筑物

指产权属于本企业的所有土地、房屋和建筑物,包括办公室(楼)、会堂、宿舍、食堂、车库、仓库、油库、档案馆、活动室、锅炉房、烟囱、水塔、水井、围墙等及其附属的水、电、煤气、取暖、卫生等设施。附属企业如招待所、宾馆、车队、医院、幼儿园、商店等房屋和建筑物,产权是企业的。

(2)通用设备

计算机设备及软件、办公设备、车辆、图书档案设备、机械设备、电气设备,雷达、无线电和卫星导航设备,通信设备,广播、电视、电影设备,仪器仪表、电子和通信测量仪器、计量标准器具及量具、衡器。

(3)专用设备

指属于企业所有专门用于某项工作的设备,包括文体活动设备,录音录像设备、放映摄像设备、打字电传设备、电话电报通信设备、舞台与灯光设备、档案馆的专用设备,以及办公现代化微电脑设备等。凡是有专用于某一项工作的工具器械等,均应列为专用设备。

（4）文物和陈列品

指博物馆、展览馆等文化事业单位的各种文物和陈列品。例如,古玩、字画、纪念物品等。有些企业后勤部门内部设有展览室、陈列室,凡有上述物品的也属于文物和陈列品。

（5）图书、档案

指专业图书馆、文化馆的图书和单位的业务书籍。企业内部的图书资料室、档案馆所有的各种图书,包括政治、业务、文艺等书籍,均属国家财产。

（6）家具、用具、装具及动植物

包括企业常用的家具用具、被服装具、特种用途动物、特种用途植物等。

固定资产六大类别的折旧年限如表 7-4 所示。

表 7-4　固定资产的分类

固定资产类别	折旧计提年限
土地、房屋及构筑物	房屋竣工后即进入折旧期,混合结构房屋折旧期限 50 年
通用设备	机械设备 10~14 年 动力设备 11~18 年 传导设备 15~28 年 运输设备 8~14 年 ……
专用设备	冶金工业专用设备 9~15 年 电力工业专用设备 12~20 年 发电及供热设备 12~20 年 机械工业专用设备 8~12 年 石油工业专用设备 8~14 年 ……
文物和陈列品	一般不计提及折旧
图书、档案	一般不计提及折旧
家具、用具、装具及动植物	家具、用具、装具 5 年 动植物不计提折旧

会计实务中,各企业可以根据本企业的具体情况,具体规定各类固定资产目录。表 7-5 展示了鸿途集团固定资产分类。

表 7-5　鸿途集团固定资产分类

固定资产类别	折旧计提年限
房屋及建筑物	25
机器设备	10
运输工具	5
办公设备	5
生活设备	5
电子设备	3

4.固定资产管理的基本要求

（1）科学地进行固定资产需要量预测

企业要根据生产经营的任务、生产规模、生产能力等因素,采用科学的方法测算各类固定资产的需要量,合理配置固定资产,形成生产能力,从而提高固定资产的利用效率。企业在进行固定资产投资时,必须认真研究投资项目的必要性,对其技术上的可行性进行分析,并对各种投资方案的经济效益进行测算,选择出投资少、收益高、回收期短的最佳投资方案,以保证投资决策的科学性。

（2）正确地计提固定资产折旧

正确计提折旧,必须遵守国家有关规定,考虑影响固定资产的价值的各种因素,合理确定固定资产折旧年限,并结合企业实际情况选择恰当的折旧方法。

（3）提高固定资产的利用效率

企业在日常的生产经营过程中,应加强固定资产保管、维护和修理工作,使之保持良好的技术状态并充分合理利用。只有管理得力,才能做到最大限度地发挥固定资产的效能,充分挖掘现有固定资产的潜力,不断提高固定资产的利用效率。

（4）切实做好固定资产保全

企业必须做好固定资产管理的各项基础工作,包括制定固定资产目录,明确固定资产的管理范围;建立固定资产登记账、卡,及时反映各类固定资产的增减变化和结存情况;定期进行固定资产盘点,做到账、卡、实物三相符。同时,还要建立固定资产管理责任制,实行归口分级管理,确保固定资产的完整无缺。

（二）传统财务模式下的固定资产管理

1.传统固定资产管理的业务流程

固定资产管理是一项比较复杂的组织工作,涉及公司计划、采购、应用、管理、财务等多个部门,需要一批部门共同参与固定资产管理。同时,企业涉及的固定资产类业务种类繁多,包括资产购置、资产变动、资产减少、资产处置、资产维修、在建工程转入、资产出租、资产捐赠、资产盘点、车辆保险、折旧计提等业务。传统财务模式下固定资产管理的业务流程如图 7-1 所示。

2.传统固定资产管理模式存在的问题

（1）资产利用率低

企业采用条块分割的资产管理模式使与资产相关的信息要素分散在各个完全独立的系统,不同的业务部门之间存在信息壁垒,很多资产的利用率并不高。

（2）工作效率低下

企业固定资产管理涉及的部门较多且程序繁琐,每个环节都易出现无法及时完成的情况。特别是集团型企业,其资产数量庞大、种类繁多且资产状态变化频繁,传统财务模式下业务量大,工作效率不高。

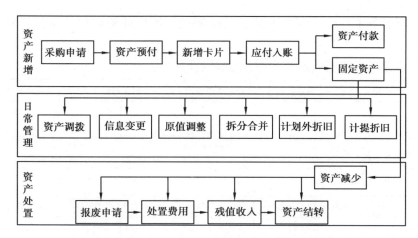

图 7-1　传统财务模式下固定资产管理的业务流程

（3）管理制度存在缺陷

企业的资产管理制度不健全,资产管理的各个环节缺乏有效的制度进行监管,管理流程不规范。

（4）管理人员能力要求低

管理人员无法统筹规划资产购置等业务,易造成资产资源的浪费,更无法预估资产管理过程中可能出现的风险并进行防范。

（三）财务共享模式下的固定资产管理

随着企业经营规模的不断发展和扩大,固定资产作为企业生产经营活动过程中不可缺少的物质基础,企业每年的固定资产投资也在不断增加。由于部门多、使用寿命长、服务地点分散的特点,固定资产的管理越来越困难。固定资产共享服务的应用,可以很好地解决传统固定资产管理模式的弊端,大大降低资产管理的成本,提高企业管理的效率和水平。

1.财务共享模式下固定资产管理的业务流程

财务共享服务中心实施后,固定资产管理的一般业务流程为:

需求部门在共享平台发起资产采购需求申请流程,录入需要采购的资产相关信息,提交采购申请;

资产管理部门根据需求部门发起的采购申请信息,判断需求部门需要的资产信息是否需要采购;

采购部门审核需求部门发起的采购申请信息,判断采购方式,例如是否是自行采购、是否需要招标等;

根据采购部门给出的采购方式进行线下采购;

资产到货后,需求部门对购货合同、供应商的发货单、发票等有关凭据、资料进行核对并在共享系统中填写资产验收单,验收无误后,进行资产领用;

采购部门及资产管理部根据相关单据对资产验收单进行审核,审核通过后,共享系统自动进行资本性支出付款;

财务共享服务中心在后台自动对各项单据进行稽核并根据相关单据自动入账生成凭证。

固定资产共享上线前后的流程对比如图7-2所示。

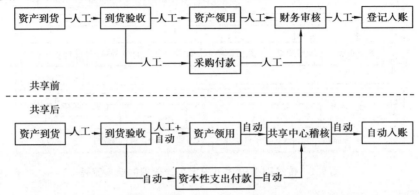

图7-2 固定资产共享前后的业务流程对比

2.财务共享模式下固定资产管理的主要特点

（1）业务流程标准化

利用固定资产共享,原来以分公司为单位的固定资产管理模式转变为集团为单位的统一集中管理模式。

（2）业务流程自动化

系统采用先进的流程自动化技术手段,打通了资产业务与财务之间的通道,使线上主要财务核算根据标准自动生成会计凭证。

（3）资产数据电子化

企业在进行资产管理时引入条码功能,为所有入库的资产生成唯一的条形码,将所有数据录入系统,通过条码关联资产的所有信息形成电子单据的流转。

3.固定资产共享的意义

（1）资产使用效益提高

企业将固定资产管理需要的各类数据统一到共同的平台,能有效地优化和控制资产配置。

（2）效率和准确率提高

90%以上的资产会计凭证能够通过财务共享服务中心自动生成且准确率高达95%,提高了工作效率。

（3）管理制度更加健全

企业根据实际情况设立一套完整的资产管理制度来约束各项资产管理工作,明确相关人员的职责。

（4）管理人员能力提升

原来以资产核算为主的会计人员,现在更加关注资产的保值增值、资产配置和合理性等管理工作。

二、固定资产共享总体介绍

（一）固定资产共享管理架构

1.财务共享服务组织结构

财务共享服务中心根据业务构成设9个专业处室,如图7-3所示。资产税务处主要进行资产核算和税务核算,固定资产共享服务业务是资产核算的重要工作。

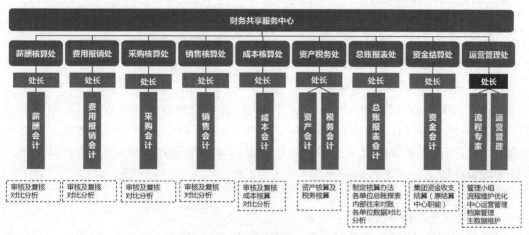

图 7-3　财务共享服务中心组织结构

2.业务部门的职责切分

固定资产共享服务项目的实施,需要多个业务部门共同协作。为顺利实现固定资产共享,各业务部门需明确职责。一般而言,各业务部门的职责划分如表7-6所示。

表 7-6　固定资产共享-业务部门职责切分

管理部门职责	固定资产各责任归口部门为固定资产的管理部门:
	责任部门,生产设备、技术部门、总工部、研发部门:负责生产部门用机器设备、仪器仪表等的管理;行政部门、基建部:负责房屋、运输设备、办公设备(除电脑)、空调及取暖降温设备、安防设备、厨房设备等的管理;IT信息部门:负责公司办公用电脑、外接设备、监控设备、门禁考勤设备的管理。
	资产管理员应设置固定资产台账,及时反映固定资产的增减变动情况,做到管理部门、使用部门、财务部三账一致,账卡物一致。
	审核办理本部门管理的固定资产从请购、资产编号、验收、调拨、维修到处置报废等事宜,使用部门必须服从管理部门指导和管理。
	定期组织清查盘点,提出盘点报告。健全档案资料,编制固定资产编号,制作并粘贴固定资产标签。
	定期与财务部核对台账,保证台账与财务总账相符

续表

使用部门职责	固定资产使用部门为固定资产的日常维护和保养部门： 使用部门负责人为第一责任人,对固定资产的安全性负责;使用人为第二责任人,对固定资产的完好性负责。 及时反映固定资产的增减变动情况,做到台账与实物一致。 正确使用固定资产,做好维护保养。 定期进行清查盘点
财务共享中心职责	财务共享服务中心为固定资产各类账务处理部门： 负责固定资产的价值核算,建立固定资产卡片账、登记台账。 办理固定资产购置、出售、盈亏报废等财务手续。 正确计提折旧和摊销。 每月与管理部门核对当月新增固定资产,每年核对一次全部固定资产,保证账账相符。 参与管理部门组织的清查盘点工作,保证账实相符

3.资产共享流程设计前提

财务共享服务项目的实施,将会改变目前集团各单位的财务核算方式、流程、核算要求等,同时将原来分散在各单位的会计核算业务、报表出具业务集中至财务共享服务中心进行处理,因此未来实施财务共享服务后的财务业务流程运作模式,是资产共享流程设计方案解决的主要问题。

资产共享流程设计基于以下业务前提：

（1）基于电子影像系统的单据传递

影像管理系统的使用,将使目前的单据传递方式、流程发生显著改变,审核方式也随之改变为电子单据及单据影像的审核。

（2）实现各单位审批方式、核算标准、核算方法的统一和标准化,实现全过程电子审批

业务和财务领导都通过电子报账单及单据影像进行审批,核算业务的集中,核算标准、方法、口径的统一,使核算更加规范高效。

（3）基于资金的集中支付方式

各公司的付款业务由财务共享服务中心资金结算岗通过银企互联系统、网银系统统一支付,极少数业务需要保留在当地进行付款,节约资金成本,加强资金集中管控。

（4）会计档案在财务共享服务中心集中保管

会计档案实现集中管理,用影像替代实物进行审核,减少实物单据流转,加强档案管理标准的统一规范。

（二）固定资产共享典型场景

固定资产共享主要包括资产新增、资产变动、资产维护、资产调拨、资产盘点、期末处理等6个典型场景。

1.资产新增场景

手工新增:不通过资产新增申请等业务流程,直接手工增加固定资产卡片;适用于对

固定资产管理比较粗放的企业。

资产购置申请:使用部门需要新增固定资产时,提交新增资产申请,由部门领导和主管部门经办人、领导审批后,增加固定资产。

工程转固:工程项目竣工后,形成的产出物达到预计可使用状态,转为固定资产管理。

盘盈新增:企业在定期的资产盘点中,如发现有盘盈资产,需要将盘盈的资产入账。

2.资产变动场景

固定资产在其全生命周期的管理过程中发生变化,如使用部门调整、管理部门调整、存放地点调整等。进一步可以分为以下子场景:

价值调整:指固定资产原值调整,包括对设备技术改造或者维修过程中发生的维修费用的资本化,以及项目产出物价值调整。

资产追溯调整:当与固定资产相关的会计政策发生变更或出现重大的前期差错时,可能需要对资产进行追溯调整。

使用部门调整:资产使用人的变化。

其他变动:其他资产属性的变动业务。

3.资产维护场景

资产评估:当企业在进行上市、兼并、收购、抵押贷款、破产等业务时,通常需要对资产进行评估,即由专门的机构,通过严谨、科学的方法,出于特定的评估目的,对企业资产进行重新估价。资产评估是个复杂的过程,必须由专门的独立的机构完成。

资产减值:当企业外部财务、市场环境发生变化,会给企业的固定资产带来减值风险,即固定资产的现值小于市场公允价值,为了规避这种风险,减少可能为企业带来的不利影响。

资产减少:当固定资产由于磨损或陈旧,使用期满不能继续使用,或由于技术进步,必须由先进设备替代时,需要对固定资产进行报废处理。除资产报废以外,出售资产、捐赠资产等也是资产减少,退出企业的方式。

4.资产调拨场景

集团业务中,不同财务组织间进行资产所有权转移。此资产调拨是指资产的所有权发生转移,而不是使用权、使用部门、管理部门转移,非所有权发生的改变可以通过资产变动业务完成。

5.资产盘点场景

资产盘点是保证固定资产实物与账务数据一致的重要业务,也是减少资产流失的重要手段。通常情况下,资产盘点过程会持续一段时间,特别是资产密集型企业。

资产盘点不仅仅关注实物数量、价值信息,也关注存放位置、使用部门等信息。盘点结束后,输出盘盈、盘亏以及差异调整数据,并完成必要的调整,例如盘亏需要做固定资产减少,盘盈需要考虑新增固定资产,盘点差异则需要按照实际信息调整账面信息。

6.资产期末处理场景

折旧与摊销:固定资产折旧摊销是固定资产管理的核心业务,也是财务会计的重要业务处理之一。固定资产折旧摊销过程涉及所有固定资产折旧数值的计算,实现按照不同口径的归集分摊,折旧计算过程需要考虑资产在会计期间内做的所有变动调整,最后将数据整理登账。

月末结账:月末结账动作,集中处理各类财务业务,同时将财务数据按照期间进行归类、划分、标识,为以后的数据统计、查询、分析提供规范的基础。

固定资产对账:固定资产对账是指将固定资产模块的业务数据与总账中固定资产账务数据进行核对。对账业务通常发生在财务月末结账之前,因为一旦发现业务系统与总账之间的数据不一致,通常情况下需要在月末结账之前查找原因,必要的情况下需要消除异常的差异。

三、新增固定资产业务

(一)理解目标

1.固定资产新增场景

手工新增:不通过资产新增申请等业务流程,直接手工增加固定资产卡片。适用于对固定资产管理比较粗放的企业。

资产购置申请:使用部门需要新增固定资产时,提交新增资产申请,由部门领导和主管部门经办人、领导审批后,增加固定资产。

工程转固:工程项目竣工后,形成的产出物达到预计可使用状态,转为固定资产。

盘盈新增:企业在定期的资产盘点中,如发现有盘盈资产,需要将盘盈的资产入账。

2.鸿途集团业务现状

(1)固定资产类别

鸿途集团是重资产行业,主要资产集中于大型生产设施、设备。根据《固定资产管理制度》,鸿途集团固定资产分类如表 7-7 所示。

表 7-7　鸿途集团固定资产分类

固定资产类别	折旧计提年限
房屋及建筑物	25
机器设备	10
运输工具	5
办公设备	5
生活设备	5
电子设备	3

（2）固定资产管理的权责

鸿途集团固定资产的实物和价值管理分属不同部门负责,具体分工如图 7-4 所示。

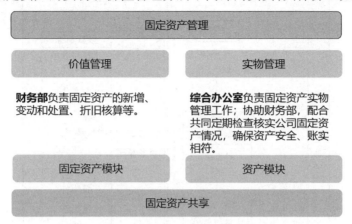

图 7-4　鸿途集团固定资产的价值管理与实物管理权责划分

3.新增固定资产现状流程

鸿途集团新增固定资产的现状流程如图 7-5—图 7-7 所示。

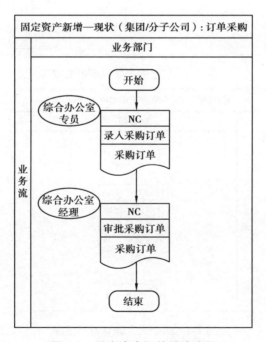

图 7-5　固定资产订单采购流程

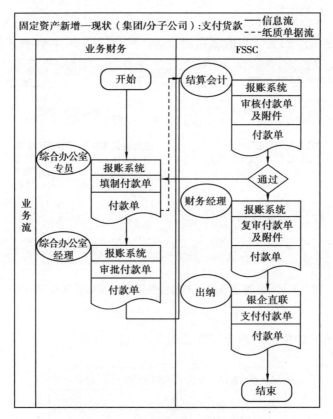

图 7-6　固定资产支付货款流程

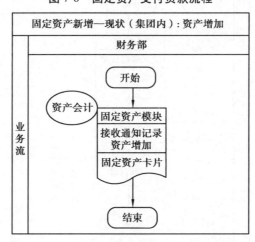

图 7-7　固定资产确认资产流程

(二) 规划设计

1.需求假设

(1)建立财务共享服务中心后,尽量保持现状业务流程的稳定性。

根据传递到 FSSC 的业务单据,确定流程中业务单位与 FSSC 的边界,该业务单据都需要经过 FSSC 的审核或初审。

FSSC 接收业务单据所随附的原始凭证,均由制单人在制单后立即扫描上传;此后需要审核该业务单据的环节,均同时审核该业务单据的原始单据影像。

保留在业务单位的工作,流程和职责不变,但原业务单位财务部的工作除财务经理职责外均由业务财务承担。

(2)案例企业鸿途集团的所有收付款,均以网银(银企直联)方式完成。

(3)案例企业鸿途集团最终选择的是单共享中心模式。只使用了 NCC 系统中已经预置的、业务单元编码为 1003 的"鸿途财务共享服务中心"。

(4)固定资产的采购由综合办公室询价,向纳入集团内供应商档案的合作方发起订单申请。

(5)案例企业鸿途集团的生活设备的残值率为 0%。

2.业务单据

共享后流程所用到的业务单据如表 7-8 所示。

表 7-8　共享后流程所用到的业务单据

序号	名称	是否进 FSSC	是否属于作业组工作	流程设计工具
1	采购订单	N	–	审批流
2	采购发票	N	–	审批流
3	应付单	Y	Y	工作流
4	付款单	Y	Y	工作流
5	固定资产卡片	Y	Y	审批流

说明:

①"是否进 FSSC",表示该业务单据的处理过程是否需要财务共享服务中心参与。Y 表示需要,N 表示不需要。

②"是否属于作业组工作",表示是否需要分配到某个 FSSC 作业组、必须由该组成员从作业平台上提取进行处理。Y 表示属于,N 表示不属于。只有进 FSSC 的业务单据才有这个问题。

③"流程设计工具",是指用 NCC 的哪一个流程平台来对该业务单据进行流程建模。NCC 中有"业务流""工作流""审批流"3 种流程建模平台,在本课程实训环节,业务流部分已经预置到教学平台中,学生需要进行工作流或审批流的建模。

注意事项:

①为了让财务共享服务中心审核有据,所有进入 FSSC 审核的业务单据,必须随附原始凭证影像。走作业组的业务单据,用影像上传的方法随附影像;不走作业组而走重量端的业务单据,用拍照后添加附件的方法随附影像。

②为了简化学生的构建测试工作,共享后流程中审批环节最高只设计到子公司总经理。

3.固定资产新增共享规划设计

(1)团队研讨:用 Visio 绘制案例固定资产新增现状流程图。

学生需要根据鸿途集团新增固定资产的流程现状,结合上述需求假设,设计一个统一的共享后固定资产新增流程。学生需要用 Visio 完成流程设计结果,并提交教学平台,由教师发起评价。

(2)共享后流程设计

图 7-8—图 7-10 是共享后新增固定资产业务流程的一种参考答案,该流程已经经过测试,可以在 NCC 中成功构建和运行。

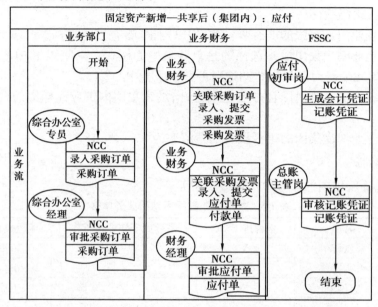

图 7-8　鸿途集团固定资产新增业务共享后流程—确认应付

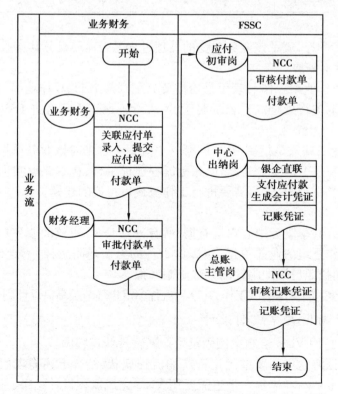

图 7-9　鸿途集团固定资产新增业务共享后流程—支付货款

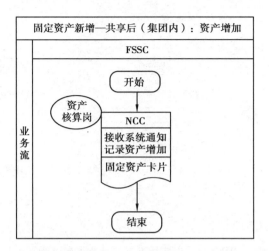

图 7-10　鸿途集团固定资产新增业务共享后流程—确认资产

(三)构建测试

1.测试用例

(1)2023 年 3 月 15 日,鸿途集团水泥有限公司质控处办公室需购置一台空调(属于:生活设备),经 OA 审批通过后,具体由综合办公室向庆峰五金贸易公司发起采购申请。请购信息如下(其中单价含有 13%的增值税;无税单价:1 769.03 元;税额 229.97 元):

商品名称:空调

商品产地:中国大陆

变频/定频:定频

商品匹数:1.5 匹(15~25 m^2)

物料分类:壁挂式空调

含税价格:1 999 元

(2)2023 年 3 月 20 日收到货物和发票并进行了会计处理,3 月 25 支付了全额款项。

(3)2023 年 3 月 31 日记录资产新增,资产编码为 202303310001。

2.任务描述

根据固定资产新增业务共享方案和测试用例,进入 NCC 系统,按照角色进行分工协作处理,构建测试固定资产新增业务共享流程,如图 7-11 所示。

3.系统操作步骤

(1)操作流程

①点击页面左侧"任务资料"(图 7-12),查看原始单据信息和测试用例信息。

②按照任务流程,依次完成任务操作。

③进入任务流程后,点击页面左侧"任务上岗",在弹出岗位选择界面中,按照角色进行上岗(图 7-13),点击"开始任务"按钮进入 NCC 系统,完成相应的业务流程。做完任务后点击"完成任务",继续完成下一个角色的任务操作。

图 7-11　固定资产新增共享系统流程

图 7-12　固定资产新增系统操作-任务界面

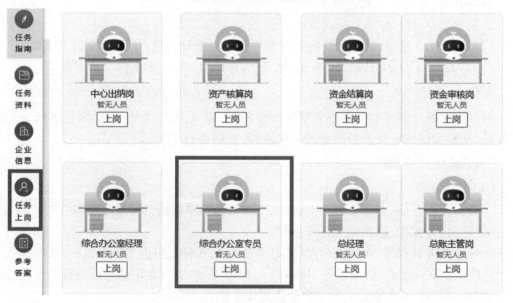

图 7-13　NCC 系统操作-任务上岗

（2）具体操作步骤

①固定资产新增－确认应付

录入采购订单操作流程：点击"任务上岗"，选择角色"综合办公室专员"上岗（图7-13），点击"开始任务"进入系统操作界面。进行单据操作前，先将"业务日期"和"单据日期"切换为测试用例中要求的日期[2023-03-15]。

在报账平台内，点击进入"采购订单维护"，在展开的界面内点击"新增"下拉菜单内的"自制"选项，如图7-14所示。

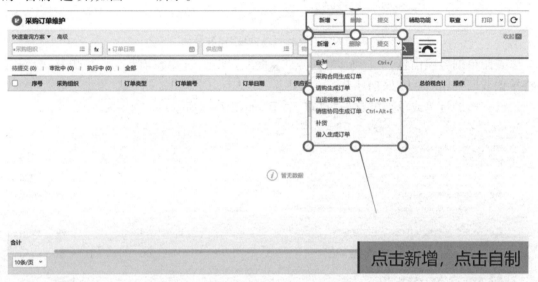

图7-14 NCC系统操作－新增采购订单

在弹出界面内填入相应的采购订单信息，带 * 号的为必填项，完善订单信息后点击"保存提交"即可，如图7-15所示。

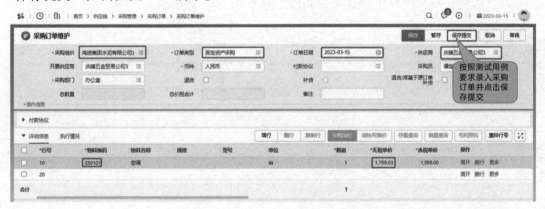

图7-15 NCC系统操作－采购订单保存提交

审批采购订单操作流程：在流程界面内点击"任务上岗"，选择角色"综合办公室经理"上岗，点击"开始任务"进入NCC系统。

切换系统日期为[2023-03-15]，在业务处理界面内，点击"审批中心"的"未处理"，开始订单处理操作。在展开的未处理订单列表内，选择需要处理的单据，如图7-16所示。

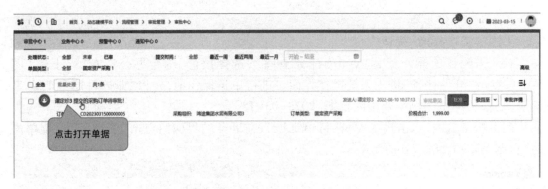

图 7-16　采购订单审批-点开单据

查阅单据各项信息,审核无误后,点击"批准"即可;若单据有误,则可点击"驳回",将单据驳回到相应业务处理环节。

已审批的订单或单据可点击"已审"查看,如图 7-17 所示。

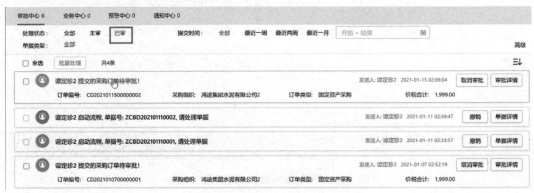

图 7-17　采购订单审批-查看已审单据

提交采购发票及应付单操作流程如图 7-18—图 7-21 所示。

图 7-18　采购发票维护-新增发票

点击"任务上岗",选择角色"业务财务"上岗,点击"开始任务"。先将"业务日期"切换为测试用例中要求的日期[2023-03-20],之后点击"采购发票维护"进入业务处理界面。

在采购发票维护界面,点击"新增"下拉菜单的"采购收票"。

在弹出界面内点击"采购订单",在下方选框内选择需操作单据的"采购组织"和"订单日期",点击"查询"快速查询相应单据。在查询出的单据列表中,勾选所需操作的单据,点击"生成发票"。

图 7-19　采购发票维护-生成发票

在"影像"下拉菜单中的"影像扫描"上传发票,检查无误后点击"保存","提交"。

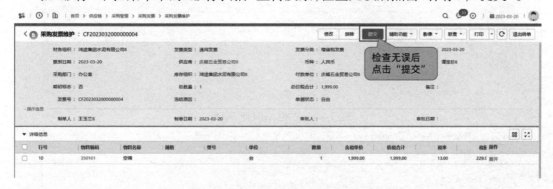

图 7-20　采购发票维护-保存提交

完成采购发票提交业务后,进入"提交应付单业务",点击"应付单管理",进入业务处理。在应付单管理界面内,点击"财务组织"勾选组织单位,修改"单据日期",查询出上一步提交的发票,关联该发票提交应付单。

审批应付单操作流程:点击"任务上岗",选择角色"财务经理"上岗,点击"开始任务"。切换系统日期,在业务处理界面内,点击"审批中心"的"未处理",开始订单处理操作。

在展开的未处理订单列表内,选择需要处理的应付单据。查阅单据各项信息,审核无误后,点击"批准"即可,如图 7-22 所示。

若单据有误,则可点击"驳回",将单据驳回到相应业务处理环节。

已审批的订单或单据可点击"已审"查看,如图 7-23 所示。

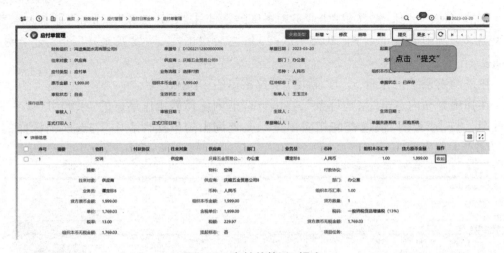

图 7-21 应付单管理-提交

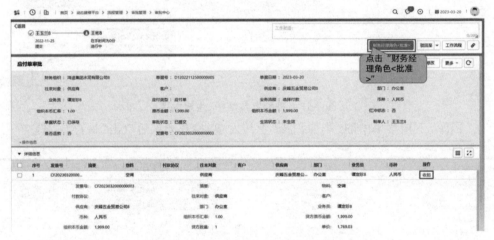

图 7-22 应付单审批-审批

图 7-23 应付单审批-查看已审单据

审核应付单操作流程:点击"任务上岗",选择角色"应付初审岗"上岗,点击"开始任务"。

切换系统日期,在平台界面内点击"提取任务",之后再点击"待提取",进入待处理业务界面,如图7-24所示。

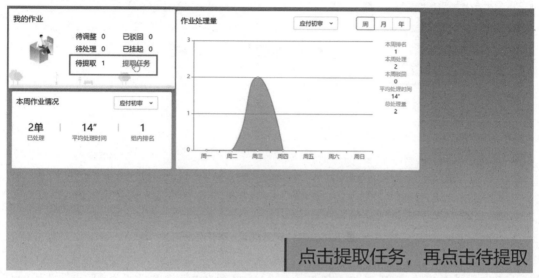

图7-24   审核应付单-提取任务

在待处理业务列表下,选择需要操作的单据,点击单据编号打开。查阅单据各项信息,审核无误后,点击"批准"即可,如图7-25所示。

若单据有误,则可点击"驳回",将单据驳回到相应业务处理环节。财务共享服务中心建模中若未添加应付复核岗,该环节直接点击"完成任务"。

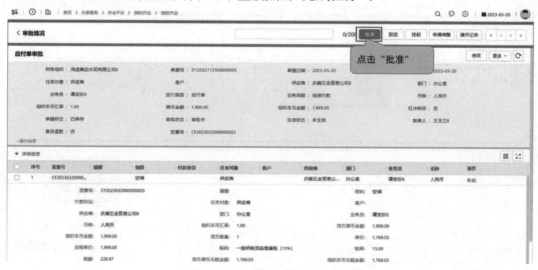

图7-25   审核应付单-审核批准

审核记账凭证操作流程:点击"任务上岗",选择角色"总账主管岗"上岗,点击"开始任务"。进入业务操作界面后,切换系统日期,点击"凭证审核",开始业务处理。

点击"财务核算账簿",勾选相应账簿,修改"制单日期",点击"查询"。在查询结果列表中点开需操作的单据。查看各项信息无误后,点击"审核"即可,如图 7-26 所示。

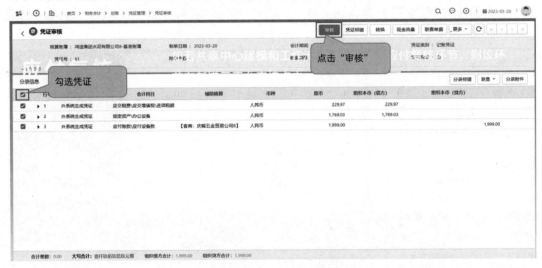

图 7-26　审核记账凭证-审核凭证

②支付货款

提交付款单操作流程:点击"任务上岗",选择角色"业务财务"上岗,点击"开始任务"。将"业务日期"和"单据日期"切换为测试用例中要求的日期[2023-03-25]。点击"付款单管理",进入业务处理界面。

在付款单管理界面,点击"新增"-"应付单",填写筛选条件查询应付单。选中应付单,点击"生成下游单据",如图 7-27 所示。

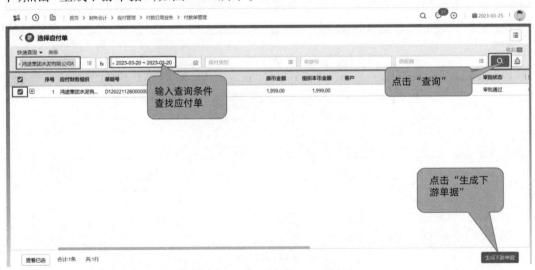

图 7-27　付款单管理-生成下游单据

填写相应信息后保存,在"影像扫描"中,上传影像资料,确认无误后点击"提交",如图 7-28 所示。

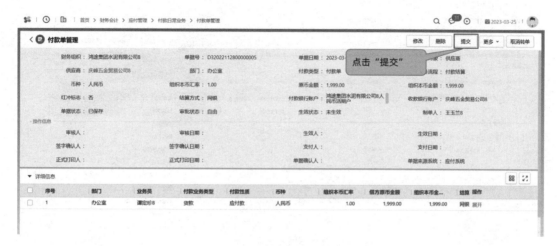

图 7-28 付款单管理-提交

审批付款单操作流程：点击"任务上岗"，选择角色"财务经理"上岗，点击"开始任务"。点击"审批中心"的"未处理"。点开需要操作的"付款单"，审查付款单信息，并点开"更多"中的"影像查看"，审核凭证信息，如图 7-29 所示。审核无误后，点击"批准"即可。

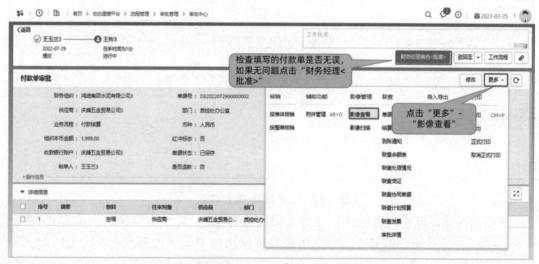

图 7-29 审批付款单-审批

审核付款单操作流程：点击"任务上岗"，选择角色"应付初审岗"上岗，点击"开始任务"。切换系统日期，点击"待提取"-"任务提取"，提取应付单。点开需要操作的"付款单"，审核付款单信息，并点开"更多"中的"影像查看"，审核凭证信息，确认无误后点击"批准"，如图 7-30 所示。

财务共享服务中心建模中若未添加应付复核岗，该环节直接点击"完成任务"。

出纳付款操作流程：点击"任务上岗"，选择角色"中心出纳岗"上岗，点击"开始任务"。将"业务日期"和"单据日期"切换为测试用例中要求的日期[2023-03-25]，点击"结算"。

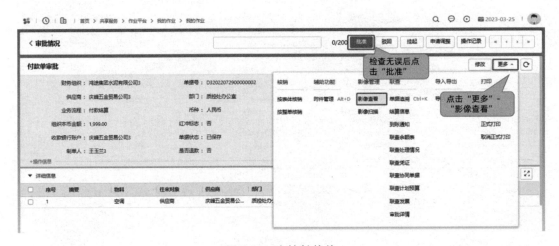

图 7-30 审核付款单

输入查询条件点击"查询"。在"待结算"页签下,点击打开需操作的单据。点击"支付"下拉列表中的"网上转账",如图 7-31 所示。在弹出的提示信息框内,点击"确定"即可。

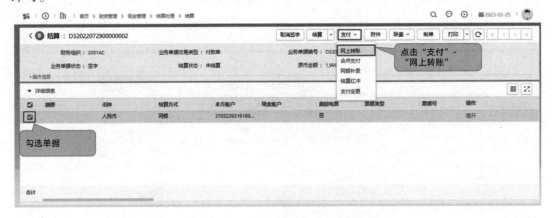

图 7-31 出纳付款-支付转账

审核记账凭证操作流程:点击"任务上岗",选择角色"总账主管岗"上岗,点击"开始任务"。将"业务日期"和"单据日期"切换为测试用例中要求的日期[2023-03-25],点击"凭证审核",填写筛选条件后,点击"查询"。在查询结果列表中点开需操作的单据,如图 6-32 所示。审核无误后,点击"审核"即可。

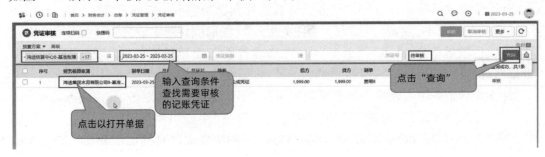

图 7-32 审核记账凭证-审核凭证

③确认资产

资产确认的业务流程如图 7-33 所示。

图 7-33　固定资产确认业务流程

新增资产审批单操作:切换岗位为"综合办公室专员",点击开始任务进入 NCC 系统。切换系统日期为测试用例中要求的日期[2023-03-31]。点击"新增资产审批单维护"-"新增",根据任务实践要求,录入资产审批单,完成后点击"保存提交",如图 7-34 所示。

图 7-34　新增资产审批单维护-提交

新增资产审批操作:切换岗位为"综合办公室经理",点击开始任务进入 NCC 系统。切换系统日期。点击"未处理",打开待处理单据,确认无误后点击"综合办公室经理<批准>",如图 7-35 所示。

图 7-35　新增资产审批单维护-经理审批

新增资产审核操作:切换岗位为"资产核算岗",点击开始任务进入 NCC 系统。切换系统日期。点击"待提取"-"任务提取",打开待处理单据,确认无误后点击"批准",如图 7-36 所示。

图 7-36　新增资产审批单维护-核算审批

点击页面左上角四叶草按钮 <!-- icon -->，选择"财务会计"–"固定资产"–"待生成固定资产卡片",输入查询条件,选择查询出的单据,点击右下角的"生成固定资产卡片",录入信息后点击"保存",如图 7-37 所示。

图 7-37　生成固定资产卡片

确认固定资产卡片。点击"固定资产"页签下的"固定资产卡片维护",输入查询条件,查询出上一步生成的固定资产卡片,打开固定资产卡片,如有问题可点击"修改"进行编辑,如图 7-38 所示。

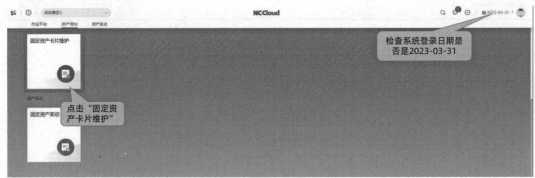

图 7-38　固定资产卡片维护

四、固定资产变动业务

固定资产在其全生命周期的管理过程中发生变化时,可通过资产变动单来记录完成,如原值调整、累计折旧调整、使用部门调整、管理部门调整、存放地点调整等。

变动业务,可分为两大类,一类为直接影响资产折旧摊销数额的变动,如本原值变动、累计折旧变动等;另外一类则为影响折旧计提费用归集汇总的变动,如资产使用部门变动,资产管理部门变动等,如图 7-39 所示。

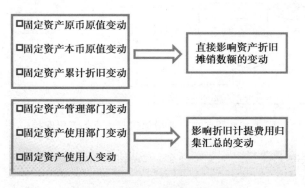

图 7-39   固定资产变动业务分类

(一) 理解目标

1.鸿途集团固定资产变动的场景

固定资产原币原值变动;
固定资产本币原值变动;
固定资产累计折旧变动;
固定资产管理部门变动;
固定资产使用部门变动;
固定资产使用人变动。

2.鸿途集团业务现状

以固定资产使用部门变动为例,鸿途集团固定资产变动的现状流程如图 7-40 所示。固定资产使用部门变动由资产管理部门综合办公室发起,经审批后由财务部资产会计处理。

固定资产变动：使用部门变动—现状（集团/分子公司）
业务部门
财务部
业务流
开始
综合办公室专员
NC
填制调整单
调整单
综合办公室经理
NC
审批调整单
调整单
资产会计
NC
审核调整单
调整单
结束

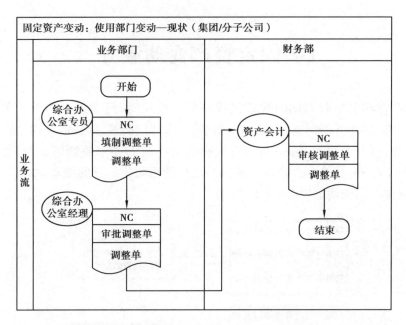

图 7-40　固定资产使用部门变动业务流程现状

(二)规划设计

1.需求假设

与固定资产新增规划设计章节“需求假设”基本相同：

(1)建立财务共享服务中心后,尽量保持现状业务流程的稳定性。

根据传递到 FSSC 的业务单据,确定流程中业务单位与 FSSC 的边界,该业务单据都需要经过 FSSC 的审核或初审。

FSSC 接收业务单据所随附的原始凭证,均由制单人在制单后立即扫描上传;此后需要审核该业务单据的环节,均同时审核该业务单据的原始单据影像。

保留在业务单位的工作,流程和职责不变,但原业务单位财务部的工作除财务经理职责外均由业务财务承担。

(2)案例企业鸿途集团的所有收付款,均以网银(银企直联)方式完成。

(3)案例企业鸿途集团最终选择的是单共享中心模式,只使用了 NCC 系统中已经预置的、业务单元编码为 1003 的“鸿途财务共享服务中心”。

2.固定资产变动问题梳理及需求

通过对鸿途水泥固定资产变动现状流程分析,梳理出图 7-41 所示问题点。

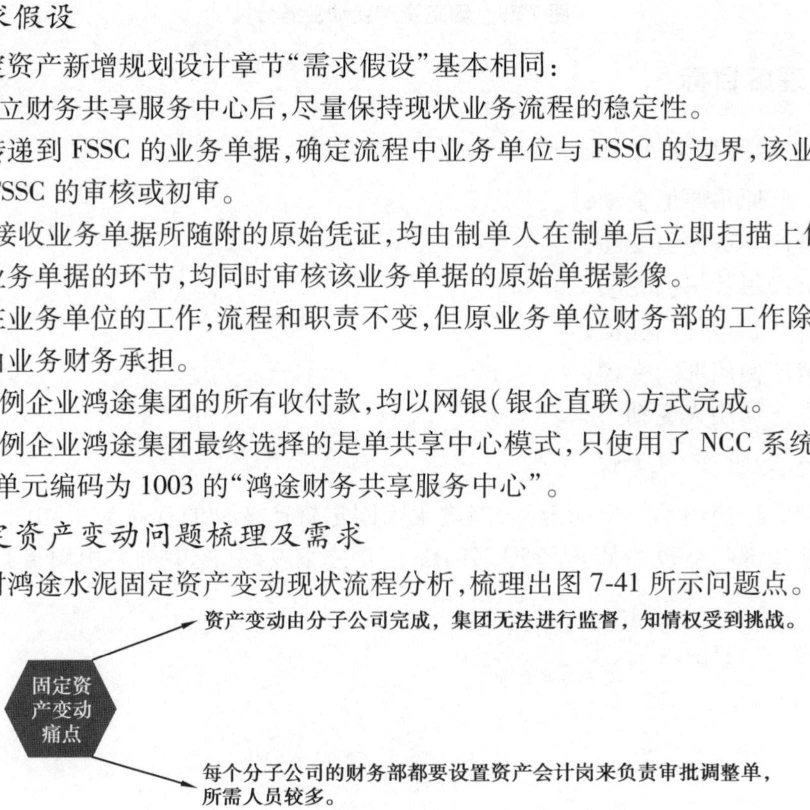

资产变动由分子公司完成，集团无法进行监督，知情权受到挑战。
固定资产变动痛点
每个分子公司的财务部都要设置资产会计岗来负责审批调整单，所需人员较多。

图 7-41　固定资产使用部门变动业务流程现状

业务单据是否需纳入财务共享服务中心如表7-9所示。

表7-9　业务单据

序号	名称	是否进FSSC	是否属于作业组工作	流程设计工具
1	资产变动	Y	Y	工作流

说明：

①"是否进 FSSC"，表示该业务单据的处理过程是否需要财务共享服务中心参与。Y 表示需要，N 表示不需要。

②"是否属于作业组工作"，表示是否需要分配到某个 FSSC 作业组，必须由该组成员从作业平台上提取进行处理。Y 表示属于，N 表示不属于。

③"流程设计工具"，是指用 NCC 的哪一个流程平台来对该业务单据进行流程建模。

注意事项：

为了让财务共享服务中心审核有据，所有进入 FSSC 审核的业务单据，必须随附原始凭证影像。走作业组的业务单据，用影像上传的方法随附影像；不走作业组而走重量端的业务单据，用拍照后添加附件的方法随附影像。

3.固定资产变动共享流程设计

（1）团队研讨：用 Visio 绘制案例固定资产变动现状流程图。

学生需要根据鸿途集团固定资产使用部门变动的流程现状，结合上述需求假设，设计一个统一的共享后固定资产变动流程。学生需要用 Visio 完成流程设计结果，并提交教学平台，由教师发起评价。

（2）共享后流程设计

图 7-42 是共享后固定资产变动业务流程的一种参考答案，该流程已经经过测试，可以在 NCC 中成功构建和运行。

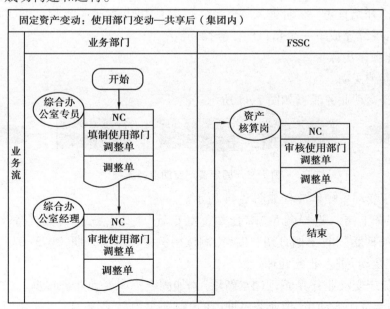

图 7-42　鸿途集团固定资产变动业务共享后流程

(三)构建测试

1.任务描述

根据固定资产变动业务共享方案,进入 NCC 系统,按照角色进行分工协作处理,构建测试固定资产变动业务共享流程。任务要求如下:

(1)2023 年 3 月 12 日,鸿途集团水泥有限公司原由销售服务办公室(部门编码:0501)用的一台笔记本电脑(属于:电子设备)调整至供应处办公室(部门编码:0601)。具体笔记本电脑信息如下:

商品名称:ThinkPad 翼 480

屏幕尺寸:14.0 英寸

系列:ThinkPad-E 系列

分类:轻薄本

原值:4 900 元

(2)2023 年 3 月 31 日,鸿途集团水泥有限公司资产核算岗完成当月固定资产折旧的计提。

根据固定资产变动业务共享方案,进入 NCC 系统,按照角色进行分工协作处理,构建测试固定资产变动业务共享流程。

2.操作步骤

(1)操作流程

①点击页面左侧"任务指南""任务资料",查看原始单据信息和测试用例信息。

②按照任务流程,依次完成任务操作。

③进入任务流程后,点击页面左侧"任务上岗",在弹出岗位选择界面中,按照角色进行上岗,点击"开始任务"按钮进入 NCC 系统,完成相应的业务流程。做完任务后点击"完成任务",继续完成下一个角色的任务操作。

(2)具体操作步骤

①固定资产变动

固定资产变动业务流程如图 7-43 所示。

图 7-43　固定资产变动业务流程

填制资产变动单操作流程如图 7-44 所示。

点击"任务上岗",选择角色"综合办公室专员"上岗,点击"开始任务"。进入任务后,先将"业务日期"和"单据日期"切换为测试用例中要求的日期[2023-03-12],然后点击"固定资产变动"进入业务处理。

在固定资产变动业务界面,点击"新增"添加固定资产变动业务单据。根据任务实践要求,填写固定资产变动单,把业务单据内的"财务组织""业务日期"等各项信息填写完整,确认正确后点击"保存提交"。

图 7-44　填制资产变动单–填写信息并保存

审批资产变动单操作流程:点击"任务上岗",选择角色"综合办公室经理"上岗,点击"开始任务"。切换系统日期,进入任务后,点击审批中心的"未处理"。点击打开上一步提交的变动单。审核确认无误后,点击"综合办公室经理角色<手工活动>",批准单据即可,如图 7-45 所示。

已审批的单据可点击"已审"列表查看。

图 7-45　审批资产变动单–审批单据

审核资产变动单操作流程:点击"任务上岗",选择角色"资产核算岗"上岗,点击"开始任务"。进入任务后,切换系统日期,先点击"提取任务",再点击"待提取",进入单据处理。在待处理列表里,点击需要操作的单据,展开查看单据各项信息。审核单据信息无误后,点击"批准"即可,如图 7-46 所示。

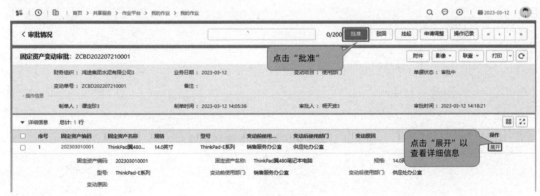

图 7-46　审核资产变动单–审核单据

②固定资产折旧

固定资产折旧业务流程如图 7-47 所示。

图 7-47 固定资产折旧业务流程

固定资产折旧与摊销操作流程:切换岗位为"资产核算岗",点击开始任务进入 NCC系统。切换系统日期[2023-03-31],点击"折旧与摊销"-"计提折旧",如图 7-48 所示。

图 7-48 固定资产折旧-计提折旧

系统会根据当前月份,自动生成折旧数据,可在折旧清单中查看具体信息,如图 7-49所示。

图 7-49 固定资产折旧-查看折旧清单

第八章　其他业务共享

学习目标

知识目标：

熟悉税务云的概念，了解税务云与 FSSC 的融合场景，体会其应用价值。

了解电子会计档案发展的背景及相关制度政策，熟悉电子档案与 FSSC 的融合方案。

理解总账共享的含义及业务场景解决方案，了解 RPA 流程自动化的类型、特点及功能。

理解报表共享的含义，了解财务共享服务中心总账报表的相关业务。

能力目标：

熟悉财务共享服务中心税务管理的各类操作，会开具各类发票及进行纳税申报。

能够通过构建电子会计档案优化业务流程、系统间数据对接和归档范围。

能够在 NCC 系统里创建月结检查机器人并使其自动执行月结检查操作。

能够在 NCC 系统完成企业报告期间的结账状态检查、企业资产负债表、利润表及现金流量表的查询、上报及导出等工作。

素质目标：

紧跟时代脚步，适应企业税务管理、档案管理、总账及报表管理的变革，培养学生数据思维。

培养学生创新思辨的能力，提升创新意识。

培养学生团队协作精神。

一、税务共享

（一）认知税务共享

1.税务云基本情况介绍

（1）税务云产生的背景介绍

在新的税务政策实施、金税三期系统监管和电子发票普及的大背景下，纳税人企业的财务、税务、发票管理必须适应国税监管和企业财税转型的需要。借助"互联网+税务"契机,规范企业发票管理,打通"业财税"管理流程,实现税务集中管理,成为更多企业"财税数字化"的切入点。(图8-1)

图8-1　税务云相关背景

(2)税务云的含义

税务云是基于最新的互联网、云计算、大数据等技术,基于社会化商业这一新的商业模式,为企业提供以销项管理、进项管理、纳税申报为核心的增值税服务,为企业提供经营过程中所有涉税环节的解决方案。税务云打通企业业务、财务、税务数据,为企业提供智能税务服务,帮助企业做最佳税务决策,建立具有连接、高效、智能新特性的税务云平台。

2.税务云与FSSC融合场景

(1)税务云与FSSC融合场景——加速报销(图8-2)

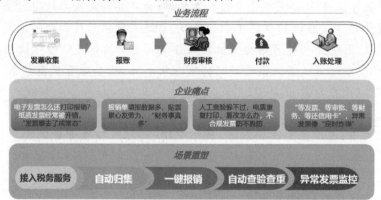

图8-2　税务云与FSSC融合——加速报销

(2)企业报销认证流程优化(图8-3)

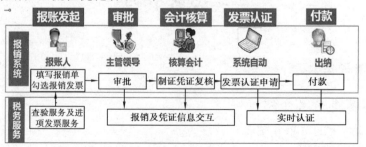

图8-3　业务流程优化

价值:

1)降低企业发票风险:企业报账系统与税务云对接,税务云可提供验伪服务及票面信息。

2)体验及管理提升:发票池为报销系统提供数据,报账人可直接在报销系统勾选发票,报账系统可管理更多的发票信息,方便统计。

3)一点灵活自动认证:财务系统与税务云认证接口对接,企业可根据实际情况,实现即时的自动勾选认证,无需登录税局选择确认平台。

（3）税务云与 FSSC 融合场景——极简开票（图 8-4）

图 8-4 税务云与 FSSC 融合场景——极简开票

（4）多种开票方式（图 8-5）

1.码上开票
2.ERP一键开票
3.业务系统一键开票
4.电商平台线上开票
5.App开票

6.扫码开票
7.公众号开票
8.预约开票
9.支付开票
10.发票平台开票

图 8-5 开票方式

（5）税务开票（图 8-6）

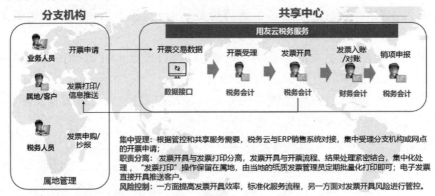

图 8-6　税务开票

（6）开票机器人（图 8-7、图 8-8）

图 8-7　开票机器人

场景重塑：一站式发票服务，全流程自动化处理。从服务接入——一键开票—自动打印—自动盖章—自动分联—自动回收。

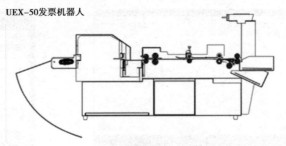

图 8-8　发票机器人

（7）税务云与 FSSC 融合场景-进项管理建设（图 8-9）

图 8-9　税务云与 FSSC 融合场景-进项管理建设

其中,发票池的建立如图 8-10 所示。

图 8-10　发票池

现行增值税征管方式是"以票控税",因此建立企业进项发票台账,即是进项管理的基础。提供多种发票数字化手段形成企业发票池,逐张数据重复性校验,防止重复,是企业进项管理的关键步骤。发票池中均为开票的真实数据,为报销和分析提供数据基础。

(8)税务云与 FSSC 融合场景—销项发票统计

在税务云系统里,可自动生成销项发票汇总、销项发票明细、销售统计表,使得平均效率提升 60%。

(9)税务云与 FSSC 融合场景——一键申报(图 8-11)

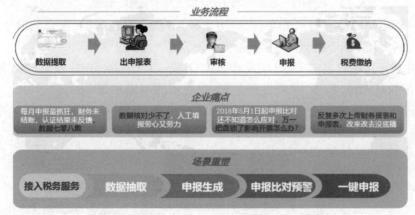

图 8-11　税务云与 FSSC 融合场景——一键申报

(10)税务云与 FSSC 融合场景—智能认证(图 8-12)

(11)税务云与 FSSC 融合场景—风险预警(图 8-13)

3.税务云产生的价值

(1)税务云与 FSSC 融合总体解决方案

1)销售平台对接:既要适配各个行业多种开票方式,又要对接前端业务系统,具备成熟稳定的接口方案。

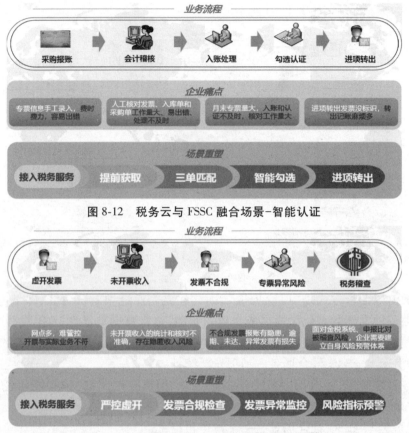

图 8-12 税务云与 FSSC 融合场景-智能认证

图 8-13 税务云与 FSSC 融合场景-风险预警

2）销项纸电票一体化解决方案：支持两家税控设备，直连开票；发票的全生命周期管理；多场景、集中化的开票申请与受理流程。

3）进项发票管理方案：T+1 进项发票及时获取；自动查验查重，获取全票面信息；提供扫码枪、手机或 ORC 影像，采集发票信息；实现智能勾选和集中认证。

4）增值税纳税申报：申报数据的自动获取、智能校验；支持集中申报、异地申报；可集成财务共享平台，完成税局电子申报的填报。（图 8-14）

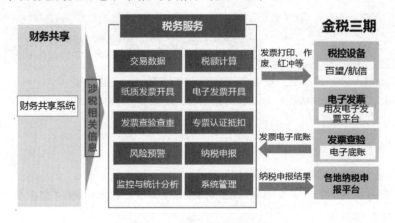

图 8-14 增值税纳税申报

（2）税务云与 FSSC 融合的应用价值概述

其应用价值体现在：一键开票、自助开票提升效率达 98%，提升了客户体验；自动查验、查重，建立发票池，控制不合规风险，使发票入账效率提升 50%、发票统计准确率提升 150%、发票查验效率提高 94%；对接报销、采购、财务，提高财务进项发票处理效率，使进项认证时间减少 96%；智能认证提效率，对未达、逾期和异常预警，降低损失，使得异常发票风险降低 80%；辅助纳税申报，提高申报效率，控制申报比对风险，使得票表比对风险降低 100%，申报数据准确率提升 100%。

（3）税务云与 FSSC 融合产生的应用价值详细描述

1）多场景的发票开具服务支持与财务共享系统对接实现一键开票，支持扫描开票、支付开票、App 开票、公众号开票、预约开票等多种开票场景，同时支持纸票和电票开具，支持企业销项发票集中管理和监控。

2）深度融合的税务服务支持发票信息；支持与财务共享系统对接，实现电票报销和发票查验查重；支持与选择确认平台对接，与财务共享中的应收应付、供应链销售发票和采购发票的深度融合，实现在财务共享系统直接开具发票，并回写实现 T+1 进项发票获取，智能勾选认证；支持财务数据抽取、进销项发票管理，辅助生成纳税申报表。

3）集团化的税务管理解决方案包括集团企业的发票管理、增值税管理、所得税管理、影像及 OCR 系统对接、纳税申报管理、税务风险管理、税务共享服务解决方案等。

（4）税务云与 FSSC 融合产生的总体价值

1）降低运营成本

支持多种智能高效的开票、收票、申报方式，提高企业自动化水平，降低企业内部沟通成本；快速迭代、敏捷开发，业务系统对接快速便捷。

2）降低财税风险

有效规避假票、重复报销、恶意红冲等财务风险；进项专票应抵尽抵，逾期未到预警，规避税务风险。

3）优化财税流程

优化分支机构向总部报送数据的业务流程，优化总部增值税申报的流程；提高企业财税业务的操作效率。

4）支撑决策分析

多角度、多维度分析发票数据，为企业业务、财务、税务决策提供有效支撑。

（二）构建测试

1.非集成模式下开票

测试案例情况：2019 年 7 月 3 日，鸿途集团水泥有限公司销售经理周进代表公司与天海集团总公司签订销售合同，销售 30 000 吨天然石膏，约定发货时间为 2019 年 7 月 20 日。客户开票信息如下：

客户名称：天海集团总公司

纳税人识别号：91110109163452134Y

地址、电话：河北省尚义县×××号 45329834

开户行及账号：中国工商银行尚义县支行 50019420945678××××

按照销售订单(图 8-15)和出库单(图 8-16)信息,手工开具单张增值税专用发票。

销售订单

合同日期:2019 年 7 月 3 日 　　　　　合同编号:H20190703305
卖方:鸿途集团水泥有限公司 　　　　　销售订单号:HDGXS201907153031
买方:天海集团总公司 　　　　　交货日:2019 年 7 月 20 日
付款条件: 　　　　　开票情况:7 月 20 日发货时开出销售发票
　　　　　　　　　　　　　　　　付款情况:

序号	名称	编码	单位	数量	无税单价	无税金额	税额	金额
1	天然石膏	SG-001	吨	30 000.00	120.00	3 600 000.00	468 000.00	4 068 000.00
合计						3 600 000.00	468 000.00	4 068 000.00

图 8-15　销售订单

鸿途集团水泥有限公司
销售出库单

购货单位:天海集团总公司 　　　　　编号:H20190703305
生产批号: 　　　　　日期:2019 年 7 月 20 日

名称	单位	数量	单价	含税单价	金额	备注	
天然石膏	吨	30 000.00	120.00	135.60	4 068 000.00		第三联:财务部

制单:周进 　　　　　复核:王宝珠 　　　　　经办人:周进

图 8-16　销售出库单

打开财务共享服务中心税务管理,登录财务共享平台税务云服务,点击"开具增值税专票"选项,进入开票页面。在开票页面填写相关的信息,如购买方名称(在客户档案里勾选)、项目名称、人员信息,具体如图 8-17 所示。填好后点击开票按钮即完成了开票任务。

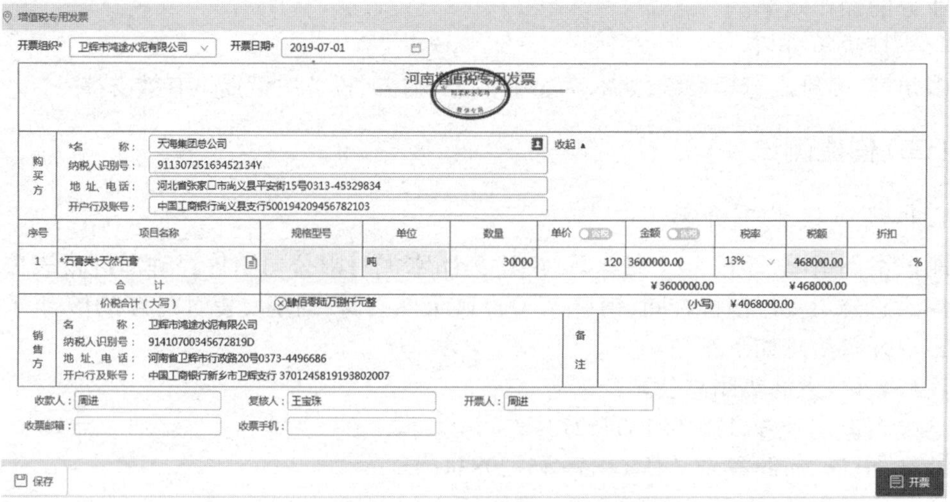

图 8-17　开具增值税发票

开完票后,在页面上方任务栏里,点击"企业开票"中"已开票"选项,可以查看到刚才开好的发票,如图 8-18 所示。

2.增值税纳税申报

税务会计登录财务共享平台税务云服务,点击"纳税申报"–"增值税申报表"进入增值税纳税申报表页面。根据选择的纳税人的性质不同,页面显示的内容不同。一般纳税人的页面如图 8-19 所示。

鸿途集团水泥有限公司是一般纳税人,一般纳税人增值税纳税申报表分为主表、附表一、附表二、附表三、附表四,共 5 张表,对应 5 个页签。在企业开票、受票、抵扣、认证等数据都在财务共享税务云服务上维护与管理的情况下,系统可以自动生成增值税纳税申报表的相关内容。

图 8-18　发票查看

图 8-19　纳税申报

二、档案共享

（一）认知档案共享

1.电子会计档案背景介绍

（1）传统档案管理无法满足信息化要求

1）纸质凭证输出，造成成本转嫁，耗材成本高。

2）核算系统形成会计资料归档保管，空间占用和人工管理成本高。

3）财务会计资料不能自动归档，手工装册归档工作量巨大。

4）实体纸质档案搜索效率低、调阅不方便，使用后归档，重复工作。

（2）传统会计档案不符合长期保管、备份要求

会计档案保管要求要有备份机制，以应对意外事故、自然灾害、人为破坏等情况。而建立电子会计档案备份制度，能够有效防范自然灾害、意外事故和人为破坏的影响。使用的电子档案管理系统能够有效接收、管理、利用电子会计档案，符合电子档案的长期保管要求。

（3）电子会计档案与纸质会计档案的关系

1）应建立电子会计档案纸质档案索引关系，记录存储位置。

2）准确查询，提高查询使用效率。

3）根据纸质档案快速查询电子会计档案信息，在线浏览。

（4）《会计档案管理办法》之归档（图 8-20）

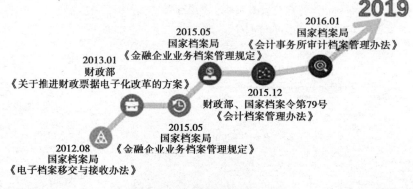

图 8-20 电子会计档案大趋势

财政部、国家档案局 2015 年发布了《会计档案管理办法》，意义重大。该办法明确规定："满足本办法第八条规定条件，单位从外部接收的电子会计资料附有符合《中华人民共和国电子签名法》规定的电子签名的，可仅以电子形式归档保存，形成电子会计档案。""单位可以利用计算机、网络通信等信息技术手段管理会计档案。""单位内部形成的电子会计资料和从外部接收的电子会计资料在满足一定条件时可以仅以电子形式归档保存，形成电子会计档案。"

该办法对归档范围和归档时间也有具体要求,其中归档范围主要包括会计凭证、会计账簿、财务会计报告和其他会计资料。会计凭证包括原始凭证和记账凭证;会计账簿包括总账、明细账、日记账、固定资产卡片及其他辅助性账簿;财务会计报告包括月度、季度、半年度、年度财务会计报告;其他会计资料包括银行存款余额调节表、银行对账单、纳税申报表、会计档案移交清册、会计档案保管清册、会计档案销毁清册、会计档案鉴定意见书及其他具有保存价值的会计资料。而对归档时间的要求具体为:当年形成的会计档案,在会计年度终了后,可由单位会计管理机构临时保管一年,再移交单位档案管理机构保管。因工作需要确需推迟移交的,应当经单位档案管理机构同意。单位会计管理机构临时保管会计档案最长不超过三年。

2.电子档案与 FSSC 融合方案

构建电子会计档案的三个关键方面:优化业务流程、系统间数据对接和归档范围。

(1)优化业务流程

财务共享系统、会计档案系统为企业档案管理全过程提供信息化支撑,从收单、制单到归档,再到存储以及档案的利用,如图 8-21 所示。

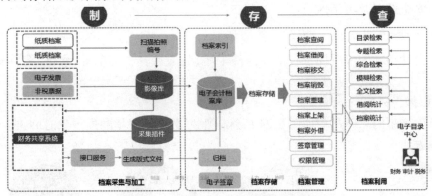

图 8-21　企业档案管理全过程的信息化

(2)电子会计档案与 FSSC 数据接口

核心是财务共享系统(图 8-22 左侧部分),其次是生成记账凭证的原始凭证所在系统(图 8-22 右侧部分)。

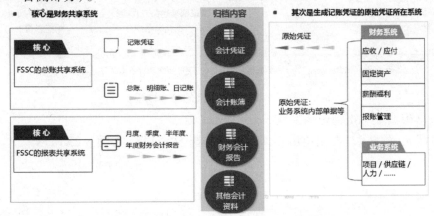

图 8-22　电子会计档案与 FSSC 数据接口

（3）归档范围与处理原则

电子会计档案的归档范围如图8-23所示。

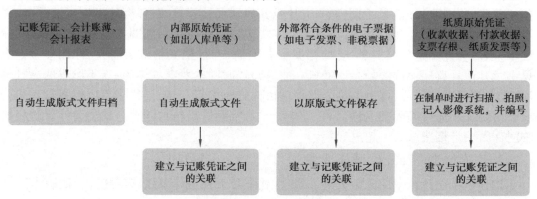

记账凭证、会计账簿、会计报表	内部原始凭证（如出入库单等）	外部符合条件的电子票据（如电子发票、非税票据）	纸质原始凭证（收款收据、付款收据、支票存根、纸质发票等）
↓	↓	↓	↓
自动生成版式文件归档	自动生成版式文件	以原版式文件保存	在制单时进行扫描、拍照，记入影像系统，并编号
	↓	↓	↓
	建立与记账凭证之间的关联	建立与记账凭证之间的关联	建立与记账凭证之间的关联

图8-23 电子会计档案归档范围

电子会计档案管理的总体原则是通过加密、索引、数字签名、数字版权等技术保证电子文件的安全性以及可用性。

3.电子会计档案与 FSSC 融合场景

电子会计档案的应用场景包括影像件采集，装册、归档、上架，检索，档案管理，索引，反查找。

（1）影像件采集

影像件采集的总体过程如图8-24所示。根据影像件采集的地点和时间，还可以分为多种采集方式。

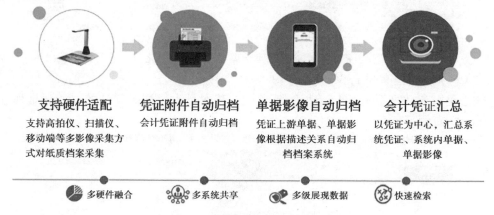

支持硬件适配
支持高拍仪、扫描仪、移动端等多影像采集方式对纸质档案采集

凭证附件自动归档
会计凭证附件自动归档

单据影像自动归档
凭证上游单据、单据影像根据描述关系自动归档档案系统

会计凭证汇总
以凭证为中心，汇总系统凭证、系统内单据、单据影像

多硬件融合　　多系统共享　　多级展现数据　　快速检索

图8-24 影像件采集的总体过程

1）共享模式——报销影像采集

由报销人（报账人）在制单后立即自助扫描影像并上传，如图8-25所示。

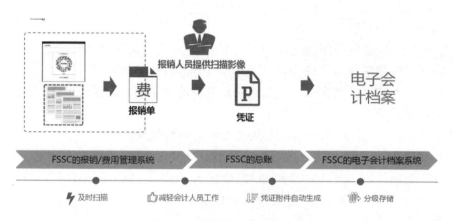

图 8-25　报销人影像采集方式

2）电子会计档案系统采集

在业务系统处理完所有工作后，由专职扫描人员补扫影像并上传电子会计档案系统，如图 8-26 所示。

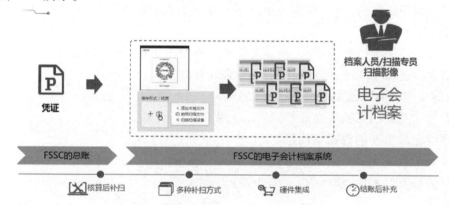

图 8-26　电子会计档案系统补扫采集方式

3）业务系统实时采集

在单据由业务系统（采购、销售、应收、应付、合同等）处理完毕，转至 ERP 的财务系统处理环节，指定扫描专岗或专人扫描影像并上传，如图 8-27 所示。

图 8-27　业务系统实时采集方式

（2）自动装册、自动归档、自动上架

1）自动装册：凭证以及影像文件的不同维度、不同方式装册、拆册、浏览。

2）自动归档：档案装册完成，所有已装册的档案盒自动归档。

3）自动上架：归档的档案盒对应的纸质档案自动上架到档案保管位置，方便调阅。

（3）多维度检索

系统支持对会计凭证、账簿、报表、其他会计资料的信息检索。

用户可以在电子会计档案系统对会计档案进行检索查阅，检索时在不同节点支持不同查询条件，例如题名、文号、关键字、摘要、责任人、凭证号、册号等条件进行快速检索。

可进行全文检索、模糊检索、综合检索和目录检索。

（4）严格档案管理

档案管理，是指档案的查阅、借阅、移交等。

对档案管理员工的要求：严格区分用户、角色、单位可操作档案范围；权限外使用需审批通过；移交需申请通过；档案系统记录行为日志。

对高层使用档案的要求：对各类审批进行审批处理；定期检查、监督档案管理工作；档案利用。

对外部人员使用档案的要求：外部人员在线查阅需申请；纸质档案外借需审批；纸质档案到期未归还系统催还；档案系统记录行为日志。

（5）建立电子会计档案与纸质档案索引

1）归档成功后档案按照企业管理要求上架到指定档案室。

2）系统记录上架的档案室信息。

3）上架的档案支持外借申请等。

4）外借后支持归还，催还等。（图8-28）

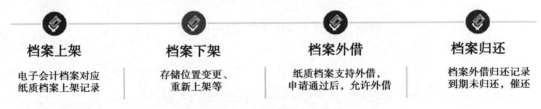

档案上架	档案下架	档案外借	档案归还
电子会计档案对应纸质档案上架记录	存储位置变更、重新上架等	纸质档案支持外借，申请通过后，允许外借	档案外借归还记录到期未归还，催还

图8-28　建立电子会计档案与纸质档案索引

（6）纸质档案反向查找电子会计档案

1）凭证生成二维码，扫描识别二维码批扫纸质文件。

2）打印二维码与纸质档案装订，并且支持扫描二维码查找电子会计档案。

4.案例企业单据及档案管理

（1）案例企业单据及档案管理（图8-29）

（2）案例企业单据及档案管理——纸质档案管理（图8-30）

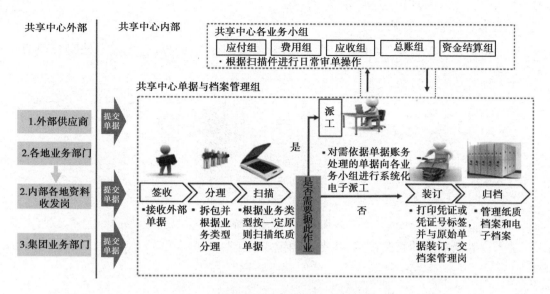

图 8-29　案例企业单据及档案管理主要框图

	方案一 会计档案在成员单位管理	方案二 会计档案在共享中心集中管理
操作模式	·原始单据信息扫描至财务共享中心进行审核与账务处理 　　　　　→ SSC ·实物单据与会计档案全部在成员单位进行装订与保管 财务部	·原始单据信息扫描至财务共享中心进行审核与账务处理 　　　　　→ SSC ·实物单据与会计档案全部在共享中心进行统一装订与保管 SSC
优点	·单据信息及时传递到共享中心进行审核与记账 ·便于外部审计机构与财税机构对单据进行实物检查	·实现会计档案的标准化管理 ·当地财务人员无需从事会计档案管理等操作型工作
缺点	·单据与会计档案管理容易出现不规范、不统一的情况 ·会计档案管理等部分操作事项仍然留在当地财务处理 ·增加当地的影像扫描设备成本	·增加单据邮寄成本 ·部分地区存在邮寄时间较长的情况 ·邮寄过程中存在一定的丢单风险
相似案例	·海尔财务共享中心 ·美的财务共享中心 ·阳光保险财务共享中心	·苏宁财务共享中心 ·中兴通讯财务共享中心

图 8-30　案例企业单据及档案管理——纸质档案管理

（二）构建测试

电子档案测试用例：电子会计档案归档

2019 年 7 月 31 日，档案管理员张艺根据《会计档案管理办法》及企业会计核算规范，在财务共享平台上对鸿途集团水泥有限公司 2019 年 7 月的电子会计档案进行归档处理，包括凭证归档、账表归档、报表归档、业务单据归档。具体要求如下：

1）给鸿途集团水泥有限公司进行立卷，全宗号为 1001，编码为 2001KJ0012019071000010001。

2）手工完成会计凭证 01 的数据采集。凭证录入完成后进行装册。

3）装册完毕后进行归档。

1.立卷(立卷信息录入)

登录新道云系统,点击电子会计档案归档,看到图 8-31 的界面,先点击档案管理,并点击立卷。

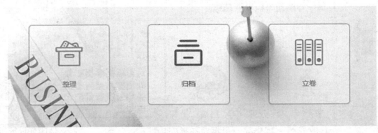

图 8-31　立卷界面

录入立卷所需要的相关信息,并点击确定。(图 8-32)

图 8-32　录入相关信息

点击确定后,显示一下界面,完成立卷。(图 8-33)

图 8-33　立卷完成

2.整理(整理文档装册)

点击档案管理,再点击整理。(图 8-34)

图 8-34　整理页面

点击图中显示的项目,点击新增,录入题名、日期等相关信息,并点击确定。(图 8-35)

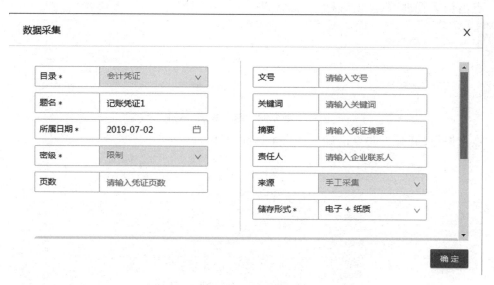

图 8-35　数据采集

完成整理,并点击装册。(图 8-36)

图 8-36　整理完成

点击装册,并点击已装册,显示档案列表。(图 8-37)

图 8-37　装册完成

3.归档

点击档案管理,再点击归档。(图 8-38)

图 8-38　归档界面

点击框里的归档,并点击确定。(图 8-39)

图 8-39　确定归档

归档完成。(图 8-40)。

图 8-40　归档完成

4.查询与借阅管理(熟悉外借与归还流程)

(1)档案外借

点开纸质档案,并点档案外借。点击框里的外借申请,勾选项目,并点选择。(图 8-41)

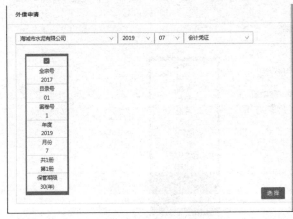

图 8-41　选择项目

输入相关的信息,并点击保存。(图 8-42)

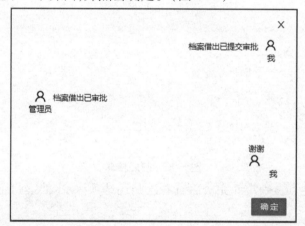

图 8-42　信息填报

点击保存后,显示一下界面,并点击确定。(图 8-43)

图 8-43　确定借出

外借审批通过,外借成功。(图 8-44)

图 8-44　外借成功

281

（2）档案归还

点击纸质档案，再点击档案归还。（图8-45）

图 8-45 归还界面

点击界面上的时钟标志，输入相关信息，并点击归还。（图8-46）

图 8-46 归还信息

点击归还后，再点击确定。完成后查看已归还选项，显示档案归还成功。（图8-47）

图 8-47 归还成功

三、总账共享

（一）认知总账共享

1.总账共享总体介绍

（1）财务共享服务中心的业务处理标准

会计业务处理标准化将提高会计信息质量和处理效率，并真实反映实际业务情况。财务共享前各单位业务处理存在差异，而财务共享服务中心的业务处理标准是统一的。财务会计业务处理标准化的内容包括：会计核算方法统一、会计科目核算口径统一、财务报表口径统一、流程标准化、操作规范标准化、岗位职能标准化。

（2）财务共享服务中心组织结构设计

财务共享服务中心根据业务构成设 9 个专业处室。总账报表处主要是制定核算办法，进行各单位总账报表统一编制、上报、查询，以及报表内部往来对账和各单位数据对比分析。（图 8-48）

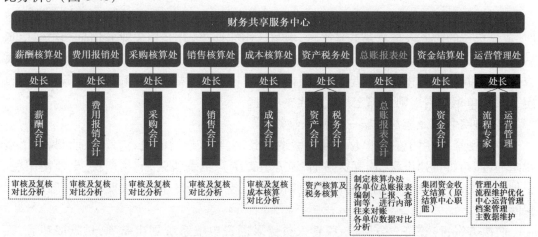

图 8-48　财务共享中心岗位设置

2.总账共享部分业务场景解决

（1）业务场景及解决方案——总账业务

总账业务的范围包括除费用报支、销售应收、采购应付、资金业务、成本业务外，其他无信息系统支撑的，需要手工处理的核算业务，具体如图 8-49 所示。

除此以外，还有些业务需要财务人员手工录入系统。这些业务主要是计提、结转、调整、分摊等。

对于涉及核销的业务，如押金业务，建议采用收付款单据进行业务承载。对于不涉及核销的业务，如罚款、滞纳金等结算业务，建议采用收付结算单据进行业务承载。而对于业务有规定规则类的业务建议使用工单进行业务承载。依据业务逻辑梳理相关的服务流程。对于无规则类的业务,如审计调整、调整类等需要财务人员才能完成的业务,使用通用凭证单进行承载。(图 8-50)

税金上缴及缴纳	1	6	金融资产业务
工资发放及保险收缴	2	7	罚款、滞纳金等营业外收支业务
代收代缴业务	3	8	所有者权益业务
股权投资及处置	4	9	政府补助业务
押金保证金业务(不包括质量保证金)	5	10	其他总账业务

图 8-49　总账业务范围

图 8-50　总账业务处理

当每月成员单位的账务需要进行调整处理时或审计部门审计后需要进行审计调整时,成员单位的财务人员登录共享平台,填写通用凭证单,补充相关业务信息和影像信息后,提交财务领导审批,财务共享服务中心总账复核岗进行复核,生成相应的凭证。解决方案包括:新建交易凭证单类型、集团级模板设置(模板上增加备注和相关业务信息的自定义项)、单据控制规则上绑定相应的收支项目。

(2)业务场景及解决方案——税费业务

业务场景:适用于成员单位税费的缴纳业务,主要包括增值税、消费税、所得税、增值税附加(城市维护建设税、教育费附加、地方教育费)、消费税附加、房产税、土地使用税、土地增值税、资源税、车船使用税、个人所得税、社会保险费(养老、失业、工伤、基本医疗保险)等。

解决方案:1)签订三方协议:税管人员登录国税申报系统划出款项,付款成功后,银行会推送相关的到账信息到共享平台到账通知认领池,税管人员在认领池认领并完善相关单信息,扫描完税证明后并提交;提交成功后,财务领导审批后,单据线上流转至财务共享服务中心审核人员,审核通过后生成税费缴款凭证,凭证信息推送核算系统生成记账凭证,凭证号回写共享平台。2)未签订三方协议:税管人员到税务部门打印税票,然后到银行柜台划款;划款回单信息由财务公司资金管理系统推送回共享平台,税管人员认领后,完善付款认领单信息,扫描完税证明并扫描影像后提交;提交成功,财务领导审批后,单据线上流转至财务共享服务中心审核人员,审核通过后生成税费缴款凭证,凭证信息推送核算系统生成记账凭证,凭证号回写共享平台。(图 8-51)

成员单位税费管理人员每月税费计提后,登录税管平台进行纳税申报和税费的划转缴纳,登录共享平台到账通知认领池进行税费缴纳到账通知的认领,完善相关业务信息后,生成税费缴纳凭证。解决方案包括建立税费缴纳交易类型、单据控制规则上绑定相应的收支项目及建立税费缴纳的模板设置并进行分配。

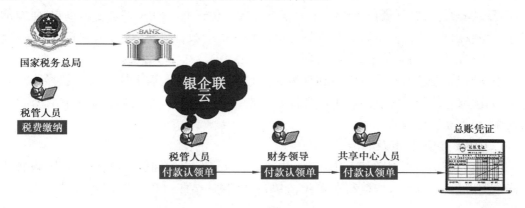

图 8-51   税费业务

3.总账月结处理

月结协作工作台可直观查看多个账簿月结进度,可按负责人编辑检查项执行情况,按账簿查看月结详情,详细了解账簿未完成的原因,执行批量结账。

月结检查清单设置:系统预置必须检查的结账检查项目。支持设置用户个性化的结账检查项目。(图 8-52)

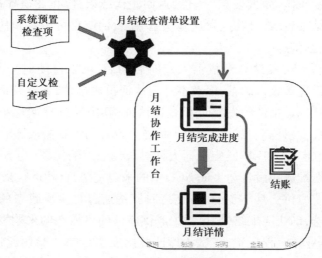

图 8-52   总账月结业务

4.RPA 流程自动化

（1）RPA 简介

RPA（Robotic Process Automation,机器人流程自动化）是一款软件产品,可模拟人在电脑上不同系统之间的操作行为,替代人在电脑前执行具有规律与重复性高的办公流程。因其可以将办公室工作自动化,7×24 小时全天候命,提高生产效率,彻底消除人为错误,非侵入性程序及可高度扩展性,受到很多企业的青睐。

当前,RPA正在席卷全球各行各业,从金融到医疗再到零售。多种重复有规律的工作流程正在被代替。基本上在各种岗位上都或多或少有对RPA的需求,并且这些企业也在积极地探索、尝试,开展以RPA/AI为基础的数字化转型。RPA将员工从简单、重复的工作中释放出来,使他们得以专注于具有更高附加值的数据分析、决策和创新工作,以此提高客户在市场上的竞争力,实现共赢。

小友RPA通过用户界面使用和理解企业已有的应用,将基于规则的常规操作自动化,例如读取邮件和系统、计算、生成文件和报告、检查文件等,是可以记录人在计算机上的操作,并重复运行的软件。

(2)RPA类型、特点及功能

1)月结机器人:根据单位范围结账,并自动记录结账中的问题。具体步骤为:设置待结账单位清单;由机器人按待结账单位清单自动结账,结账过程中的问题自动生成结账报告。

2)发票验伪机器人:业务人员收到纸质发票后,拍照上传到固定文件夹,发票机器人将定时启动针对文件夹中的纸质发票进行OCR识别,并自动进行验伪。具体步骤为:支持业务员收到纸质发票,进行拍照,存放在固定的文件夹里,机器人手工或者定时调该文件夹的发票图片,导入OCR扫描记录,同时根据电子底账记录进行发票验伪,验伪通过后,生成收票数据;对于验伪不通过的发票,只会生成OCR扫描记录数据;对于验伪中的发票,机器人会重复操作"生成发票",直到返回验伪结果,停止此操作;支持设置验伪接收人,同时在验伪结束后,给接收人发送验伪结果,验伪结果可查看验伪失败原因及生成收票失败原因等明细信息。

3)发票认证机器人:发票认证机器人定时启动后,可以自动对采购发票进行认证。具体步骤为:支持设置接收人邮箱,以及本月需认证税额合计;支持查询出360天内待认证的发票,自动勾选满足条件的发票进行直连认证;其中需按日期从小到大勾选认证发票,所勾选待认证发票税额合计小于等于机器人设置的本月需认证的税额合计。

4)三单匹配机器人:入库单匹配机器人针对验伪通过的发票,与NCC中的采购入库单进行智能匹配,匹配成功后自动生成NCC中的采购发票,自动进行采购结算,并可以自动生成应付单,确定应付。具体步骤为:支持对验伪通过且生成收票的发票进行智能匹配入库单,智能勾选,确认匹配结果,自动生成供应链的审核态的采购发票,自动结算,是否自动传应付根据业务流程配置;本次入库匹配的发票范围:"验伪通过发票"文件夹下的"验伪通过发票清单"内已生成收票的发票;支持给接收人发送匹配结果,匹配结果可查看匹配失败的原因。

5)久其预算报表填报机器人:可以将多个单位多张报表进行批量导入,自动捕获异常信息并生成报告。具体步骤为:将多个单位多张报表进行批量导入,自动捕获异常信息并生成报告。

6)总账月结检查机器人:根据提供账簿以及会计期间自动检查人工检查项的完结情况,可以进行自动结账并生成结账报告。具体步骤为:设置待结账单位Excel清单;设置待结账单位检查项相关的Excel清单信息;由机器人按以上清单自动检查出厂提供的月结检查项清单中的检查项,执行检查操作;做完上述检查操作后,由机器人按待结账单位清单自动执行结账,结账过程中的问题自动生成结账报告。

7)内部交易对账机器人:根据查询条件自动进行查询并进行对账,同时记录对账结果。具体步骤为:在自动对账报告 Excel 清单中设置对账单位以及对账条件;由机器人按自动对账报告 Excel 清单中的设置自动执行对账,对账执行情况自动生成内部交易对账结果报告。

8)银行对账机器人:根据对账参数文件中的内容进行自动对账,并生成对账报告。具体步骤为:根据对账参数文件中的内容进行自动对账;对账完成后,自动生成对账报告。

(二)构建测试:NCC 总账月结检查机器人管理及运行

1.客户端管理

(1)用总账主管岗登录 NCC 后,打开"RPA 自动化机器人"模块下的"客户端管理"菜单。(图 8-53)

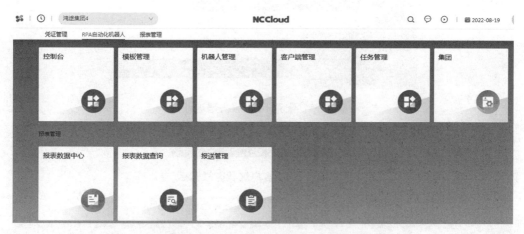

图 8-53　NCC 自动化机器人的客户端管理入口菜单

(2)下载并安装 NCC 自动化机器人客户端。

(3)下载完成后解压缩,双击该安装程序,安装完成后,桌面应该增加一个名为"小友 RPA 客户端 NCCloud 专版"的客户端。

(4)启动小友 RPA 客户端,点击设置按钮(图 8-54),配置 RPA 服务器地址(图 8-55)。该地址在每个院校进行系统安装时确定,由主讲老师告知。

(5)选择登录的 NCC 账套,输入相应的用户名和密码,进行登录。登录成功后,状态栏出现 RPA 客户端图标。(图 8-56)

2.机器人管理

(1)用总账主管岗登录 NCC 后,打开"RPA 自动化机器人"模块下的"机器人管理"菜单。(图 8-57)

(2)点击"创建机器人"按钮。

图 8-54　小友 RPA 客户端设置按钮

图 8-55　配置 RPA 服务器地址

图 8-56　RPA 客户端状态栏图标

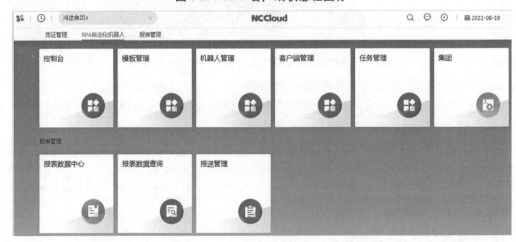

图 8-57　NCC 自动化机器人的机器人管理入口菜单

（3）录入机器人的名称和描述，下拉选择机器人运行的客户端。操作完成后，点击"下一步"。

（4）选择"月结机器人"模板。操作完成后，点击"下一步"。

（5）设置变量。操作完成后，点击"下一步"。

（6）在本地创建机器人执行结果文件夹。例如可在 D 盘创建文件夹 rpa，在 rpa 文件夹下创建"月结报告.xlsx"。在"月结报告.xlsx"的"结账报告（用户填写）"工作簿中修改"结账单位编码""结账单位名称"和"结账期间"。

（7）在"月结报告.xlsx"的"对账规则检查表（用户填写）"工作簿中修改"结账单位编码""结账单位名称""对账规则编码""是否检查"。修改完成后，保存文件。注意："对账规则编码"需要从 NCC 系统中获取；如果同时处理多个结账组织，可在 Excel 中分多行填写。

（8）点击下一步后，输入报告接收人姓名及邮箱。操作完成后，点击"完成"，总账月结检查机器人创建结束。

3.运行总账月结检查机器人

在机器人管理界面，此时已经可以看到刚刚创建的机器人。点击"待机"下拉选择"运行"，机器人开始自动执行月结检查操作。

机器人运行结束后邮箱可收到运行结果报告。（图 8-58）

图 8-58 机器人运行结束反馈

四、报表共享

（一）认知报表共享

1.报表共享介绍

财务共享服务中心据业务构成设 9 个专业处室。总账报表处主要是制定核算办法，进行各单位总账报表统一编制、上报、查询，进行报表内部往来对账和各单位数据对比分析。财务共享服务中心组织结构设计如图 8-59 所示。

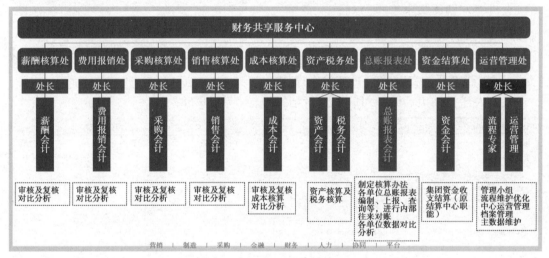

图 8-59　财务共享中心岗位设置

2.报表新政策解读

2019 年,财政部发布了《关于修订印发 2019 年度一般企业财务报表格式的通知》（财会〔2019〕6 号），对执行企业会计准则的非金融企业的财务报表格式进行了重新规范。通知适用于执行企业会计准则的非金融企业 2019 年度中期财务报表和年度财务报表及以后期间的财务报表。财政部于 2018 年发布的《关于修订印发 2018 年度一般企业财务报表格式的通知》（财会〔2018〕15 号）同时废止。

此次修订将原"财会〔2018〕15 号"整合的"应收票据及应收账款""应付票据及应付账款"进行了复原，即"应收票据及应收账款"项目分拆为"应收票据"及"应收账款"两个项目；"应付票据及应付账款"项目分拆为"应付票据"及"应付账款"两个项目。在"其他综合收益"和"盈余公积"之间增加"专项储备"项目反映高危行业企业按国家规定提取的安全生产费的期末账面价值。

新金融工具准则对资产负债表影响项目具体如下：

（1）纳入了《关于一般企业财务报表格式有关问题的解读》中关于"一年内到期的非流动资产"项目列报的内容。并明确"递延收益"项目中摊销期限只剩一年或不足一年的,或预计在一年内(含一年)进行摊销的部分,不得归类为流动负债,仍在该项目中填列,不转入"一年内到期的非流动负债"项目。

(2)执行新金融准则后,"资产减值损失"项目不再包括各项金融工具减值准备所形成的信用损失。执行新收入准则时,资产负债表需要新增"合同资产""合同负债"项目;同时,"存货""其他流动资产""其他非流动资产""其他流动负债""其他非流动负债""预计负债""预收账款""递延收益"等科目的核算内容将有所变化。(图 8-60)

计量属性–类别		资产负债表–报表项目		会计科目		资产负债表–报表项目	
		流动	非流动			流动	非流动
金融资产	FVTPL（以公允价值计量且其变动计入当期权益） 债务工具	交易性金融资产【以公允价值计量且其变动计入当期损益的金融资产、直接指定为以公允价值计量且其变动计入当期损益的金融资产】	其他非流动金融资产【自资产负债表日起超过一年到期且预期持有超过一年】	合同资产	合同资产	其他非流动资产【不在一年或一个正常营业周期内收回的项目】	
	权益工具						
	衍生工具	衍生金融资产	未明确（建议"其他等流动金融资产"）	合同负债注2	合同负债	其他非流动负债【不在一年或一个正常营业周期内核销的项目】	
	FVOCI（以公允价值计量且其变动计入其他综合收益） 债务工具	一年内到期的非流动资产【自资产负债表日起一年到期的长期债权投资】 其他流动资产【购入的一年到期的债权投资】 应收款项××	其他债权投资				
	权益工具	其他流动资产	其他权益工具投资	合同取得成本	其他流动资产	其他非流动资产【初始确认时摊销期限超过一年或一个正常营业周期的项目】	
	摊余成本 债务工具–债权投资	一年内到期的非流动资产【自资产负债表日起一年到期的长期债权投资】 其他流动资产【购入的一年到期的债权投资】	债权投资				
	债务工具–其他	应收票据、应收账款、其他应收款 一年内到期的非流动资产	长期应收款	合同履约成本	存货	其他非流动资产【初始确认时摊销期限超过一年或一个正常营业周期的项目】	
金融负债	FVTPL（以公允价值计量且其变动计入当期损益）	交易性金融负债【承担的交易性金融负债、直接指定为以公允价值计量且其变动计入当期损益的金融负债】 衍生金融负债	其他非流动负债	应收退货成本	其他流动资产	其他非流动资产【不在一年或一个正常营业周期内出售的项目】	
	摊余成本	短期借款、应付票据、应付账款、其他应付款、一年内到期的非流动负债	长期借款、应付债券（不包括租赁负债）	预计负债–应付退货款	其他流动负债	预计负债【不在一年或一个正常营业周期内清偿的项目】	

图 8-60　新金融工具准则带来的变化

新金融工具准则对利润表影响项目具体如下:

利润表中"资产减值损失""信用减值损失"项目位置下移至"公允价值变动收益"之后,并将"信用减值损失"列于"资产减值损失"之前,且分别更名为"信用减值损失(损失以'-'号填列)""资产减值损失(损失以'-'号填列)"。投资收益其中项增加"以摊余成本计量的金融资产终止确认收益(损失以'-'号填列)",反映企业因转让等情形导致终止确认以摊余成本计量的金融资产而产生的利得或损失。(图 8-61)

2019 年,财政部发布了《关于修订印发合并财务报表格式(2019 版)的通知》(财会〔2019〕16 号),针对 2019 年 1 月 1 日起分阶段实施的《企业会计准则第 21 号——租赁》,以及企业会计准则实施中的有关情况,在《财政部关于修订印发 2019 年度一般企业财务报表格式的通知》(财会〔2019〕6 号)和《财政部关于修订印发 2018 年度金融企业财务报表格式的通知》(财会〔2018〕36 号)的基础上,对合并财务报表格式进行了修订。合并财务报表格式的主要变动如下:一是根据新租赁准则和新金融准则等规定,在原合并资产负债表中增加了"使用权资产""租赁负债"等行项目,在原合并利润表中"投资收益"行项目下增加了"其中:以摊余成本计量的金融资产终止确认收益"行项目。二是结合企业会计准则实施有关情况调整了部分项目,将原合并资产负债表中的"应收票据及应收账款"行项目分拆为"应收票据""应收账款""应收款项融资"三个行项目,将"应付票据及应付账款"行项目分拆为"应付票据""应付账款"两个行项目,将原合并利润表中"资产减值损失""信用减值损失"行项目的列报行次进行了调整,删除了原合并现金流量表中"为交易目的而持有的金融资产净增加额""发行债券收到的现金"等行项目,在原合并资产负债表和合并所有者权益变动表中分别增加了"专项储备"行项目和列项目。已执行新金融准则、新收入准则和新租赁准则的企业,应当按照企业会计准则和本通知附件的要求编制合并财务报表;已执行新金融准则但未执行新收入准则和新租赁准则的企业,或已执行新金融准则和新收入准则但未执行新租赁准则的企业,应当结合本通知附件的要求对合并财务报表项目进行相应调整。

报表项目	核算内容
投资收益:以摊余成本计量的金融资产终止确认收益	反映企业因转让等情形导致终止确认以摊余成本计量的金融资产而产生的利得或损失
净敞口套期收益	反映净敞口套期下被套期项目累计公允价值变动转入当期损益的金额或现金流量套期储备转入当期损益的金额
信用减值损失[注1]	反映企业按照CAS 22的要求计提的各项金融工具信用减值准备所确认的信用损失
不能重分类进损益的其他综合收益:其他权益工具投资公允价值变动	反映企业指定为以FVOCI计量的非交易性权益工具投资发生的公允价值变动
不能重分类进损益的其他综合收益:企业自身信用风险公允价值变动	反映企业指定为以FVTPL计量的金融负债,由企业自身信用风险变动引起的公允价值变动而计入其他综合收益的金额
将重分类进损益的其他综合收益:其他债权投资公允价值变动	反映企业分类FVOCI计量的债权投资发生的公允价值变动
将重分类进损益的其他综合收益:金融资产重分类计入其他综合收益的余额	反映企业将一项以摊余成本计量的金融资产重分类为以公允价值计量且其变动计入其他综合收益的金融资产时,计入其他综合收益的原账面价值与公允价值之间的差额
将重分类进损益的其他综合收益:其他债权投资信用减值准备	反映企业以FVOCI计量的债权投资的损失准备

图 8-61 新金融准则对利润表的影响

3.报表共享应用

企业基础的财务报表主要包括资产负债表、利润表、现金流量表和所有者权益变动表。上了报表共享之后不再由各个分子公司自己编制报表并上报,而是在财务共享平台上由总账报表处的人员统一对集团及成员单位的基础财务报表进行编制、上报、查询与导出,满足企业对财务报表的基本编报与管理需求。该工作领域的具体工作包括资产负债表编制、利润表查询和现金流量表查询。

（1）资产负债表编制

资产负债表,亦称财务状况表,表示企业在一定日期（通常为各会计期末）的财务状况（即资产、负债和业主权益的状况）的主要会计报表。其报表功用除了企业内部除错、经营方向、防止弊端外,也可让所有阅读者于最短时间了解企业经营状况。

通过训练,学生能够在 NCC 系统中完成企业报告期间的结账状态检查、企业资产负债表的编制、审核、上报及导出等工作;具有独立完成企业资产负债表编报工作的能力,达到胜任基于 NCC 系统的会计报表岗位工作职责目标。具体工作任务包括检查结账状态、资产负债表编制、资产负债表审核上报及资产负债表导出。

（2）利润表编制

利润表（GAAP 旧制:Income Statement;IFRS 制:Statement of Comprehensive Income）,或称购销损益账（Trading and Profit and Loss Account）,为会计重要财务报表之一。由于它反映的是某一期间的情况,所以,又称为动态报表。利润表主要计算及显示公司的盈利状况。合伙经营和有限公司的利润表中会在计算公司净盈利后加入分配账,以显示公司如何分发盈利。

通过训练,学生能够在 NCC 系统中完成企业报告期间的结账状态检查、企业利润表的编制、审核、上报及导出等工作;具有独立完成企业利润表编报工作的能力,达到胜任基于 NCC 系统的会计报表岗位工作职责目标。具体工作任务包括检查结账状态、利润表编制、利润表审核上报及利润表导出。

（3）现金流量表查询

现金流量表也叫财务状况变动表,所表达的是在一固定期间（通常是每月或每季）内,一家机构的现金（包含现金等价物）的增减变动情形。现金流量表是反映一家公司在一定时期现金流进和现金流出动态状况的报表。现金流量表,可以概括反映经营活动、投资活动和筹资活动对企业现金流进流出的影响,对于评价企业的实现利润、财务状况及财务治理,要比传统的损益表提供更好的基础。

通过训练,学生能够在 NCC 系统完成企业报告期间的结账状态检查、企业现金流量表的查询、上报及导出等工作;具有独立完成企业现金流量表查询与导出工作的能力,达到胜任基于 NCC 系统的会计报表岗位工作职责目标。具体工作任务包括检查结账状态、现金流量表查询、现金流量表审核上报及现金流量表导出。

（二）构建测试

企业财务报表的编制通常是通过报表任务下发到各单位进行报表编制、上报的。设置好任务模板,根据报表业务的频度需要,集团报表管理员把报表任务下发给需要填报的单位,即启用指定期间的任务。各单位接收任务后,在报表中编制报表即可。每个报表任务中,有一个或多个报表,即套表。报表编制结果可以按照套表全部导出,也可以单张导出。

鸿途集团财务共享中心总账主管岗统一对纳入财务共享服务中心的所有单位的企业报表进行编报业务处理。要求:在财务共享平台上对"鸿途集团水泥有限公司、大连鸿途水泥有限公司、鸿途集团京北水泥有限公司、辽阳鸿途水泥有限公司、鸿途集团金州水泥有限公司、天津鸿途水泥有限公司、京北鸿途水泥有限公司、辽宁辽西水泥集团有限公司"2023年3月的鸿途集团月报任务(资产负债表、利润表、现金流量表、内部交易表)进行集团报表的编制、上报;集团合并报表的内部交易对账,编制抵销分录,合并报表。

1.修改登录日期(图8-62)

图8-62　修改登录日期

2.打开报表数据中心(图8-63)

图8-63　打开报表数据中心

3.选择任务、期间、币种(图8-64)

图8-64　选择任务、期间、币种

4.点击保存计算按钮（图 8-65）

图 8-65　点击保存计算按钮

5.分别查看资产负债表、利润表、现金流量表、内部交易表的计算结果（图 8-66）

图 8-66　查看计算结果

6.如果数据检查无误，则点击上报按钮（图 8-67）

图 8-67　点击上报按钮

第九章 财务共享服务中心运营管理

学习目标

知识目标:

熟悉财务共享服务中心运营管理的范围、工作流程与质量绩效管理。

了解财务共享稽核业务的基本概念及操作流程,了解功能点的详细内容。

理解财务共享作业绩效管理的目标及流程。

能力目标:

能够在 NCC 系统中查询员工的信用档案,在知识管理系统中查询需要办理的业务说明及指引。

能够设置稽核内容和稽核问题的类型,创建稽核任务。能够进行单据的抽取及稽核并出具稽核报告。

能够根据运营管理的目标设计绩效看板,配置各主题定义并进行看板监控。

素质目标:

紧跟时代脚步,适应财务共享服务中心运营管理的变革,培养学生数据思维。

培养学生创新思辨的能力,提升创新意识。

培养学生团队协作精神。

一、FSSC 运营管理总体介绍

(一) FSSC 运营管理总体介绍

1.FSSC 运营管理定义与范围(图 9-1)

图 9-1 FSSC 运营管理定义与范围

2.运营管理贯穿财务共享建设全过程(图9-2)

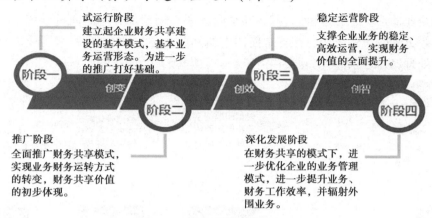

图9-2　FSSC 建设全过程

3.财务共享服务中心组织架构与职责(图9-3)

财务共享服务中心一般组织架构设计分为业务处理组与运营管理组,运营管理组负责财务共享服务中心的日常运营管理、质量管理、绩效管理、流程优化等职能工作。

图9-3　某集团企业财务共享服务中心组织架构

(二)FSSC 工作流程管理

1.财务共享服务中心运营支撑方式(图9-4)

图9-4　财务共享服务中心运营支撑方式

2.财务共享服务中心问题处理流程

借助企业的信息化管理机制,财务共享服务中心运营部分可能通过系统工具、邮件、呼叫中心等方式收集各级用户在日常使用中的问题和建议,对合理的问题或需求进行相应的后续处理,大致可分为问题类和需求类。(图9-5)

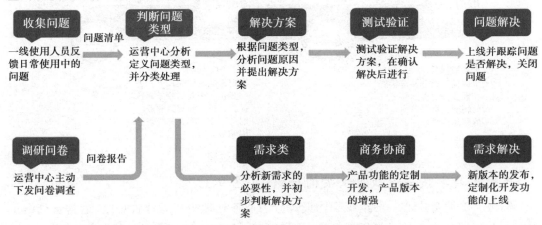

图9-5　财务共享服务中心问题处理流程

财务共享服务中心运营人员作为问题的接收人,对于非必要的问题,建议与使用人员进行沟通或者培训来解决。

3.财务共享服务中心问题升级机制

收集财务共享日常运营中的问题,项目组内进行分类整理并与提出人进行沟通分析,判断问题类型、系统配置、功能配置等影像业务使用的及时解决。(图9-6)

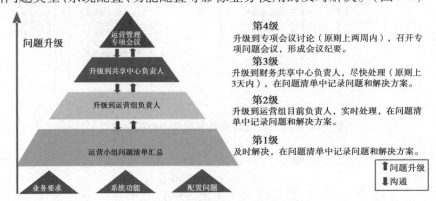

图9-6　财务共享服务中心问题升级机制

4.财务共享服务中心问题处理时效

财务共享服务中心作为高效的作业处理中心,需要有极高的问题解决机制与时效,根据问题的严重程度定义出每类问题的响应时间与解决完成时间,确保核算工作的顺利进行。(表9-1)

表 9-1　财务共享服务中心问题处理时效

严重等级	描述	服务需求特点	替代方案或永久方案预计时间
1	阻断的	关键系统处理停止了,而且用户不能进行操作。没有规避,绕开和其他的方法可用。主要的经济影响条件存在(关键系统被定义为主要系统运转停止并对服务操作有关键影响)。 例如:核心单据不能起草,保存,发送,审批,数据丢失	立即着手解决问题,80%的问题均可在4小时内得到解决
2	重要的	一个主要的部件,应用,关键系统停止了,处理受到严重影响,次要的经济影响条件存在,潜在的对服务操作有关键影响。 例如:系统有手工绕行方案,导致效率下降,不影响业务的微小数据错误等	80%的问题在24小时内得到解决
3	次要的	一个部件,次要应用或过程难以使用,有些操作受影响,但不是立即影响到服务操作,一个可接受的规避,绕开和其他的方法可用,那些严重等级1或2的有规避,绕开和其他的方法可用的问题将被认为是严重等级3。 操作使用优化类,不影响业务实质	80%的问题在40小时内得到解决
4	微小的	一个部件,过程或个人应用(对客户来说是非关键的)不可用了,对业务没影响,单一的出错事件,而且一个可用的规避,绕开和其他的方法存在。推迟的维护可被接受	按每周进行评估,在保障系统稳定的前提下,有选择性地解决
5	新需求	在运营过程中,所提出的新的功能,现有产品的功能增强,操作方式的变化,新技术的应用等	需要依据实际情况而定,产品的功能升级或者定制化开发等

5.财务共享服务中心运营支撑平台

结合企业现行的业务运营平台现状和方法,建立财务共享服务中心专用的运营平台,并结合企业的规模考虑新开运营支撑平台。(图9-7)

基本运营支撑	系统运营支撑	呼叫中心运营支撑	专业运营支撑
EXCEL、邮件、微信群	OA系统、知识管理系统	400话务系统、语音处理系统	运营支撑产品
对话式支撑	流程化支撑	组织专业化支撑	综合式支撑

图 9-7　财务共享服务中心支撑平台

（三）FSSC 质量绩效管理

1.财务共享服务中心质量抽查体系

财务共享服务中心实现财务的集中化、统一化、高效化的处理,质量抽查是为加强对财务工作的质量监督管理,确保财务工作的高质量运营。同时为后续的业务模式改变与共享平台优化改进提供建议和依据。（图9-8）

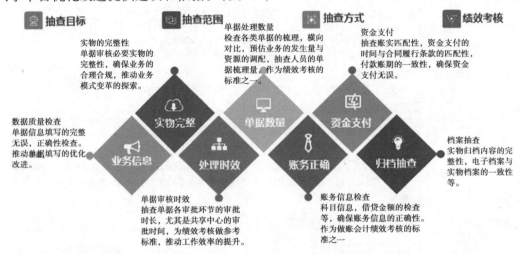

图9-8　财务共享服务中心质量抽查体系

结合财务共享中心的规模、业务特点和组织特点与考核目的,建立质量抽查方案与标准。分为抽查计划、检查过程、检查结果三个步骤。当月的抽查结果可作为次月的抽查基础,次月抽查时可进行权重偏移,重点检查易出错的业务类型。（图9-9）

图9-9　财务共享服务中心质量抽查过程

2.财务共享服务中心绩效管理

组织绩效问题是衡量一个组织运营是否良好的重要标志。FSSC 的组织绩效体现在业务处理时效、满意度、运营成本及业务处理质量四个方面。绩效管理以基于系统中各种业务数据出具的各项报告、报表为依据,对运营过程进行监控和管理。（图9-10）

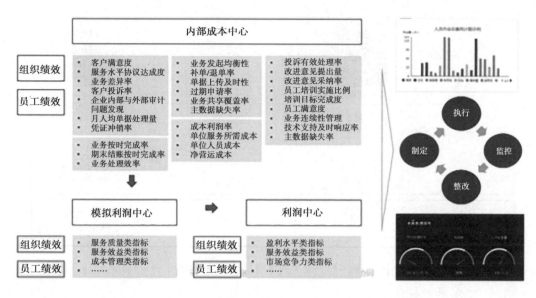

图 9-10 财务共享服务中心绩效管理

(四) FSSC 运营管理其他内容

1.培训与轮岗

财务工作标准化、分组化在提高工作效率的同时,财务人员也面临着业务处理单一,对本组之外的业务模式、处理方式不熟的困境。可根据财务共享服务中心各组的业务特点进行轮岗安排,提升财务人员全方位的业务能力,为企业培养全面的财务人员。

企业根据管理的实际需要建立财务共享服务中心的轮岗制度,在提升财务人员全面能力的同时,保证财务共享服务中心的高效运转。(图 9-11)

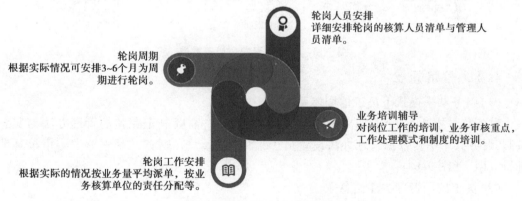

图 9-11 财务共享服务培训与轮岗

2.知识管理

财务共享服务中心知识管理包括知识维护、知识搜索和知识管理。通过知识管理帮助企业促进有用的知识在组织里得到流通、共享和优化,形成一套完整的、系统化的知识体系,最终达到提升组织绩效、知识创造价值的作用。(图 9-12)

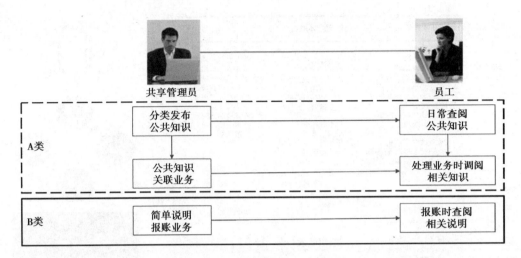

图 9-12　财务共享服务培训与轮岗

3.员工发展（图 9-13）

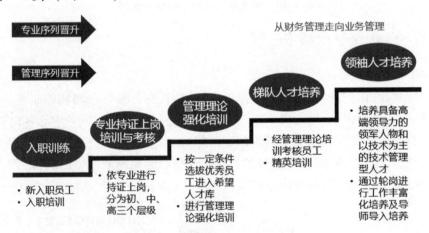

图 9-13　财务共享中心员工发展

4.员工信用管理

（1）财务共享模式下员工信用体系

财务共享模式下,企业如果采用员工信用的方式,需要制定完整的管理办法与奖惩机制,财务共享平台依据管理办法设置员工信用体系,并在财务共享服务中心审核环节进行应用。（图 9-14）

（2）员工信用管理关注信息

员工信用评分需要结合企业的管理现状、人员素质情况、当前存在的问题和企业的管理规范来制定,通过评分内容的考核,促进员工分值提升的本身也是解决目前存在问题的过程,同时也是对员工加强培训、对员工行为加强规范的过程。（图 9-15）

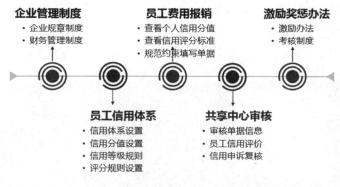

图 9-14　财务共享模式下员工信用体系

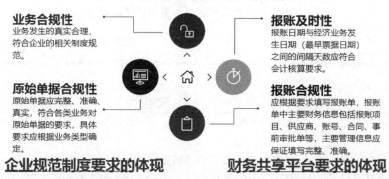

图 9-15　财务共享模式下员工信用管理关注点

5.持续深化运营

财务共享服务中心在稳定运营后,可以从客户诉求来考虑后期的优化方向,推动财务共享服务中心持续深化运营。(图 9-16)

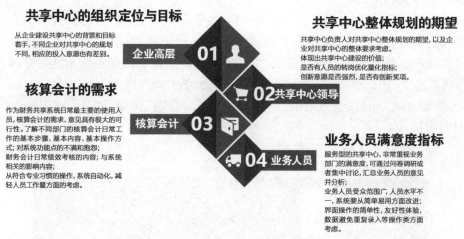

图 9-16　财务共享服务中心持续深化运营

(五)员工信用档案查询系统操作

测试用例:在系统中查询鸿途集团水泥有限公司员工李军的员工信用等级以及信用分值。

上岗"销售员"岗位,进入 NCC 系统点击"信用管理"菜单,进入"信用档案"进行员工信用档案的查询。(图 9-17)

图 9-17　员工信用档案查询任务启动

查询结果如图 9-18 所示。

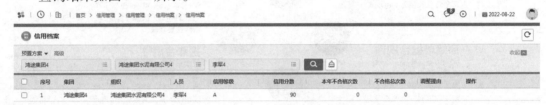

图 9-18　员工信用档案查询视图

目前系统里设置了 A+、A、B、C,每个用户的初始信用分为 90 分,信用等级默认为 A 级。

(六)知识管理系统操作

1.知识搜索

测试用例:鸿途集团水泥有限公司的销售员李军要在系统中进行报销,但是不清楚差旅费报销单的填制规范,因此需要在系统中进行知识搜索,通过搜索关键词查看差旅费报销单的业务单据填制指引。另外,李军还想确认差旅费报销单能不能报销因出差发生的市内交通费,因此想在系统中查看差旅费报销单的业务说明。

上岗"销售员"岗位,进入 NCC 系统点击"知识管理"菜单,进入"知识搜索"模块。(图 9-19)

图 9-19　知识搜索任务启动

在搜索框里输入"差旅"关键词,就会出现一系列与差旅费报销有关的业务单据填制指引文件。(图 9-20)

图 9-20　知识搜索结果视图

点开一个文件,可以看到该文件的基本信息及附件。点击附件下载,就可以看到如图 9-21 所示的具体内容。(图 9-22)

图 9-21　知识搜索文件查看

业务单据填制指引-差旅费报销单

单据页签	单据字段	填报规则	注意事项
主页签	单据日期	根据业务描述中发生日期填写	
	结算方式	网银	
	收支项目	差旅费	
	单位银行账户	为鸿途公司支付账户	
	支付单位	根据业务描述填写	
	报销人部门	根据业务描述填写	
	报销人	根据业务描述填写	
	报销事由	根据业务描述简要概述	
	个人银行账户	根据业务描述填写	
交通费用	事由	根据业务描述简要概述	此字段对应凭证分录中的摘要
	交通工具	根据原始单据和业务描述工具填写	
	出发日期	根据原始单据和业务描述日期填写	
	到达日期	根据原始单据和业务描述日期填写	
	出发地点	根据原始单据和业务描述地点填写	
	到达地点	根据原始单据和业务描述地点填写	
	税金	填完含税金额和税率后自动带出	
	税率	根据原始单据和业务描述税率填写	
	含税金额	根据原始单据和业务描述含税金额填写	
	不含税金额	填完含税金额和税率后自动带出	
住宿费用	入住日期	根据原始单据和业务描述日期填写	
	离店日期	根据原始单据和业务描述日期填写	
	入住酒店	根据原始单据和业务描述酒店填写	
	住宿天数	自动带出	
	含税金额	根据住宿发票金额填写	
	税金金额	根据原始单据发票税额填写	如果发票为普通发票则填为"0"
	不含税金额	根据原始单据发票不含税金额填写	如果发票为普通发票填写含税金额

图 9-22　知识搜索单据结果

2.查询业务说明

在 NCC 报账平台点击"我的报账"进入报账情况统计页面(图 9-23),在左边"全部菜单"选项里点击"差旅费报销单"就可以查看差旅费报销单的详细业务说明。(图 9-24)

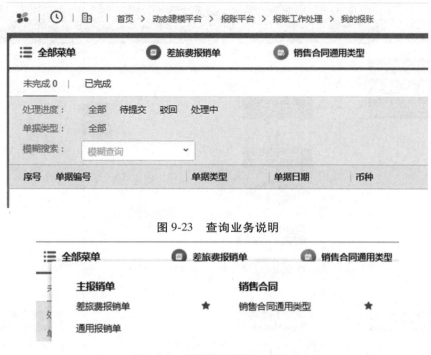

图 9-23　查询业务说明

图 9-24　差旅费报销单业务查询

二、财务共享作业稽核

（一）理解目标

1.财务共享作业稽核的基本概念

（1）财务共享稽核业务描述

共享稽核是针对流入了财务共享服务中心的单据为目标范围进行的稽核，即以共享服务中心的作业任务为对象而进行的。

通过检查共享服务各个岗位人员是否按照操作规范及操作要求处理作业，加强中心所有员工的质量意识，产出符合质量保证的作业成果；同时根据检查结果不断总结、归纳发生问题的原因，并提出解决办法，从而为不断完善制度和规则提供依据。

（2）共享稽核的价值

利用分层抽样的技术，从共享服务处理的历史作业任务中抽取有代表性的单据，进行检查，对发现的问题进行记录，通知作业人员整改，描述整改过程，进而评估共享服务的作业处理情况，指导财务共享服务中心建立健全内控制度，堵塞漏洞，提高管理水平。

2.财务共享作业稽核操作流程

财务共享稽核业务流程如图 9-25 所示，其中"整改"环节为信息系统外的线下操作。

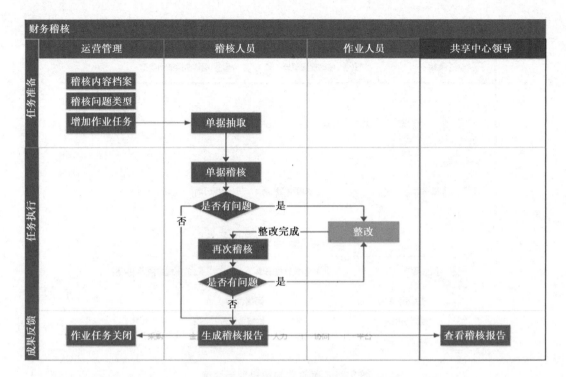

图 9-25　财务共享稽核操作流程

3.功能点详细描述(表9-2)

表 9-2　相关功能节点清单

领域	产品模块	应用点/功能节点
共享服务	共享稽核	稽核内容
		稽核问题类型
		稽核任务
		单据抽取
		单据稽核
		稽核报告

(1)稽核内容

随着业务复杂度的提高,需要检查稽核的内容也越来越多,会导致在稽核时漏掉关键内容未检查,所以要先定义稽核的检查内容,然后再明确到任务中,在稽核时给以提醒,确保稽核的有效性。定义稽核内容时,可以设置多级档案,保存后自动启用;已启用的稽核内容档案可以停用,已停用的稽核内容档案不可以被稽核任务引用;已停用的稽核内容末级档案可以删除,即使该档案已被稽核任务引用;非末级档案不可以删除。非末级档案的停用,会把所有下级停用,但启用时,只启用本级。需要注意的是:已删除的稽核内容档案不会再显示在单据稽核界面,即使它已经被分配给当前任务;这是一个全局型的档案,可以被所有的财务共享服务中心使用。

（2）稽核问题类型

稽核问题类型,用于在稽核时发现问题以后,标记出该问题的类型,自动显示当前问题的严重程度,进而计算出因为该问题的出现应该扣分数,统一标准,减少稽核人员的主观性,使评价更为客观。

在启用稽核任务时,应先尽可能列举出可能会出现的所有问题,统一规划,并对这些问题进行归类,确定其严重程度和扣分值;稽核问题的严重程度系统默认为五类:非常严重/严重/一般/轻微/很轻微,不可以修改。需要注意的是:已被使用的稽核问题档案也不可以被修改,所以应谨慎并事先规划好各类问题档案;这是一个全局型的档案,可以被所有的财务共享服务中心使用。

4.财务共享稽核任务

每一次稽核,需要由管理人员发起一个稽核事项,明确本次稽核包含的单据范围,比如时间区间、哪些作业组、本次稽核要关注的重点内容,以及稽核以后的阶段性评价和成果汇报等,这个事项的表现形式就是稽核任务。

稽核任务是在每一个财务共享服务中心下定义的,不同的财务共享服务中心不可以共用同一个稽核任务;稽核任务定义以后,还需要给这些任务分配稽核内容,用以稽核人员在稽核时,清楚自己都要关注哪些方面。稽核内容在稽核任务保存以后可以随时分配和取消分配,只要该任务未关闭;稽核时按照最新的分配内容显示。

稽核任务有多个状态,内容及含义如表9-3所示。

表 9-3　稽核任务的多个状态

序号	状态	解释
1	保存	任务保存或启用后的取消
2	已启用	任务已启用
3	已抽取	单据按照抽样范围进行了抽取
4	已确认	对单据抽取的结果进行了确认
5	已稽核	只要有一张单据的稽核状态为已稽核
6	已报告	生成了稽核报告
7	已关闭	报告审核通过后自动关闭

定义稽核任务时,必须要确定抽样范围及抽样比例,抽样范围有日期范围、组织范围、金额范围、单据范围、作业组等维度,其中日期范围是必须指定的,其他的维度可指定也可不指定。

定义稽核任务时,如果对稽核的单据有较高的要求,希望能尽最大可能抽出有代表性的单据,也可以定义分层规则。所谓分层规则,就是在大的样本总体里划分出若干区域,然后对这些区域分别对待,根据每个区域的重要程度和风险程度指定不同的抽样比例。

分层规则最多只能定义五个,也可以不定义。分层规则的说明如下:

1)分层比例是指按照这一规则下抽取的样本数占所有样本的比例要在指定的比例之上,除非按照分层比例的所有单据合计数达不到分层比例。

2)所有的分层比例之和小于等于100%,如果小于100%,剩余的抽取就随机了。

3)如果不同的分层规则条件圈定的范围相互之间有交叉,则按照各自的规则抽取,即一张单据可同时满足两个或以上的分层规则。

4)分层规则的分层条件不能全部为空,至少应限定一个条件。

"例9-1"财务共享单据库里总共有10万多张单据。本次指定的抽样如下:

①总体范围:财务组织:A、B、C,日期为2018年8月1日至2018年8月31日,总体单据数为1 000张。指定的抽样比例为10%。则抽样样本数为:1 000×10%=100张单据。

②定义分层规则,因为指定了财务组织的范围,所以分层规则只能在A、B、C三个组织内定义;因为指定了日期范围,所以分层规则只能是8月份的单据,其他不限。

③定义了分层规则:财务组织A、金额范围为1 000~10 000,分层比例为20%,则抽取满足这个要求的单据数至少为100×20%=20张。如果在这个范围的单据不足20张时,也算符合要求。(由于已经在抽样的总体范围里指定了要抽取8月份单据,所以如果分层规则没有指定日期范围,则仍然隐含着要抽取8月份的单据条件。)注意:指定分层时,不应超过抽样范围,否则会导致不能正确地抽取样本单据。

④如果又定义了一条规则,财务组织A、B,日期为2018年8月5日至2018年8月31日的单据,分层比例为15%,则在上一个条件抽取完单据后,按照这个条件接着抽取,只要满足这个条件即可,即使这个规则与上一个规则的集合有部分交叉。此次足额抽取了15张单据。

⑤还应继续抽取100-10-15=75张单据,这些单据应该在剩余的1 000-10-15=975张单据里随机抽取,这些单据有的符合上面两个分层条件,有的不符合,均属正常。

规则分层的集合关系如图9-26所示。

图9-26 规则分层图示

5.财务共享单据抽取确认

任务启用以后,就可以进行单据抽取了。单据抽取就是按照当前稽核任务所定义的抽样范围和分层规则从样本总体里随机抽取单据,供稽核使用;在当前抽取的结果未确认前,可以无限次抽取单据,下一次抽取的结果覆盖上一次的结果;抽取结果未确认前,任务还可以取消启用;抽取结果确认后,任务就不可以取消启用了;抽取结果确认后,不可以再抽取单据;未进行稽核的任务可以取消单据抽取的确认;稽核结果同时会反馈到已抽取的单据列表中,如果想实时查看当前任务的每张单据稽核明细情况,可以在此查看。

待稽核的共享单据抽取后,需要进行确认。

6.财务共享稽核作业处理

单据抽取的结果确认以后,就可以进行单据稽核了。一旦开始稽核操作,单据抽取的结果可以取消确认;如果已稽核了多张单据,发现还需要重新抽取单据,则需要把每张已稽核的单据恢复为未稽核的状态,才可以取消确认,重新抽取单据。多个可以同时稽核,只要有当前任务的权限;稽核时,应参照稽核内容的提示进行稽核;稽核时,可以标注稽核说明以备忘;稽核时,针对无问题的单据,可以直接点"通过",当前单据自动更新为已稽核的状态;如果发现了当前单据的一个或多个问题,则需要选择发现的问题类型,系统自动带出所选问题的严重程度和扣分标准;对当前单据严重程度的评价,自动取所选择的最严重问题的严重程度;发现了稽核问题,如果需要整改,应线下通知共享作业人员进行整改,并对整改的结果进行检查,符合要求后,记录整改过程,并完成稽核;如果不符合要求,可以要求作业人员重新整改。稽核时,支持根据单据列表上下翻页依次稽核;可以查看当前单据的卡片界面、联查凭证、联查影像、联查附件、联查电子发票、联查工作流、联查上下游单据等与当前单据有关的所有信息,但不可做任何修改。

7.财务共享稽核报告

当前任务的所有单据均已稽核后,就可以生成稽核报告了。生成报告时,系统会自动计算出当前任务的单据抽取情况、稽核结果情况,并根据稽核的结果自动给出一个评分(满分100)和该评分对应的此次整个稽核任务的评价。系统默认给出的评分可以根据对稽核情况的评价进行人工修正。

稽核评分与评价的对应情况如表9-4所示。

表9-4 稽核评分与评价对应关系

序号	评分区间	稽核评价
1	90~100	优
2	80~89	良
3	60~79	中
4	59以下	差

生成的报告同时统计出各种稽核的问题,并可以按这些问题联查单据的明细情况。生成稽核报告时,还通过图形展示出抽样情况统计、稽核情况统计、稽核结果统计,一目了然,清清楚楚。生成的稽核报告需要审核后才生效,审核通过后,此次的稽核任务工作就算全部完成了,系统会自动关闭当前稽核任务。此时不可以再对当前稽核任务做任何处理和修改了。如果取消审核当前的稽核报告,系统会自动打开当前的稽核任务。生成稽核报告以后,可以截图或打印出来送财务共享服务中心领导审阅了。

(二)财务共享作业稽核规划设计

1.设计要求

学生根据"鸿途集团财务共享绩效稽核需求",参照"鸿途集团财务共享服务中心绩效考评方案",设计并创建鸿途集团财务共享服务中心稽核任务,抽查并稽核单据,最终能够查看到鸿途集团财务共享服务中心稽核报告。

2.鸿途集团财务共享绩效稽核需求

(1)总体描述

鸿途财务共享服务中心建成之后,会计核算质量管理主要面临以下几个问题:

1)核算规范

财务共享服务中心服务的各成员单位管理水平及业务复杂程度存在差异化,没有一套标准、规范的核算管理办法;财务共享服务中心随着业务规模的逐步增加,新员工不断增加,各核算岗位不能按照统一的规范操作。

2)质量检测

会计核算集中后,如何通过常规检查和随机检查相配合的方式控制核算质量;如何将监督手段与员工日常工作相结合,保证质量检测常态化和持续化。

3)质量评价

如何建立一套切实可行的会计核算管理体系,保证质量评价的客观公正性。

面对上述问题与挑战,财务共享服务中心必须实现日常岗位操作规范、财务信息处理检查机制与管理评价的有机衔接,从组织、文化、制度、培训四个方面营造核算质量管理氛围,建立起一套完善的财务信息稽核管理体系。

(2)需求描述

1)范围

已生效的共享单据,能够支持抽检,结果反映到共享单据上,支持统计结果的查询。

抽检时需要根据财务共享服务中心绩效考评方案,结合鸿途集团财务共享服务中心的业务量及资源情况设计稽核方案,并在系统中实现相关内容,出具稽核报告。

2)稽核方案设计需要考虑

范围的设定(组织、交易类型、审核人、收支项目、是否抽检等);

时间的设定;

抽检的比例;

对抽检结果的统计分析等。

（三）构建测试

1.稽核内容配置（图 9-27）

内容编码	内容名称
A01	单据质量
A0101	单据完整性
A0102	单据准确性
A02	影像质量
A0201	影像完整性
A0202	影像清晰度

图 9-27　鸿途集团共享稽核内容

按照"共享中心运营管理"角色进行上岗,点击"开始任务"按钮进入 NCC 系统,完成共享中心稽核配置。

首先,根据用例新增稽核内容。（图 9-28）

图 9-28　新增稽核内容

添加稽核内容时注意内容之间的层次。（图 9-29）

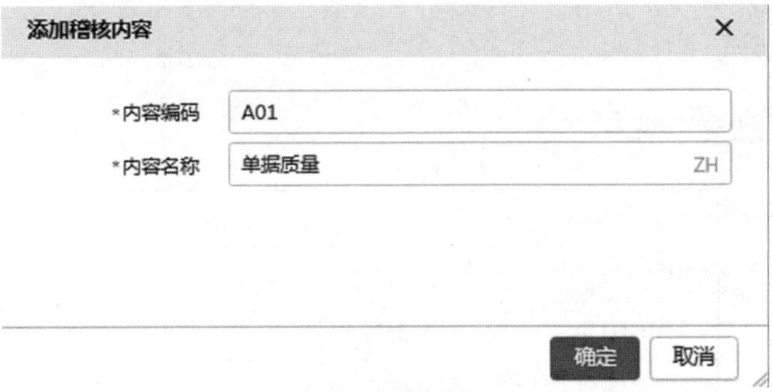

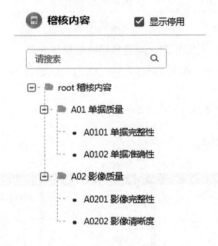

图 9-29　新增稽核内容层次

添加好的稽核内容,如图 9-30 所示。

图 9-30　已添加稽核内容

2.稽核问题类型设置

2019 年 12 月 1 日,鸿途集团财务共享服务中心根据《鸿途财务共享服务中心业务质量评价指标表》中的扣分项目及扣分分值,抽取了共享稽核的问题类型及严重程度,如表 9-5 所示。

表 9-5　鸿途集团共享稽核问题类型

编码	名称	扣分标准	严重程度
AB001	扫描影像不清楚	−5	非常严重
AB002	单据影像未上传	−5	严重
AB003	原始单据不符合公司要求	−2	一般
AB004	单据匹配错误	−5	严重
AB005	单据未按照制度正确审核	−5	非常严重

根据测试用例新增稽核问题类型。点击"稽核问题类型",按照表 9-5 填写相应的内容。(图 9-31)

图 9-31 稽核问题类型选择

完成每一项后点击"保存"。（图 9-32）

图 9-32 保存所选稽核问题类型

3.创建稽核任务

2019 年 7 月 5 日,鸿途集团财务共享服务中心拟对 2019 年 7 月份(1 至 31 日)的单据进行共享质量稽核。鸿途集团财务共享服务中心 7 月份总共处理了 17 家服务对象大约 1 550 张单据(假设),本次指定的抽样规则如下:(1)总体范围:对 17 家服务对象财务组织进行平等抽样,总的抽样样本数为 78 张,即抽样比例为 5%。(2)样本金额的范围,为 15 000 元(含)以上。

根据测试用例新增稽核任务。点击"稽核任务"选项卡,根据测试用例内容进行填写。（图 9-33）

图 9-33　新增稽核任务

完成后点击保存并进行分配。(图 9-34)

图 9-34　分配稽核任务

最后,在稽核任务页面"启用"稽核任务,任务状态显示"已启用"。(图 9-35)

图 9-35　启用稽核任务

4.进行单据抽样并稽核

2019 年 7 月 6 日,鸿途财务共享服务中心抽调资深作业组成员组成质量稽核小组,启用上述中所创建的稽核任务并进行质量稽核。

在共享稽核页面选取"单据抽取"选项卡。(图 9-36)

图 9-36　选择稽核单据界面

选择财务共享服务中心和稽核任务并进行抽取,抽取完成后点击确认。(图9-37)

图9-37　抽取稽核单据

根据单据进行稽核并选择相应的稽核问题。完成后按照上一步进行剩余单据的稽核。

5.生成稽核报告

2019年7月10日,鸿途财务共享服务中心质量稽核小组完成了全部抽样单据的稽核工作。小组负责人拟生成稽核报告向鸿途财务共享服务中心总经理进行汇报。

选择财务共享服务中心和稽核任务生成报告。(图9-38)

图9-38　生成稽核报告

保存稽核报告并审核。

三、财务共享作业绩效

(一)理解目标

财务共享作业绩效管理,就是利用技术手段自动提取FSSC作业处理的数据、加工处理数据并将这些数据以可视化的形式展现出来,以便用于日常绩效显示、监控以及为员工评价提供参考依据等。

集中以可视化形式展示FSSC作业处理数据的载体,就是财务共享绩效看板。

1.财务共享绩效看板的功能

1)满足财务共享服务中心管理层对共享整体业务管理、监管需要,实现对共享业务数字化跟踪管理,方便实时查看相关业务数据。

2)关注、对比、分析共享流程中每个环节的工作量、工作效率、工作质量。

3)帮助企业集团了解财务共享服务中心任务执行情况、运行效率;有效提高企业在内部管理决策方面的有效性、可靠性、准确性。

可以用来衡量财务共享作业绩效的指标有很多,NCC 系统能够跟踪每一个业务单据在处理时的许多指标数据,如图 9-39 所示。

单据号	交易类型	单据日期	单据金额	单据提交时间	报账人	专岗扫描开始时间	专岗扫描完成时间	专岗扫描人	专岗扫描时长	入池时间	共享初核处理时间	初核处理时长	共享初核处理人	共享复核处理时间	共享复核处理时长	共享复核处理人	签字处理时间	签字处理时长	签字处理人	结算处理时间	结算处理时长	结算处理人	共享审批流程时长	共享付款流程时长	本地流程时长	共享流程时长	全流程时长

图 9-39　NCC 支持的财务共享作业绩效指标

2.财务共享绩效看板操作流程(图 9-40)

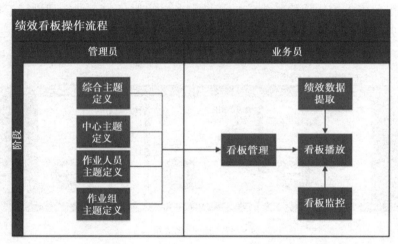

图 9-40　财务共享中心绩效看板

3.财务共享中心绩效看板展示

(1)作业人员主题定义(图 9-41)

图 9-41　作业人员主题定义

（2）图表保存（图 9-42）

图 9-42　图表保存

（3）图表清单（图 9-43）

图 9-43　图表清单

（4）自定义主题（图 9-44）

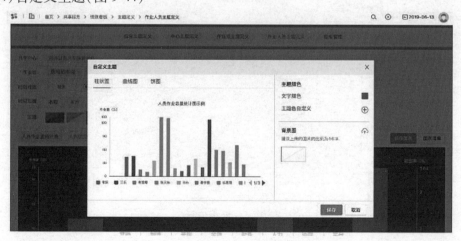

图 9-44　自定义主题

（5）看板管理（图9-45）

图 9-45　看板管理

（6）增加看板屏幕（图9-46）

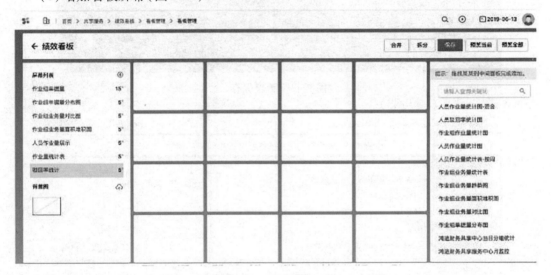

图 9-46　增加看板屏幕

（7）看板设计（图9-47）

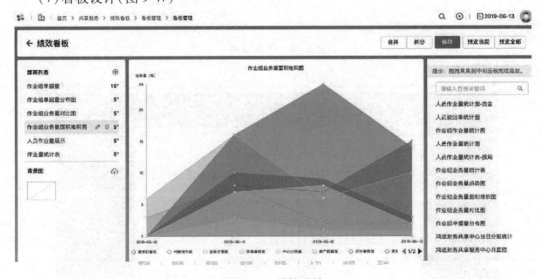

图 9-47　看板设计

（8）看板监控（图 9-48）

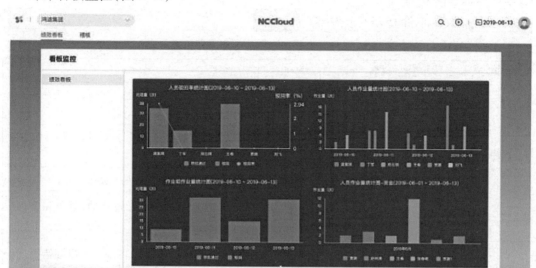

图 9-48 看板监控

4.鸿途集团 FSSC 绩效看板需求

请根据鸿途集团的财务共享服务中心绩效考评方案,分析哪些绩效考评指标可以通过绩效看板获取相关数据。请设计财务共享服务中心的绩效看板指标与展示方案,并在系统中进行设置与展示。展示形式与风格尽量美观大方,展示内容适合财务共享服务中心绩效大屏投放。

四、鸿途集团财务共享服务中心绩效考评方案

（一）评价组织与标准

1.评价的组织

财务共享服务中心总经理负责共享中心工作质量、效率、态度的日常评价,并定期（至少每月）向集团财务部/财务总监提交质量评价报告。

集团财务部负责财务共享服务中心工作质量效率、态度的总体评价,评价频率根据财务部财务稽核工作计划安排。

运营支持处处长负责组织与整体协调质量管理有关工作,组建质量管理团队;对各处室的质量管控工作进行指导;组织质量检查工作;按时发布各类质量报告,提供考核依据;督促有关人员对有关问题进行整改,对整改情况进行通报;负责质量管理体系建立和完善;负责质量环境建设规范工作;协助培训负责人组织质量管理培训工作。

财务共享服务中心各业务处室业务处理人员既是质量管理对象,又是一级质量管理员,在保证本岗位工作质量的同时,负责管控上一工序工作质量,并进行本工序的交叉复

核,提供质量检测数据。

2.业务质量评价标准(表9-6)

表9-6 财务共享服务中心业务质量评价指标表

业务类型	评价标的	责任人	考核办法
扫描 (100分)	1.扫描质量	扫描员	扫描影像不清楚或重叠,单据漏扫或夹页,每单扣5分,共50分
	2.原始单据	扫描员	原始单据不符合公司要求的,每单扣2分,共20分
	3.单据台账记录	扫描员	台账内容未核对,每发现一次扣5分,共20分
	4.影像效果	扫描员	单据影像未上传或不能辨认的,每单扣5分,共10分
归档 (100分)	1.档案装订质量	归档员	档案装订错误,包括倒装、缺页、装订错页、卷宗编号错误等。每单扣5分,共20分
	2.单据匹配	归档员	匹配错误,每单扣5分,共30分
	3.归档及时性	归档员	未及时归档,每发现一次,扣5分,共15分
	4.档案调阅	归档员	档案调阅未经审批、登记,每单扣5分,共15分
	5.档案安全	归档员	档案丢失、毁损,每单扣5分,共20分
审核核算 (100分)	1.审核报账信息准确	审核会计	未依照制度正确审核,每单扣5分,共30分
	2.会计核算的科目、金额、币种、期间等正确	审核会计	科目核算信息错误,每单扣5分,共20分
	3.原始凭证审核无误	审核会计	使用不当原始凭证做账,每单扣5分,共20分
	4.其他信息准确无误,包括摘要规范、调整说明等	审核会计	错误处理,每单业务扣5分,共20分
	5.内部对账准确、及时	审核会计	未按时对账或对账错误未查明,每检测出一次扣5分,共10分
资金结算 (100分)	1.准确支付:账户信息准确、金额准确、及时处理未成功支付问题	出纳	支付错误,每单扣5分,共50分
	2.收、付款及时准确	出纳	未及时准确进行收付款确认,每单扣5分,共30分
	3.系统密码及银行支付保密工具管理	出纳	未按照规定保管密钥和其他银行加密工具,每一项扣5分,共20分
企业报表 (100分)	1.及时编制个体报表	报表会计	未按时提交报表,每延迟一天扣10分,共40分
	2.保证报表的信息准确	报表会计	报表信息错误,每检测出一项扣10分,共60分

3.工作时效评价标准

时效目标值是每笔业务从发起流程到处理完毕流程关闭期间所用时间的目标值。评价频率:时效评价每月进行一次,在次月的 6 日前完成上月度的时效评价。(表9-7)

表 9-7　财务共享中心时效考核指标表

考察内容	考察岗位	说明	时效目标	评价人
单据接收	票据档案岗	从员工提交实物单据到会计初审岗在影像系统中完成接收	2 个工作日	绩效负责人
扫描上传		从影像系统接收到扫描并影像上传完成	2 个工作日	绩效负责人
单据邮寄		从员工提交单据(项目部无扫描点)或单据扫描上传后到整理汇总邮寄至共享服务中心	1 周	绩效负责人
单据移交		从单据扫描上传后到分类整理移交至归档岗	2 个工作日	绩效负责人
打印凭证	归档岗	从账务处理完成到打印生成的会计凭证	2 个工作日	绩效负责人
匹配顺号		将打印的凭证与原始单据匹配并顺号	2 个工作日	绩效负责人
影像复核		从实物单据匹配顺号到影像复核无误确认	2 个工作日	绩效负责人
装订归档		从影像复核无误到会计档案装订成册并移送至档案室	2 个工作日	绩效负责人
单据初审	结算/费用审核岗	从接收审核任务到初审完成	2 个工作日	绩效负责人
单据复审		从接收到复审任务到复审完成生成会计凭证	2 个工作日	绩效负责人
出纳付款	资金结算岗	从生成会计凭证到出纳付款成功并确认	2 个工作日	绩效负责人

(二)工作质量评价方法

工作质量评价所覆盖的范围主要是业务处理的全过程,包括账务处理、审批流及相关附件单据的真实性、准确性及完整性。质量检测的主要方法为工序检测及分析性检测,因此评价对象既包括财务共享服务中心工作岗位,也包括在机构财务部门设置的财务初审及扫描岗位。

1.工序性检测规范

(1)会计初审岗(本地财务)

原始单据粘贴规范性。

原始凭证完整性、合规性。

发票真实性、合规性。

(2)票据档案岗

实物单据提交及时完整,并按索引号顺序排列。

单据登记与实物单据一致,无缺漏或不符情况。

原始实物单据与会计凭证匹配无误,装订整洁、及时。

会计档案借阅经过审批、登记,并及时归还。

(3)费用/结算审核岗(含收入、费用、成本、工程、资产)

单据影像清晰,符合扫描要求,没有夹单、漏扫现象。

原始单据提供完整,并符合相关法律法规要求。

报销内容符合公司财务制度,报销金额无误。

业务类型、科目、辅助等选择正确。

前端审批流程完整。

系统自动生成的凭证中会计分录正确,金额无误。

税金计提、申报、缴纳是否及时、准确。

(4)资金审核/支付岗

银行收款信息是否与经办人提交信息一致。

付款信息、网银制单信息是否完整准确。

资金收付确认是否及时、准确。

(5)总账主管岗

账务处理及时、准确。

总账凭证稽核完整。

对账、结账及时。

会计档案归档完整,装订规范。

(6)报表分析岗

报表编制准确、及时。

报表项目无遗漏,无错误。

财务分析编制及时。

响应业务管理需求分析。

2.分析性检测规范

1)分析性检测的定义

分析性检测是通过数据的逻辑性判断检查质量、工序问题,即通过抽样、专项检查、专项统计、专项分析、流程梳理等方法,定期或专项对工序、质量等指标进行逻辑性、合理性、实操性、规范性等方面的检测、检查、核对,通过检测、检查、核对纠正偏差,完善质量体系和工序,查找偏差的原因,以保证集中核算工作的质量和时效。

2)分析性检测的主要内容

分析性检测由财务共享服务中心运营管理处通过对会计核算、资金结算、稽核管理、档案管理、运营支撑管理等数据、工序的逻辑性判断,检查其是否符合质量规范的要求。

(三)财务共享作业绩效规划设计

本部分是根据教学资源《绩效看板操作手册-10120083-2》进行调整后编写的。

用友 NCC 共享服务新一代绩效看板,采用了最新的技术,可以定义多组绩效看板,同时在多个大屏上展示不同的内容。每组绩效看板可以定义多块展板,每块展板可以设置不同的停留时间。每块展板按照 16 宫格细分,可以自由合并或拆分,并定义展示内容。

绩效看板支持多个共享中心定义看板。

1.业务流程(图 9-49)

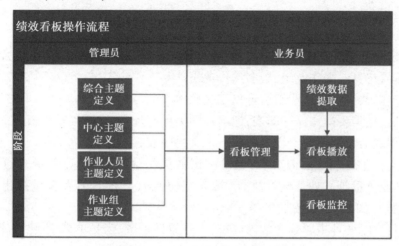

图 9-49 NCC 绩效看板业务流程

2.应用点清单(表 9-8)

表 9-8 应用点清单

领域	产品模块	应用点/功能节点	应用类型	职责类型
共享服务	绩效看板	综合主题定义	小应用	管理类
		中心主题定义	小应用	管理类
		作业人员主题定义	小应用	管理类
		作业组主题定义	小应用	管理类
		看板管理	小应用	业务类
		绩效数据提取	小部件	管理+业务类
		看板监控	小部件	管理+业务类

3.应用解决方案

(1)综合主题定义

首先确定一个财务共享服务中心,系统会自动根据财务共享服务中心找到已定义的作业组,然后再选择一个作业组,且只能单选。

可以定义这个作业组下的日监控主题和月监控主题。

定义以后,还需要操作保存图表,把当前图表保存起来,才可以被看板定义时引用。

可通过图表清单功能查看当前主题下定义的图表,并进行删除操作。

日监控主题包含的内容有:当日关键数据统计(待处理、已处理、当日新增、上日留存、驳回次数等),业务量日排行(按人)柱形图(大图),分时已处理趋势图,平均处理时长(按人)柱形图,分时待处理趋势图。

月监控主题包含的内容有:当月关键数据统计(本月新增、已处理、日均处理量、驳回次数等),业务量月排行(按人)柱形图(大图),已处理趋势图,平均处理时长(按人)柱形图,驳回量趋势图。

(2)中心主题定义

首先确定一个财务共享服务中心,系统会自动根据财务共享服务中心找到已定义的作业组,然后再选择一个作业组,可多选作业组。

选定了当前共享中心作业组后可以定义该中心的月监控主题。

定义以后,还需要操作保存图表,把当前图表保存起来,才可以被看板定义时引用。

可通过图表清单功能查看当前主题下定义的图表,并进行删除操作。

中心月监控主题包含的内容有:当月关键数据统计(本月总业务量、当月日均业务量、本年月均业务量等),业务量月排行(按人)柱形图(大图),月业务量占比,平均处理时长(按人)柱形图,总业务量趋势图。

中心当日分组统计主题包含的内容有:本月累计单数、当日单据量、已初审(签字)单数、已复审(结算)单数、已退单数、待初审(签字)单数、待复审(结算)单数。

(3)作业组主题定义

首先确定一个财务共享服务中心,系统会自动根据财务共享服务中心找到已定义的作业组,然后再选择一个作业组,可多选作业组。

选定了当前共享中心作业组后可以定义所选作业组的各种业务量统计。

定义这些统计表时,还需要确定时间维度,分别是按天、按周、按月。所谓按天,是指以每天为单位进行统计和展示,按周是指以周为单位进行统计和展示,不足一周的按整周对待,按月是指以月为单位进行统计和展示,不足一月的按整月对待。

时间范围,是指统计的时间区间,可选值为本周或本月,也可以指定近几个月的,或者自由指定查询统计的时间区间。

选择主题,即确定展示的风格与色调,系统默认了三种风格,还可以自定义主题风格,分别选择文字颜色、图形颜色,并上传背景图片。

定义以后,还需要操作保存图表,把当前图表保存起来,才可以被看板定义时引用。

可通过图表清单功能查看当前主题下定义的图表,并进行删除操作。

作业组主题包含的内容有:作业组业务量统计表(按指定的时间维度和作业岗位展现的二维表),作业组业务量趋势图(以折线图展示作业组或岗位的业务量趋势),作业组业务量面积堆积图,作业组业务量对比图,作业组单据量分布图等,以作业组为集合进行统计和展现的各种形式的图或表。

(4)作业人员主题定义

首先确定一个财务共享服务中心,系统会自动根据财务共享服务中心找到已定义的作业组,然后再选择一个或多个末级作业组(代表岗位),所选作业组必须同属于一个上级作业组。

选定了当前共享中心作业组后可以定义所选作业组下各个人员的业务量统计。

定义这些统计表时，还需要确定时间维度，分别是按天、按周、按月。所谓按天，是指以每天为单位进行统计和展示，按周是指以周为单位进行统计和展示，不足一周的按整周对待，按月是指以月为单位进行统计和展示，不足一月的按整月对待。

时间范围，是指统计的时间区间，可选值为本周或本月，也可以指定近几个月的，或者自由指定查询统计的时间区间。

选择主题，即确定展示的风格与色调，系统默认了三种风格，还可以自定义主题风格，分别选择文字颜色、图形颜色，并上传背景图片。

定义以后，还需要操作保存图表，把当前图表保存起来，才可以被看板定义时引用。

可通过图表清单功能查看当前主题下定义的图表，并进行删除操作。

作业人员主题包含的内容有：人员作业量统计表（按指定的时间维度和作业人员展现的二维表，包含的指标有：通过数量、驳回数量、被驳回的数量、总处理时长、平均处理时长、驳回率），人员驳回率统计图（以柱形图展示作业人员的审批通过业务量，驳回业务量和驳回率情况），人员作业量统计图（以柱形图展示指定区间内每个作业人员的作业量），作业组业务量统计图等，以所选作业组下的作业人员为单元进行统计和展现的各种形式的图或表。

（5）资金签字与结算

绩效看板支持同时统计资金签字和结算环节的工作量。

由于资金签字和结算环节没有定义在流程中，并且也不能像共享那样定义作业组和作业岗位，所以在实现过程中，就把资金签字和结算固化成两个固定的岗位，如果要取这两个环节的绩效数据，就不能按照实际客户定义的作业组进行选择统计，只能选择系统固化的资金签字和结算这两个作业组进行统计，否则不能得到正确的统计结果。

统计签字和结算环节的工作量等数据，与共享初审和复审环节数据统计思路是一致的，如待处理单据数、已处理单据数等。

（6）看板管理

打开看板管理后，可通过"新增"并录入看板名称和序号以后，增加一组看板。

对该组看板进行设置，进入设置界面。

设置界面的左侧为已增加的每一块看板及排列顺序，中间为当前看板的预览效果图，右侧为待选的资源，具体为之前在各个主题定义保存的各类图表。

首先在左侧的屏幕列表里增加一块看板，录入每一块看板的名称、显示时间、排列序号后"确定"，即增加一块空的看板；空的看板默认以 16 宫格展现，16 宫格是最细的颗粒度，不能再细分了。一张图表只能在同一个宫格展现，不可以跨宫格展现。

可以拖选相邻的四方格，进行"合并"宫格的操作，合并后的区域即可以完整地定义和展现图表。

还可以对已合并的宫格进行拆分操作。

通过对宫格的合并拆分，确定好当前展板的布局，就可以把右边的各种图表资源往相应的区域进行拖拽了。

把要展现的图表定义好后,还可以选择左侧的图片确定当前展板的背景图。

上述工作做完以后,可以通过预览当前展板看看实际效果,如果不满意还可以继续调整。

确定好后,可将当前定义的结果保存下来,继续按上述方法定义下一块展板。

当整组看板定义好,可通过预览全部看看实际滚动效果。不满意也可以重新编辑修改。

实际展示的时候,先切换到预览的效果,然后利用 Windows 的连接到投影仪的功能,把当前浏览器视窗拖到另外界面上。

可通过"F11"进行全屏展示,按"F11"退出全屏展示。

实际展示时,按照看板定义的情况循环滚动播出。

(7)绩效数据提取

绩效看板所使用的数据,需要先进行提取,然后才能被看板统计并展现。

显示当前绩效看板的数据提取状态,是否为已启动。

第一次使用绩效看板时,需要手工触发提取动作,后续则由系统按照每五分钟的频率自动提取数据。

同时在小部件上显示最近一次提取的时间。

看板实际展示时,自动根据提取的最新数据实时刷新。

绩效数据提取自动执行,是通过预置了一个后台任务实现的,当数据提取失败时,可以通过定义后台任务的通知方式,如邮件通知提醒客户。具体配置方法:打开"动态建模平台-客户化配置-后台任务中心-后台任务部署",找到"共享服务绩效取数"的任务,修改消息接收配置页签,增加用户即可,可以增加多个用户。界面示意如图 9-50 所示。

图 9-50 绩效数据提取

注意:指定的用户发邮件,需要在定义用户时,指定该用户的电子邮件地址。

(8)看板监控

该小部件的功能主要面向于管理员使用。

在有多组看板的情况下,可以在该小部件上轮流展示每一组看板。

当看板监控上展示有异常情况时,实际大屏上该组的看板展示也是异常的,可提醒管理员及时处理。

(四)构建测试

鸿途集团财务共享服务中心各个岗位的财务人员进行单据的提取审核工作,经财务共享服务中心作业组长巡查,无法了解全部财务人员的工作成果、工作效率和工作质量,财务共享服务中心运营管理部决定设计绩效看板,可以清晰地展现各个财务人员及各个岗位的工作成效。绩效看板的配置内容,如表9-9所示。

表 9-9　绩效看板内容

序号	内容	对应菜单	要求
1	当日分组统计表	中心主题定义	
2	应付组 01 月监控	综合主题定义	
3	应付组业务量统计表	作业组主题定义	时间维度:按月;时间范围:本月
4	应付组人员作业统计表	作业人员主题定义	时间维度:按月;时间范围:本月
…	…	…	…

绩效系统配置完成后,将绩效看板命名为"共享服务中心绩效看板",并将配置内容排版。

进入 NCC 系统,点击"看板管理"。(图 9-51)

图 9-51　看板管理任务启动

根据测试用例要求配置各主题定义。(图 9-52—图 9-56)

	第一组	第二组	第三组	第四组	第五组	第六组	第七组	第八组	第九组	第十组	第十一组
本月累计单数	0	0	0	0	0	0	0	0	0	0	0
当日单据量	0	0	0	0	0	0	0	0	0	0	0
已初审(签字)单数	0	0	0	0	0	0	0	0	0	0	0
已复审(结算)单数	0	0	0	0	0	0	0	0	0	0	0
已退单数	0	0	0	0	0	0	0	0	0	0	0
待初审(签字)单数	0	0	0	0	0	0	0	0	0	0	0
待复审(结算)单数	0	0	0	0	0	0	0	0	0	0	0

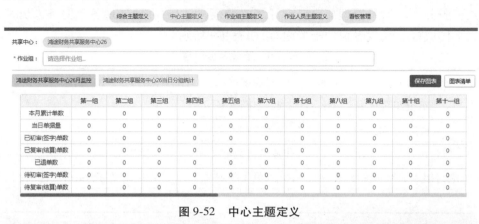

图 9-52　中心主题定义

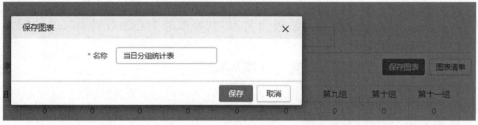

图 9-53　综合主题定义

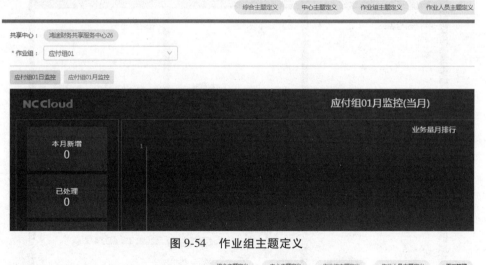

图 9-54　作业组主题定义

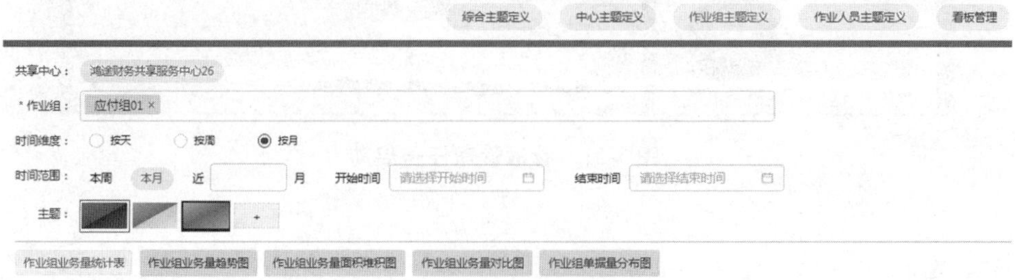

图 9-55　作业人员主题定义

图 9-56　新增图表名称

完成后点击"看板管理",在最右边点击"新增"。(图 9-57)

图 9-57　新增绩效看板

在所选的绩效看板列表操作栏选择"设置",根据配置的主题新增屏幕列表。(图 9-58)

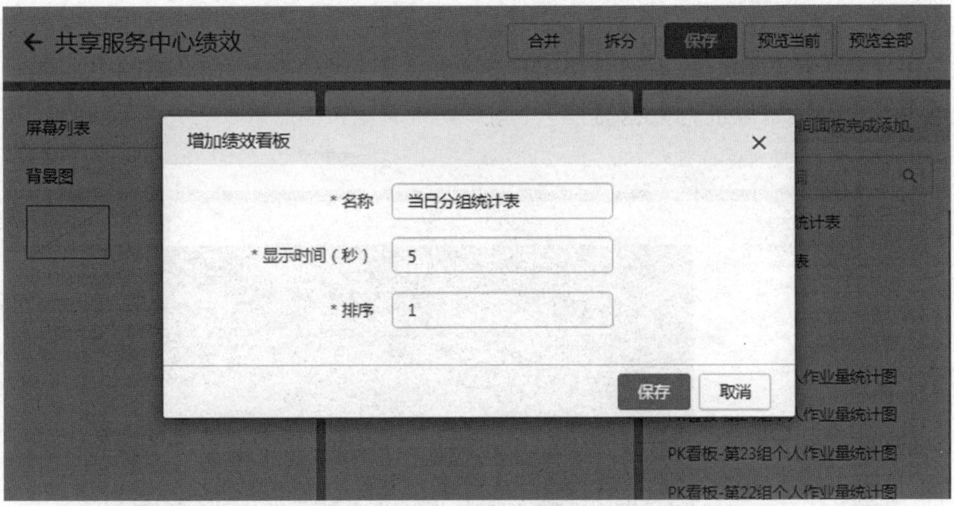

图 9-58　设置绩效看板

将对应主题拖入中间看板,在此界面可任意拆分或合并表格。(图 9-59)

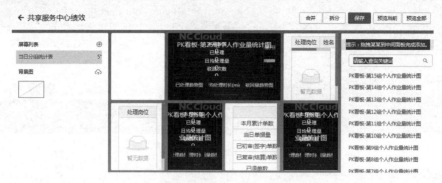

图 9-59   绩效看板视图

按照前面的步骤进行操作,依次在屏幕列表添加"应付组 01 月监控""应付组业务量统计表""应付组人员作业统计表"。(图 9-60)

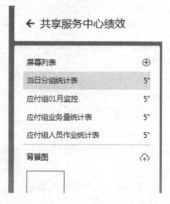

图 9-60   应付组人员绩效监控

全部完成后,点击保存。

选择"共享中心作业组长"角色进行上岗,然后点击"开始任务"按钮进入 NCC 系统,查看看板管理中的看板监控内容。

通过看板管理可以进行数据监控。(图 9-61)

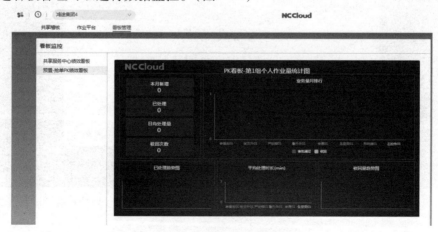

图 9-61   看板管理数据监控

（五）销售到应收管控点

1.赊销销售典型流程

赊销（信用）销售的典型流程如图9-62所示。

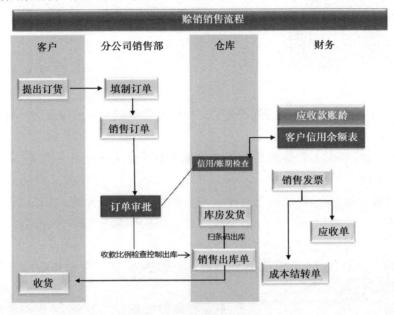

图9-62　鸿途集团赊销销售流程

2.赊销销售流程中的关键业务控制点

在赊销销售流程开始前,关键的业务控制在于客户准入环节,需要对客户的信用等级进行评价。在赊销销售流程开始后,销售到应收的管控点如下：

（1）订单审批：审批的关键点是价格,审查是否通过询价等方式确定最低售价。

（2）信用检查内容：检查信用对象的信用占用额度是否超出设定的信用额度;应收账期是否到达设定的付款期限。

（3）资金相关内容：包括资金占用、资金计息等。

（4）发货流程：可配置为订单直接出库、发运日计划出库、发运单出库。

（5）应收管理：基于业务应收的催款、账龄分析。

参考文献

［1］白晓花.智能财务创新实践研究：以A集团为例［J］.中国注册会计师，2021（9）：87-91.

［2］陈婧，潘飞.人工智能时代财务共享服务研究：以科大讯飞为例［J］.江苏商论，2023（4）：82-86.

［3］韩向东，余红燕.智能财务的探索与实践［J］.财务与会计，2018（17）：11-13.

［4］李闻一，汤华川.基于财务共享视角的人机协同研究［J］.会计之友，2022（23）：22-27.

［5］李闻一，于文杰，李菊花.智能财务共享的选择、实现要素和路径［J］.会计之友，2019（8）：115-121.

［6］刘梅玲，胡家煜，王纪平，等.企业智能财务建设的逻辑、要素与发展趋势［J］.财务与会计，2020（21）：18-21.

［7］刘梅玲，黄虎，佟成生，等.智能财务的基本框架与建设思路研究［J］.会计研究，2020（3）：179-192.

［8］刘梅玲，黄虎，刘凯，等.智能财务建设之智能财务会计共享平台设计［J］.会计之友，2020（15）：142-146.

［9］刘勤，李俊铭.智能技术对会计实务的影响：文献回顾与分析［J］.会计之友，2022（17）：16-22.

［10］刘勤，杨寅.智能财务的体系架构、实现路径和应用趋势探讨［J］.管理会计研究，2018，1（1）：84-90.

［11］马丹红.浅谈智能时代下的业财融合与财务共享深化运营［J］.大众投资指南，2022（23）：94-96.

［12］牛巍，张冰茹，周航.新环境下财务共享服务中心绩效评价体系设计：基于层次分析法［J］.会计之友，2019（5）：135-140.

［13］史晓欣，李晓航.财务会计的智能化发展研究［J］.财经界，2022（26）：147-149.

［14］温丽萍.浅析财务转型与智能财务共享在企业管理中的应用［J］.中国总会计师，2022（11）：125-127.

［15］许汉友，岳茹菲，赵静.财务共享智能化水平对企业绩效的影响研究［J］.会计之友，2022（7）：141-147.

［16］杨寅，刘勤，黄虎，等.智能财务共享服务中心运营管理研究［J］.会计之友，2020(19)：143-147.

［17］叶怡雄，刘中华.集团企业智能化财务共享中心建设研究：基于智慧财务的视角［J］.国际商务财会，2019(10)：35-38.

［18］张庆龙.数字化转型背景下的财务共享服务升级再造研究［J］.中国注册会计师，2020(1)：102-106.

［19］张庆龙.智能财务的应用场景分析［J］.财会月刊，2021(5)：19-26.

［20］张伟.财务共享对推动财务数字化的理论分析［J］.全国流通经济，2022(36)：165-168.